叢書・ウニベルシタス　957

秘義なきキリスト教

ジョン・トーランド
三井礼子 訳

法政大学出版局

John Toland

Christianity not Mysterious: OR, A TREATISE shewing,
That there is nothing in the GOSPEL Contrary to REASON,
Nor ABOVE it: And that no Christian Doctrine can be properly call'd
A MYSTERY.

London, 1696

凡例

一、本翻訳はジョン・トーランド（一六七〇—一七二二）『秘義なきキリスト教、または、福音には理性に反するものも理性を超えるものもないこと、キリスト教の教理はどれも本来秘義と呼びえないことを証明する論考』（*Christianity not Mysterious*: OR, A TREATISE shewing, That there is nothing in the GOSPEL Contrary to REASON, Nor ABOVE it: And that no Christian Doctrine can be properly call'd A MYSTERY.）（一六九六年）第一版の全訳である。底本としては、リプリント版 John Toland, *Christianity not Mysterious*, New York & London, Garland Publishing, Inc., 1978 を用いた。

二、上記第一版の刊行直後、同年に第二版が刊行されている。第二版では、著者名、発行者名、第二版たることが示されている。本翻訳では、第二版の本文に関する異同のみを異文として示した。原注に関する異同は示していない。原注における異同は、典拠となる引用文のギリシア語・ラテン語原文の拡充にすぎないからである。異文を引き出す記号は（1）、（2）などとし、本文末にまとめた。

三、原著の傍注、脚注は区別せずに共に＊1、＊2などで示し、各段落の末尾にまとめた。傍注は、聖書の引用箇所指示と、本文中の英語語句やギリシア語のローマ字転写に対するギリシア語表記であるが、ギリシア語のローマ字転写に付されたギリシア語表記は不必要と考えて省略した。脚注のほとんどはギリシア語、ラテン語の原典引用である。これらの引用文は片仮名表記とし、固有名詞には傍線をひいた。

四、丸括弧（　）内の文や語句は原著者によるものであり、（　）を残してそのまま訳した。原著の斜字体には傍点を付し、大文字体の語句には太字のゴシック体を用いた。ただし、引用文を示す斜字体には「　」を、著作名を示すものには『　』を用いた。

五、角括弧〔　〕の中は訳者の補足である。訳注は〔一〕、〔二〕などで示し、本文末にまとめた。表題、序文、問題の提起、各部、結論ごとに注番号を改めた。ただし、異文における訳注は当該異文の末尾に付した。

六、本文中の聖書引用は欽定訳聖書からと思われるが、トーランドの聖書引用は必ずしもすべて欽定訳と一致しているわけではない。本訳書では、原則としてトーランドの聖書引用文をそのままに訳したが、問題が生じない限り、広く日本で用いられていると思われる日本聖書協会『新約聖書』（一九五四年版）、『旧約聖書』（一九五五年改訳版）を利用させていただいた。

七、翻訳にさいして、以下の諸版、他国語訳を参照した。

・*Christianity not Mysterious*, edited by G.Gawlick, Stuttgart-Bad Cannstatt, F.Frommann Verlag, 1964. 第一版のリプリント版であり、第二版との主要な異同を収める。

・*Christianity not Mysterious*, edited by John V. Price, Routledge/Thoemmes Press, 1995. 第二版のリプリント版である。

・*Christianity not Mysterious*, text, associated works and critical essays, edited by P. McGuinness, A. Harrison, R. Kearney, Dublin, The Lilliput Press, 1997. 第一版をもとにし、第二版との主要な異同を収める。

・*Le Christianisme sans mystères*, édition par T. Dagron, Paris, Honoré Champion, 2005. 第二版をもとにした匿名訳者による十八世紀の仏語訳草稿（ヘルシンキ大学図書館所蔵）を活字におこしたものである。

・*Il Cristianesimo senza Misteri*, in *Opere di John Toland*, A cura di Chiara Giuntini, Torino, UTET, 2002. 第一版のイタリア語訳であり、第二版との異同を収める。

・「神秘的でないキリスト教」、海保真夫訳、佐藤敏夫編『キリスト教教育寶典V』、一七七―二六八頁、玉川大学出版部、昭和四四年。第一版からの抄訳である。

秘義なきキリスト教、
または、福音には理性に反するものも理性を超えるものもないこと、キリスト教の教理はどれも本来秘義と呼びえないことを証明する論考(1)

ある人が理性に反する言明をし、
それを聞いて彼が言うことと理性とは相反すると知る以上に、
この人が間違っているという確かな証拠を望む必要はない。

大主教ティロットソン〔一〕

ロンドン、一六九六年発行

序文

真理を弁護したり解き明かしたりする者こそ、自由にまた確信を持って語るべきである。これは誰もが容易に認めることだと思う。それでも、過去の歴史を信用すれば、あるいは現在起こっていることをよく考えてみれば、自分の側に正当性がある者ほど意見を公然と語りたがらないことがわかるであろう。なるほど、自らの目的と意図の正当性をもってすれば、敵のあらゆる攻撃に対抗しうるはずだと思われるかもしれない。たしかに、真理への愛ゆえに不動の堅固さをもって、この上なくひどい恥辱と苛酷な暴力を堪え忍んだ人々の幾多の例がなかったわけではない。しかし、預言者や使徒たちをはじめ初期の殉教者を含めて、もっぱら真理のために公然と弁護した者を正確に数え上げてみれば、おびただしい数の誤謬の徒党に比べて、ほんの一握りにすぎないことがわかるであろう。

そして私たちの時代の嘆かわしい状況では、神学上のある問題における自分の考えがどれほど真実で有益であろうと、もしもそれがある宗派で公認されていることや、法律で定められていることとわずかでも違っていれば、人はその考えを公然と率直に表明する勇気はでない。永久に沈黙するか、偽名や架空の名前で逆説を用いて自分の考えを世に表明するほかない。もっと正々堂々と振る舞う勇気のある人々が被る災難にほんの少しふれるだけで気が滅入るばかりで、本当に寛大で有徳な人なら誰でも嘆声を上げざるをえない。

　このような慎重さは、政治や世俗の問題においては、たいていの人に邪悪な性向があり、各自に野心があるせいで、それほど奇妙に思えない。それどころか、法律、医術、その他の技術や学問においては、罰せられることなく新しい発見や改良が行えるばかりか、そのような活動は正当に奨励され報酬さえ与えられるのである。ところが、なんたることか。神聖、平和、完全以外の何ものも意味しない宗教という聖なる名が、野心、不敬虔、争いを助長する目的で、あれほど至るところで濫用されるのである。そして、私たちが完全に理解すべきであるもっとも重要な事柄〔一〕は、（後に明らかにされる理由のために）解しがたく、かつ意図的にそうあるべきものとされたのだ、と主張されるのである。それどころか、真理という敬うべき言葉をもっとも声高に唱え、神の恩恵と神の声を分け与える唯一の人間と称される人々の側からこそ、真理は最大の反対を受ける有様である。こういう連中に利得と信望をもたらしているものにごくわずかでも害を及ぼすような、確固たる信念を持つ人がもしいれば、その人は即刻異端だと叫び立てられ追及される。そして、連中の非難宣告を受け入れれば公的謝罪〔二〕を強要され、その宣告に応じなければ、容赦ない憎悪によって少なくとも世間的な評判は葬り去られる。

　もう一方で、おそらく彼は宗教の公然たる敵対者たちからも容赦なく攻撃されるであろう。彼らの原理は公正や真理をことごとく踏みにじるゆえに、そのようなあらゆる徳を精力的に擁護する者を憎み苦しめるからである。だが、このような気の滅入る考察はもう十分であろう。それにもかかわらず、私が思い切ってこの論考を刊行するのは、一方の偏狭で頑迷な教義と、もう一方のきわめて不敬虔な格率を力の及ぶ限り正そうと決意したからである。

どんなたぐいの無神論者、不信心者も、私が彼らの指定する武器のみを用いて彼らと一戦を交え、攻撃したからといって、私に腹を立てるはずはない。まして真のキリスト教徒であるなら、私が理性を用いるのは啓示を弱めたり、わかりにくくするためではなく、啓示を確証し明確にするためであるとわかれば、腹を立てるはずもない。私が啓示を自分にとって明瞭にしすぎるとか、他の人々にとって親しみやすくしすぎるとか心配しているのであれば別だが。そんな馬鹿げた心配は誰も口にはできまい。理性が自分たちに好都合と思えるときはさかんに絶賛するが、自分たちに不利となれば理性の言うことを聞かず、理性の権威に異議を唱える人々がいるが、宗教における理性の使用は一般に指摘されるほど、またこのような連中が指摘するほど危険でないことを明らかにしたい。彼らの言い分は実に傲慢な特権というべきで、確実に論争で勝つために考えだされたもっとも安全な方便なのである。

最初に臆見を抱いたり受け入れたりしておいて、それを確立するための証拠を後で探す人たちのように、私がある教説に則って自分の信仰を弁護しているなどと、誤解した不信心者が言わないように、私は断じてそうではない、この上ない明証性が命じるのでなければ、私はいかなるものも自分の信仰箇条とはしない、と厳粛に言明しておく。というのは、私は幼少時にひどい迷信と偶像崇拝〔三〕のもとで育てられたので、私が改宗できるように、私自身の理性と、おのれの理性を用いる人たちとを、そのための喜ばしき道具とするのを神はよしとされたからである。こうして、私はとても早い時期から検討と探究〔四〕に慣れ親しんでおり、また自分の感覚と同じく知性はいかなる人にも、いかなる団体にも服従させないようにと教わってきたのである。今では、真理を他人に伝える最善の方法は、その人自身が真理を習得するのに用いた方法であると考えている。

私は言っている以上のことを企んでいて、真の宗教を弁護するという、まことしやかな口実の裏に何か良からぬ原理を巧みに隠しているのではないかと、悪気のないキリスト教徒から疑われることのないように（このようなことはよく起こるので）、何事であれ私が確信を持てるときと同じほど完璧に、今自分が主張していることは真理であると確信するがゆえに、力の及ぶ限り誠実かつ率直に書いている、と請け合っておく。この抗議にもかかわらず、あくまでも私のことを悪く考える善良な人がいるとすれば、それはきっと強烈な先入観に由来するにちがいない。というのは、斟酌せざるをえないような、あれやこれやの先入観に強く縛られていない人はほとんどいないからである。私たちはみな若い頃に習い覚えたことに、いかに愛着をおぼえがちであることか。それは、その楽しい時をすごした場所の光景や思い出が私たちの心に訴えかける不思議な力を持っているのに似ている。申し分のない言語やしっかりした議論よりも、まわらぬ舌でしゃべる自分の幼児の片言に母親は聞き入ってしまう。つい昨今知られるようになった成り上がり者が、昔の人々があれほど多くの時間と労力を費やして打ち立て、後世の人々も多くの労苦と費用をかけて習得してきたものを打ち壊すと主張することなど、たいていの人にとっては納得しがたいことだろう。また一方、自分たちが使っている専門用語——たいていは何の意味もなかったり、間違ってもけっして考えないような、認めれば恥をかくにちがいない意味しかない——を説明するように頼み込まれると、まるで自分の帳簿を検分しなければならない放漫な商人のように不機嫌になる者たちもいる。彼らが癇癪を抑えられればましなほうだ。少数の人どころか、多くの場合、団体の人々全員が物事をごく表面的にしか考えず、単なる音でしかないものに対して、あたかもそれらが宗教全体の真髄であるかのような価値を置いている。どんなに誤った馬鹿げた事柄であろうと、それらのどれか一つを疑ったり否認したりすれば危険な異端説とされてしまう。しかし、今言ったように、それらは何の意味も持たないか、あるいは一部の指導者が明白な事柄を曖昧にするために、さらにはしばしば自分たち自身の無知を隠蔽するために、捏造されたかのいずれかである。許しがたいことは、このスコラ学的な隠語やその作り手のありとあらゆる形而上学的幻想が大切にされて、聖書が捻じ曲げられることである。しかし、これら偏見の大部分が根拠薄弱なことは周知のことであるから、言及するだけでそれらの反駁には十分である。賢明な人なら、説明に窮すると罵倒に訴える連中の非難には心を乱されないように、私もこのたぐいのものに心を乱されることはないであろう。

私が法王教〔五〕の軽信を恐れるあまり、正当と認めがたい逆の極端に走ってしまった、とほのめかす諸氏については、彼らを納得させるのに私が言うべきことは以下のことに尽きる。私は彼らが自慢する、あの労せずして手に入る便利な中道をうらやむどころか、真理と誤謬は両極端であると考えている。宗教は私たちの空想に合わせて形作られるべきではないし、また私たちの個人的意向に沿うように判断されるべきではない。そうでないと、人の数と同じ数だけ信条が満ちあふれることになるだろう。私たちの意見がどれほど食い違おうと、また私たちの世俗的便益がどうなろうと、宗教はその創り手である神に似て、つねに同一である。神にあっては、変動や変化はいっさいないのである。

　何世紀ものあいだ、あらゆる種類の学者たちをあれほど悩ませてきた、あのような食い違う教理や曖昧な用語や困惑を引き起こす分類などのすべてについて、合理的な説明をすることができると思えるほど、あなたは自分自身の能力を買いかぶっているのかと聞く者があれば、私はこう答えよう。私が説明できると主張しているのは（表題頁から明らかなように）、さまざまな時代や宗教会議〔六〕や国によって異なる用語や教理ではなく（それらのほとんどはたしかに解きがたい謎である）、福音の用語と教理なのである。私が説明の労をとろうとしているのは、東方教会〔七〕や西方教会〔八〕、あるいは正統派やアリオス派〔九〕、あるいはプロテスタントや法王教徒などの名で呼ばれるものの信仰箇条ではなく、イエス・キリストと彼の使徒たちが教えた信仰箇条である。この議論をするにあたっても他の善行の場合と同様、私は自分の乏しい学識に頼るだけではなく、神の恩恵も頼りにしている。神が手助けをされて、啓示された神の意志に矛盾や曖昧さがあるとするような不当この上ない汚名を私がそそげますように。

学識と敬虔において当然ながらすぐれた人々と、私は多くの点で意見が異なっているかもしれない。だが、真理が明らかに私の側にあるならば、そのことで私の立場が不利になるはずはない。宗教は理性を持った被造物のために用意されているのだから、そういう被造物にとって重要なのは確信であって、権威ではないからである。賢明で有徳な人なら訴訟の申し立ての正否を審理するとき、時代、場所、人物などを意に介さず、その申し立てそのものだけを考えて判断するであろう。人数、前例、利害によって、彼の確固たる判断が曲げられたり、その誠実さが損なわれたりすることはけっしてありえない。法王教徒の無謬説〔一〇〕と、誤りうるプロテスタントの決定への盲目的な服従義務とのあいだには、何の違いもないことを知っているからである。私はと言えば、誤った不当な論理的帰結を持ちだされて、自分が考えもしなかったことを私が言っているなどと言われたくはないし、同様に、私の見解がほんのわずかでも聖書あるいは理性と――それらはとても見事に一致していると私は確信しているのだが――矛盾しているなどと言われたくもない。聖書と理性に私は喜んで従うし、またそうせよと私に要求する権利をみなに認めるのだから、聖書と理性という用語を私が力説しても不思議はないであろう。それゆえ、私はいかめしい名前やご大層な引用には、醜悪な錆や色合いが古銭に与えるほどの価値しか認めないので、そんなものに惑わされることはない。神のみが、そして神から霊感を与えられた人々だけが、来世にかかわる命令を定めることができるのであり、一方、人間の権力者は現世の問題を規定することができるだけである。さて、以下の仕事についてさらに具体的に言えば、誰に対しても容赦しない世間からどんな尊敬を受けることも私は期待していないし、ましてや奇矯なことを言って扇動者になろうなどとは望んでもいない。逆に、むしろ、私が提出する論拠が納得してもらえないなら、穏やかで適切な批判を快く受け入れるつもりである。そして不運にも、自分が考えているほど明瞭には他人に事柄を伝えられないとしても、誠実にそうするように努めてきたし、真実と思うところを公平無私に語ってきたのである。それゆえ、私の良き意図についてはこれ以上の弁明は必要でないであろう。

第一部すなわち理性に関する予備的考察のいくつかの段落は、一般読者に多少わかりにくいと思われるかもしれない。それらは実際一般読者に向けたものではなかったし、また誠実に推論する人には必ずしも重要というわけでもない。それらが書き入れられたのは、論争を終わらせるよりむしろ長引かせ紛糾させることに専念する、ある種の人々からの予測される議論を封じるためであった。少し考えてもらえれば、それらの段落もその他の段落と同じようにわかってもらえると思う。私はその他のどこにおいても、とてもわかりやすく語るように努めてきたので、(2)私の主張が本来の輝きを放つようにと願わずにはいられない。むずかしい言葉については、もっと一般的によく知られている同義の表現を用いて説明し直した箇所が多数ある。こういう労力など哲学者に無用であるのは承知の上だが、私が無視しないように気をつけている一般人にとってはかなり有益である。一般人に訴えかけたり、彼らをおもんぱかったりすることはない、と序文で言う人々とは、私は違う。いったいどうしてこんな具合に語れるのか。とりわけ一般人に奉仕し、彼らが日々の仕事のためにできない長く骨の折れる勉強を肩代わりしてやるのが、その職務である人たちの誰がこんなことを言えるのか、私には不思議でならない。まさしくそういうことのために、聖職者の本代と生活費を平信徒の人たちは支払っているのである。しかし聖職者の中にはこのことを信じようとしない者もいるのではないかと私は思う。統治者は民のために設けられているということを信じないように。

このような任務を聖職者が負っているからといって、その独断的な命令を一般人は盲目的に受け入れるべきだと結論づけることはできない。私の代わりに読んだり書き写したり収集したりするために雇った者に、私の理性をゆだねるべきでないのと同じである。学者はパンや酒の善し悪しについて、たとえその造り手の技術を知らなくても、自分の舌が逆のことを言うなら、造り酒屋やパン屋の言葉を鵜呑みにしたりはしないであろう。それならば、同じように、一般人もたとえ原語がまったく理解できず、彼らが利用できるよう翻訳してもらったのだとしても、その内容については真の意味を自分で判断してなぜいけないだろうか。真理はいつでもどこでも同じである。理解できないあるいは不条理な命題など、それが古くからあるとか外国から来たとか、もとはラテン語やギリシア語やヘブライ語で書かれていたとかの理由から、少しでも重んじられることがあってはならない。その上、神学は神学者にしか理解できないのだが、彼らはそれで生計を立てているのだから、神学とは世俗の言葉で言えば生業である。そう言われて彼らはどうして怒ることがあろうか。彼らは自分たちがしていることをあれほど夢中になって好んでいるというのに。だが、このことについてはしかるべき場所でとりあげよう。

哲学のさまざまな説が理解できるとは思えない貧しき者たちは、キリストの平易な説得力ある教えと、律法学者〔一一〕の難解で効力のない演説の違いをすぐに見て取った。というのも、ユダヤ教の律法博士たちは当時ストア派、プラトン派、ピュタゴラス派などに分かれて、比喩を途方もなく勝手気ままに使って、〔旧約〕聖書をそれぞれ自分の師匠たちの妄想に合わせていたからである。彼らは自分たちのカバラ的諸説〔一二〕をまったく理解しなかった民衆に、それはみな深遠な秘義であると信じ込ませ、そうやって異教的な祭儀に従うように教え、自分たちの伝承によって神の法を打ち壊したのである。だから、無謀にもモーセに帰されたこういう無意味な迷信を、公平無私な民衆や、指導者の中でももっとも純真な者たちが打ち捨て、彼ら自身の預言者が描き預言した万人の能力に適合する宗教をよしとしたとしても不思議はない。

私は以下に述べるようなことが、どんなキリスト教徒にも、とりわけ純粋で善良なキリスト教徒に起こらないようにと願っている。一部の人々が自分たちの法令や規律に従うことを（神の法への不服従はとにかく黙認しておいて）なんと熱心に厳しく強要しているか、非理性的で聖書に基づかない儀式を遵守することを、そして自ら理解不能と断じる事柄の不可解な説明を信じることをなんと厳しく命じているか、これらのことをよくよく考えてみるなら、そういう人々は無学な者を教え諭したり罪深い者を改心させるのが目的ではなく、もっと利己的な目的を追っているのではないかと誰でも強く疑いたくなる。彼らが命じるこれらの愚劣なことは、人が望み享受しうるもっとも祝福された、純粋で、実行可能な宗教に後から付け加えられたものであり、多くの場合それに取って代わったものであるのに、それらを拒絶すれば、憎まれ、蔑まれ、苦しめられ、いやそれどころか、慈悲をもって火刑に処され、地獄に落とされることになるのである。こういうことは、人間の捏造したものより神の教えを、教父〔二三〕たちの抜けられない迷路より理性の平坦な道を、悪魔や反キリスト〔二四〕の圧制より真のキリスト教的自由を好む人々にとっては、驚愕すべき悲痛なことである。

　しかし、この不法の秘密〔二五〕を教え込み、維持するのに通常行われているやり方は、さらにいっそう許しがたいものである。今の神学を習得しようとする者は、聖書よりはるかにむずかしい分厚い学説書を細心の注意を払いながらいったい何冊読まねばならないことか。神学部の先生の言うことが理解できるようになるには、どれほど膨大な数のわけのわからない（間違いなく摩訶不思議な）言葉を、どれほど退屈ででたらめな教えを、どれほど滑稽で支離滅裂な解釈を辛抱づよく学び、そういうものに従わねばならないことか。そして、勉学の総仕上げはもっとも簡単なことで、先生の見解を聖書の中に見いだすということである。たとえ、聖なる筆記者〔聖書の筆記者〕がけっして考えなかったことであろうと、また自分は学校を出てから一度も聖書を読むことがなかったにしてもである。自分自身の理性を信用せず、昔の人々を盲目的に崇拝し、自分の宗派の解釈をすべて信奉すると固く決意すれば、それで事は足りる。自分のあらゆる比喩的解釈の確かな基盤として、ただこう信じればよい。すなわち、たとえ聖書の言葉は文脈がなければ両義的で曖昧になってしまうにしても、その言葉はどこにあろうと、それが意味しうるどんな意味にもなりうる、と。これで十分でなければ、どんな真理であれ、聖書のどこかの一節の真の意味であると信じればよい。すなわち、あらゆるものから、どんなことでも作りだせると信じればよい。そうすれば、新約聖書がまるごと旧約聖書の中に、旧約聖書がまるごと新約聖書の中に見つけられる(一六)ばかりでなく、いかに強引で矛盾し錯綜した解釈であろうと、今あなたが認めておいでのものと同様簡単に打ち立てられると、私は請け合っておく。

　しかし、この問題については、今私の手元にある『論破された神学体系(一七)』と題した書簡形式の小論ではっきりと書いたので、それをここで繰り返すつもりはない。三部構成のうちの第一部である以下の論考では、私の論題一般を証明するのであるが、新約聖書は神からのものであると想定されている。したがって、この論考は直接的にはキリスト教徒のみにかかわるもので、その他の人々には関係が薄いと言えるが、こういう人たちも前述の想定に立って私の議論を比較考量してほしい。第二の論考は、キリスト教徒にもそうでない人にも等しくかかわるものだが、そこでは福音の秘義(一八)とみなされている事柄について、個別に合理的な説明を行うことを試みる。そして第三論考では、無神論者や啓示宗教へのあらゆる敵に対して、神の啓示が真実であることを証明する(一九)。

　このようにするのが一番よい方法だと私は思う。というのも、あなたがたの神学体系では自然な順序がまったく逆転しているからだ。そういう体系は聖書の内容を教える前に、まず聖書の権威と完全性を証明する。だが、聖書の権威と完全性はその内容によってこそおおいに知られるのである。読みもしないうちから、聖書には救済に必要なすべてのことが含まれていると、どうして確信できようか。いやそもそも、聖書を正確に学びもしないうちから――神が用いるはずのその他の方法については、今は語らないでおこう――それが聖なる書であるとか神の言葉であるとか、どうして断定できようか。それゆえ、私はこのような混乱を慎重に避けたのである。というのも、私はまず、真の宗教は必ず理性的で理解しうるものでなければならないと証明し、次に、こういう要件がキリスト教には見いだされると示すからである。しかし、才能と知識がある人間なら明快で首尾一貫した教説を簡単に考えだせるかもしれないから、私は第三に、キリスト教はそのようにして作られたのではなく、天から神によって啓示されたことを証明する。私はこの三点の論題を前述のごとく三部に分けて扱うが、以下に続く論考はその第一部である。

　最後に、私は宗教に名称を付けたがるああいう諸氏について一言言っておかねばならない。というのは、あらゆる宗派の区分とは、彼らの意見に従うなら、それと同じ数だけの異端者、分離派〔二〇〕、いっそうひどいもの、という以外の何であろうか。しかし、彼らに断言しておくが、私はパウロにも、ケパにも、アポロにもつかず〔二一〕、私の信仰の作り手で完成者である主イエス・キリストだけにつく者である。私にある宗派名を貼り付ける権利が他人にあるなら、私にも私の〔真の〕呼称によって呼んでもらう権利はある。そんなことは全然権利などではない。私がこのように述べるのは、正当にであれ不当にであれ世間で憎まれている宗派についての観念によって自分が不当な描き方をされる——よくある計略だが——ことを避けるためではない。そんなことは実になさけない斟酌であろう。そうではなく、そのこと自体〔宗派名を貼り付けること〕が善良なキリスト教徒には不法であるというのが私の確固たる判断である。それでも、他人にこの点で自由を許しておくならば、少なくともそのことによって不都合が生じることは認められねばならない。というのは、かりにあなたがルター派と呼ばれ、同僚信徒と主要な信仰箇条では意見が一致しているとしても、ルター派の敵は機会を見つけては、見解の異なる他の問題で必ずあなたを責め立てるであろう。そのとき、あなたが自分の判断を表明すれば、他のルター派の人々はひどく腹を立てるばかりでなく、それ以外のすべての問題について、とかくあなたの誠実さに疑いをさしはさむようになるのである。だから、私としては、いつでも自分のものだと認める唯一の宗教上の肩書きは、もっとも栄光ある肩書き、キリスト教徒である、というものだけなのである[3]。

目次

秘義なきキリスト教

問題の提起

1　人がみな一番わからないと表明している事柄ほど、とりわけ昨今、人心を騒がせているものはない。これはキリスト教の秘義のことを言っていると容易に察してもらえるだろう〔一〕。それを他人に説明することを固有の職分としている神学者が、ほとんど異口同音に自分たちの無知を表明している。理解しえないことを崇めなければならないと彼らはおごそかに私たちに告げる〔二〕。けれども、なかには自分の疑わしい解釈を他人に強要する連中もいて、その自信と熱意は、たとえその解釈が絶対誤りないと認められる場合でさえ、どうにも耐えがたいほどである。さらに悪いことに、そのような連中の意見がみな一致しているわけではない。あなたが一方の人々にとって正統であるならば、他方の人々にとっては異端者である。ある派に賛成する者はその他の派から地獄行きを宣告され、どの派にも賛成しないと言明すれば、すべての派から同じ厳しい宣告を受ける。

2　神学者の中には、福音の秘義は古代教父たちが〔三〕採用した語義においてのみ理解されるべきだと言う者たちがいる。しかしその語義はあまりにも多種多様で、一致していないので、誰であろうとこれほど数多くの矛盾を同時に信じることは不可能である。教父たち自身も、理性の明証なしに自分たちの権威に頼ってはいけないと読者に警告した。そして、私たち同様に、彼らは自分たちが後世にとって信仰の基準となることなど少しも考えてはいなかった。その上、教父たちのすべてが書き手であったとは限らないように、彼らが用いた本当の語義が私たちに伝えられているとは厳密には言えない。著者によって書かれた著作は驚くほど改竄され混ぜ物をされているか、完全な形で残されていないかである。残されているとしても、それらの意味は聖書の意味よりはるかに曖昧で論争の種になるようなものだ。

3　他の神学者たちは、教会の権威により正統と宣言された特定の博士たちの意見に与すべきだと言う。しかし私たちはその種の権威に納得がいかないし、また当の特定の博士たちについては、大勢の教父がそうであったように、彼らは意見を一致させることができず、しかもなさけないことに互いの行いや誤りを激しく攻撃し合ったことを知っている。博士たちが他の人々同様に思慮分別に欠け、激しやすく、党派心が強かったことも、そして彼らの大部分が宗教的にはとても軽信的で迷信的であるばかりか、文献の細かい微妙な点には哀れなぐらい無知で浅薄だったことも知っている。要するに、彼らは私たち自身と同じ本性、同じ気質だったこと、彼らには天から授けられた、私たちの及びえない特権などなかったことがわかっているのだ。先に生まれたことを特権とすれば特権だろうが、そんなことを認める者はほとんどいないだろう。

4　ある者たちは秘義の解明と聖書の解釈における決定発言権を全世界宗教会議〔四〕に与え、またある者たちは全世界の普遍的な教会の長であり、あらゆる論争の無謬の判定者と自分たちがみなす一人の人間〔五〕に与えている。しかし、私たちにはそのような宗教会議が可能であるとは思えないし、(可能であるにしても) 教父たち以上の重みを持つとは思えない。その会議も誤謬や激情を免れえないあれやこれやの人々から成っているからである。それに、自分たちの難題を解決するのに、恒久的な規準に頼るように、神の思し召しによる奇蹟に頼ることもできない。そのようなことは今では、百年に一度の古代ローマの百年祭ほどにもめったに見られないからである。あらゆる論争の唯一の判定者について言えば、利害や教育に強くとらわれている人々〔六〕を除けば、あんな架空の至上権や奇怪な無謬性など誰も大まじめに考えることはできない。聖書の中にはキリストの任務を果たすために彼によって任命された、そのような代理の判定者のことなどどこにも書かれていないし、理性は彼らを厚顔無恥な簒奪者であると明白に宣告している。目下のところ、唯一の判定者の権力と宗教会議の権力は哀れむべき両者の崇拝者によって最終的には区別されていない。

5　一番当を得ているのは、聖書がこれらの問題について定めているところに従うべきだと断言する人々である。これが正しく解されるなら、これ以上の真実はない。だが、たいていの場合、この主張はどうとでもとれる曖昧な言い方なのであり、その主張の本当の意味は断言する人が意図している意味にほかならない。というのは、彼らは何かの偽哲学に則って聖書に語らせるか、あるいは正しかろうと間違っていようと、各々自分の宗派の分厚い教理書や儀式書に聖書を合わせるかのいずれかであるからだ。

6 ある者たちは、私たちが理性をほとんどあるいはまったく考慮せずに、字義どおりの意味が表すことをつねに信じるようにさせたがる。理性を宗教の啓示された部分について用いることは適切でないとして拒否しているからだ。他の者たちは、私たちは理性を信仰の規準としてではなく、道具として使ってもよいと主張する。前者はいくつかの秘義は理性に反するかもしれない、あるいは少なくともそのように思えるかもしれないが、それでも信仰によって受け入れられると主張する。後者はどんな秘義も理性に反しているのではなく、みな理性を超えていると主張する。両者の原理は異なっているが、『新約聖書』のいくつかの教理は、神による啓示であると証明する域を超えて、理性の審理にかけられるべきではなく、それらは依然として本来秘義である、とする見解では一致している。

7 それに反して、私たちは理性はあらゆる確実性の唯一の基盤であり、啓示された事柄はその様態についてであれその存在についてであれ、普通の自然現象と同じように、理性による探究を免れえないと考える。それゆえ、本論考の表題に従って、同じく、福音には理性に反するものも理性を超えるものもないこと、キリスト教の教理はどれも本来秘義と呼びえないことを主張するのである。

第一部　理性について〔一〕

1　問題の提起がこうしてはっきり示されたので、この問題に関する証明にとりかかるのが次の仕事である。だが、どんな論争をするにあたっても、用語についての明瞭簡潔な説明は有用で欠くべからざるものであり、平易で自然な方法は有益であるばかりか心地よいものである。本問題における用語は、私が予定している以下の順序に従って、首尾よく配列されることになる。すなわち、第一に、理性とその特性が何を意味するのかを示し、次に理性に反する、福音の教理は何一つないことを証明し、その後、理性を超える、福音の教理も何一つないことを証明し、帰結として、秘義はいっさい存在しないことを証明する。

第一章　理性でないもの〔二〕

2　第一の点[5]にとりかかるにあたって、実に奇妙だと思うのは、人があらゆる他のものを定義し説明するさいに用いるもの自体を定義し説明する必要があること、あるいは人がみな少なくとも幾分かは持ち合わせていると言い、獣や無生物をしのぐ唯一の特権だと主張しているものについて意見の一致が見られないことである。だが、経験から私たちは、理性という言葉がその他の言葉と同じように多義的で曖昧になっていることは知っている。しかし、非凡さへの見栄や論争への疼きにそそのかされない人はみな根本的にはこの件で意見は一致しているのである。そこでこのことをできるだけ手短に論じよう。

3　抽象的に考えられた魂を理性とみなす者は誤っている。というのは、金貨の一般的観念はギニー金貨〔三〕ではなく、特定の刻印と価値を定められた硬貨であるように、ある一定の特有な仕方で働いている魂こそが理性であるからだ(6)。また、理性とは万物のあいだに自然に存在するあの秩序と関係であると主張する者も同じく誤っている。なぜなら、そのようなものではなく、魂がその秩序や関係(7)に従って事物について形作る思考こそが、理性という名称を正当に要求しうるからである。自分の性向や他人の権威を理性の名で呼ぶ者も同じくうまく的中しない。だが、理性とは何であるかは以下の考察からより明らかになるであろう。

4　誰でも自分自身のうちに事物についてさまざまな観念や知覚を形作り、それらの観念や知覚のあいだに一致を認めたり不一致を認めたりするのに応じて、肯定したり否定したりし、さらに自分に有益と思われるものを愛し願望し、害悪になると考えるものを憎み拒絶する能力あるいは機能があることを経験している。〔四〕これらすべての機能を正しく用いることを私たちは共通感覚あるいは理性一般と呼んでいる。しかし、心が単に観念を受け入れるだけの行為は——色、形、音、匂いなどのように、感官が導入するにせよ、あるいは知る、疑う、肯定する、否定するなどのように、魂がこうして外部から得たものについて自ら行う作用を魂が考察するにせよ(8)——、そのようにしてできた観念を心が受け入れるだけの行為は厳密には理性ではない。〔五〕なぜなら、このとき魂はまったく受動的であるからだ。〔六〕しかるべき対象が適切に目や耳やその他の正常な感官に差しだされると、感官は必然的にそれについての刻印を作りだし、心はその刻印を宿すのを拒むことはできず、またその刻印への自らの働きを意識せざるをえないので、こうして心は知覚する、意志する、否定する、判断を保留するなどの作用を形成するのである。(9)

第二章　理性はどこに存するか

5　ところで知性という大きな貯蔵庫にこうして蓄えられたこれらの単純で明確な観念は、私たちが行うあらゆる推論の唯一の素材であり基盤である。(10)というのは、魂はそれらの観念が置かれている状況が可能か否かに応じて、折にふれそれらの観念を比較したり、それらを複雑な観念に結合したり、拡張したり、縮小したり、分離したりするからである。だから実際には、私たちが持つすべての知識とは、私たちが持っている観念——数の多い場合も少ない場合もあるが——の一致あるいは不一致の知覚にほかならず、観念のうちにこそこの一致あるいは不一致が存するのである。〔七〕この知覚は直接的または間接的に行われるゆえに、私たちの知識も二種類となる。

6　第一は、心が他のどんな観念の助けも借りずに直接、二つないしそれ以上の観念の一致あるいは不一致を知覚する場合、たとえば二たす二は四であるとか、赤は青ではないというような場合である。〔八〕これは最高度の明証性を備えているが、理性〔または推理〕〔九〕と呼ぶことはできない。自明にはどんな種類の疑惑や曖昧さも入る余地はないので、論議や証明がまったく必要とされないからである。〔一〇〕各用語がいったん理解されればそれ自体でこのように明らかな命題は、一般に公理や公準という名称で知られている。その数は確定されてはいないが、個々の事例を観察して得られた二、三の抽象的命題だけにとどまらないことは明らかである。(11)

7　しかし、第二は、心が観念相互の一致あるいは不一致を直接に知覚できない場合である。それらの観念を十分近くまで引き寄せて比較することができないからである。この場合、一致、不一致を見きわめるために、心は一つないしそれ以上の中間観念を適用する。離れた所にある二軒の家がその幅においてどれほど一致しているか一致していないかは、自分の目では確かめられないが、一本のひもをそれぞれの家に当ててみるとそれがわかる場合と同じである。〔一二〕空気が圧力を有し空間を占めることから、空気は固体性と延長を持ち、それゆえ木や石とまったく同じ物体であって（空気は見ることはできないが）、上に述べた特性においては空気も木や石と一致するとわかるのである。知識を得るこのような方法こそ、本来理性〔または推理〕もしくは論証と呼ばれるもので(12)（前段落で述べたものが自明もしくは直観と呼ばれるように）、それは疑わしかったり曖昧であったりする何らかの事柄を明白に知られているものと比較することで、その事柄の確実性を見いだす魂の持つ機能と定義してよいだろう〔一二〕。

8　この定義から明らかなことは、中間観念と問題の二つの観念とのあいだの一致が明証的でない場合、その中間観念は論拠とはなりえないし、一致を示すのに二つ以上の中間観念が必要であるなら、その各々についても同じ明証性が要求されることである〔一三〕。なぜなら、論証のあらゆる部分の連結が疑う余地のないものでないならば、私たちは二つの端をつなぐ推論や結論にけっして確信が持ちえないからである。そこで、自明には理性〔または推理〕が入り込む余地はないが、あらゆる論証も最終的に自明となるのである。だがさらに明らかなことは、私たちがある事柄についてどんな概念も観念も持たないとき、それについて推理することはまったくできないし、また、いくつか観念を持っているときでも、それらの不変的で必然的な一致や不一致を示せる中間観念が私たちに欠けているならば、私たちはけっして蓋然性を超えることはできない。だが理性のこのような特性のほかに、私たちは理性において、情報を得る手段と確信の基盤とをやはり細心の注意を払って区別しておかなければならない。この簡単な区別を見過ごしたために、人々は数限りない誤謬に陥ってしまったからである。これについても、今まで同様示すことにしよう。[13]

第三章　情報を得る手段について

9　情報を得る手段[14]とは、何らかの事柄が必ずしも同意を強いることなく、ただ単に私たちの知識となる方法のことである。確信の基盤とは、どんな真理について判断を下すさいも私たちが則る、またいやおうなく私たちの心の中に確信を生みだすあの規準だと解する。情報を得る手段は経験と権威である。経験は（第4段落で見られるように）、感覚的対象についての観念を私たちに与える外的なものか、私たち自身の心の作用についての観念を私たちに得させる内的なもののどちらかである。こうして得られるものは私たちのあらゆる知識の共同資産であり、私たちに新しい器官や能力が生まれない限り、これ以外の方法で観念を得ることはおそらくできないであろう。

10　権威は言葉の誤用によって、権威による情報はすべて検討せずに受け入れるべきであるかのように考えられているが、権威は人間的か、神的かのどちらかである。人間的権威はまた蓋然的確実性とも呼ばれる。たとえば、友人が語る話が理解できるものであれば私は信じるが、それは私には彼の誠実さを疑う理由はないし、また友人には私をだまして得になることはないからである。このようにして、事実に関するありとあらゆる事柄が、同時代人からは自分たちが知っているとおりだときちんと証言され、その後、自らが欺かれたりあるいは結託して他人を欺こうとしたとはどうしても考えられない、時代も国も利害もさまざまな後世の人々によって語り継がれてきていれば、私たちはそれらの事柄を自分の目で見たり、自分の耳で聞いたりしたかのように、確実で疑いえないものとして受け入れるはずである。まさにこういう手段によって、私はカルタゴという都市があった、ルターという宗教改革者がいた、ポーランドという王国がある、と信じるのである。(15)

11　神の権威もしくは神による啓示は、自らに嘘をつくことは不可能な、真理それ自体による真理の表明である。これについては第二部、第二章で詳しく扱う。感覚による経験、心による経験、人間による告示〔啓示〕、神による啓示、こういう四つの手段以外によって私たちの知識に入ってくるものはありえない。

第四章　確信の基盤について

12　ところで、私たちはきわめて欺かれやすいので、何か無謬の規準がなければ、疑わしい命題を公理としたり、おばあさんのおとぎ話を蓋然的確実としたり、人間のペテンを神の啓示としたりすることがたびたび起こりうる。絶対間違いのない確信を得るためのこの無謬の規準あるいは基盤とは明証性であり、それは私たちの観念や思考が、それらの対象物すなわち私たちが考えている事物と正確に一致することにある。なぜなら、私たちが自分のうちに持っているのは事物そのものではなく観念なので、観念によって私たちは事物について判断を下さねばならないからである。

13　したがって、観念は表象的存在なのだから、観念の明証性はもちろん対象物を忠実に表すという特性にある。とはいえ、今使っているペンの長さや動きについて私が心に抱く観念のように、あらゆる観念にはそれが表すべき完全な原型があると考えているわけではない。なぜなら、観念の中には、物体の分子が持つある力が私たちのうちに特定の感覚を引き起こした結果にすぎないものもあるからである。痛みは私を傷つけたナイフのうちに内在しておらず、吐き気は私が食べすぎた果実のうちに内在してないように、〔一四〕砂糖の甘さや氷の冷たさは砂糖や氷のうちに内在していないのである。しかし、そういう観念は私たちの想像力の外に実在を持っているわけではないが、それらが引き起こす快感や苦痛やその他の性質は、観念の基体が私たちに及ぼすかもしれない利益や危害を私たちに示している。そのため、それらの観念についての知識は、事物自体のうちに実在している特性についての知識と同じくらい有益なものとなっている。火に熱や光がなければ、火の形や量が何の役に立つだろうか。香りでなければ何が竜涎香を貴重なものにしているのか。このように、バラの観念が明証的だと私が信じる理由は、観念がその花について忠実な表象を与えてくれるからである。その表象が忠実だと思うのは、その観念が提示する大きさや形のような実在的特性や、色、味、匂いのような偶有的特性をすべてバラが含んでいるはずだからである。このことを疑いえないのは次の理由による。すなわち、それらの特性は原型たる原因に属するか、無に属するか、あるいは私自身の脳の作り事であるか、そのどれかであるはずである。だが、無はどんな特性も持つことができない。また対象が私の感官に作用するとき、私はたった一つの観念すら勝手に作りだせないし、また何らかの観念を受けるのを拒むこともできない。したがって、バラのそれらの特性は私の空想の産物ではなく、原型たる原因すなわち対象物に属すると私は結論する。

14　心の作用に関する観念の明証性は、自分の実在が明証的であるように無謬である。自分の実在について万が一にも疑うようなことがあるなら、疑うこと自体によって自分の実在について確信を深めることになるだろう。なぜなら、私は自分が存在するのかどうか疑うというまさにこの命題において、私という存在が避けがたく仮定されているばかりでなく、疑いを抱く者は肯定する者と同じく必然的に何かでなくてはならないことは明らかであり、この何かを私は自分自身と呼ぶからである。さて、純粋に思弁的な事柄においては、私たちの観念のあらゆる一致と不一致に関してこの明証性をごく厳密に要求しよう。一般的慣習の事柄においては、（論証の欠如を埋めるため、やむをえず蓋然性を認めねばならないことも時にはあるから）できる限り要求することにしよう。そうすれば、怠惰な権威依存や懐疑の無限進行に陥ることもなく、見事に真理を突き止め、それが隠されていると言われるあの地下の洞窟から持ちだし、その光を眺められるだろう。明証性を案内人としている限り、私たちが迷うことはありえない。私たちが誤るのは、自分の自由を乱用して明証性から離れ、ある事物に含まれる明証性を否定したり、ある事物の観念には含まれないものをその事物に含ませたりするときだけである。これが私たちのあらゆる誤謬を生みだす主たる、もっともよく見られる起源である。

15　だが、賢明なる万物の創造者である神（つねに崇敬をもって語られ考えられるべきである）は、私たちが事物を知覚し、それらについて判断を下すことができるようにしてくださったが、また不確実などんな事柄についても判断を保留し、明白に知覚されたもの以外にはけっして同意しない能力をも授けてくださった。神は私たちに誤謬を犯す宿命を負わせたのではなく、一方でどちらでもよいこと、もしくは疑わしく曖昧なことに対してだけは私たちに自由を認めることで、私たちが予断や早計から身を守れる機能を授けてくださった。また他方で明証的な命題には反対できないようにすることで、私たちが真理を見きわめ悟るようとりはからわれた。同一の物が存在し、同時に存在しないことは不可能であると私たちはどうしても必ず信じ、これを疑うように説得できる者は誰一人いない。だが、自然の中には真空は存在しない、地球は太陽の周りを一年かけて巡るということは、その証明が得られるまで私たちは認める必要がない。

16　[16]それゆえ、私たちの誤った概念はすべて、私たち自身の予測と不注意に起因するとしよう。私たちは「滅亡を自分の身に招いている*1」と告白しよう。そして、慈愛深き天の配剤者には喜びに満ちた感謝を捧げよう。明証性の光と尊厳の前では頭をたれるべしという法のもとに私たちを置いてくださったのだから。かりに私たちが明晰なものを疑うとか、あるいは判明な概念に欺かれるということがあるとすれば、確実なものはいっさい存在しえないことになる。良心も神ご自身も尊重されず、どんな社会も統治も存続しえないであろう。(17)

＊1 「ペテロの第二の手紙」、二章、一節。〔一五〕

17 明証性は必ず同意を要求するのに、なぜ真の命題に同意が得られないのかと問われるならば、その命題が明証的に作られていないからだと答えよう。明快さと曖昧さとは相対的な関係にあり、私にとって明快であるものが、別の人にとってまったく曖昧であったり、またその逆のことも起こりうるからである。人が聞き手に理解されない言葉で事柄を伝えたり、あるいは聞き手にとってすでにきわめて明白な、またはその時点で明白となったような他の真理と一致するように事柄を論証しなかったりすれば、聞き手はその事柄を理解することができない。同様に、自然な秩序と適切な単純さが守られていなければ、聞く者はその事柄の真偽を明証的に見きわめることができず、別の人が完全に納得するようなことがあるとしても、その人は自分の判断を保留する（どんな情念にも揺り動かされることがないならばだが）。そういうわけで私たちは自分自身が混乱した推論をしたせいなのに、怒ったり驚いたりしながら、よく他人の愚かさや頑迷さのせいにする。本当は自分の考えを十分に消化していなかったり、あるいは曖昧な表現を好んで、聞き手がその観念をまったく持っていないような表現や、自分が持つ観念とは異なる観念を抱かせるような表現を使ったりしているのである。

第二部　福音の教理は理性に反するものではない

1　理性について多くのことを述べてきた後で、それに反するとはどういうことかを詳しく説明する必要はない。明晰判明な観念あるいは私たちの共通概念〔二〕と明らかに矛盾するものは理性に反する、ということは第一部からきわめて明瞭であると思う。それゆえ、福音の教理は、それが神の言葉であるならば、理性に反するものではありえないことの証明に進もう。だが、福音の教理が理性に反すると主張する者などほとんどいない、と反論がなされるなら、私はこう答えよう。理性と福音は互いに相容れないとはっきり言うキリスト教徒は、今現在私が知る限り（死者の遺骨は安らかなれ）一人もいない。しかし、非常に多くの人が、結局は同じことになってしまう、次のような断言をしているのである。すなわち、「理性も福音も共に神に由来する以上、後者の教理自体が前者の原理と矛盾することはありえない。だが、両者についての私たちの概念によれば、両者は真っ向から対立するように思えるかもしれない。私たちの壊廃した限りある知性のせいで両者を一致させることはできないけれど、神の啓示という権威によって私たちは福音の教理を信じそれに黙って従う義務がある、あるいは教父たちが教えた言い方によれば、理解できないことを崇める義務があるのだ」と断言している。

第一章　本当の矛盾または矛盾と思えるものを宗教のうちに認める不条理とその結果

2　驚くべきこの著名な教説こそ、キリスト教徒のあいだでいつもおおまじめに唱えられてきたあらゆる不条理の源である。口実とされるこの教説がなければ、ローマ教会の実体変化説〔二〕やその他の馬鹿げた作り話についても、またどんな東方からの汚物〔三〕――そのほとんどすべてをこの西方の下水溜め〔ローマ教会〕は受け入れた――についても、けっして聞くことはなかったろう。また、ルター派の共在説〔四〕や、これが生みだした――化け物はたいてい化け物を生みだすから――遍在説〔五〕で、私たち〔プロテスタント〕がからかわれることもなかったろう。確かにソッツィーニ派〔六〕はこのようなやり方を否認してはいる。しかし、ソッツィーニ派なりアリオス派〔七〕なりが、崇高なる被造物神〔キリスト〕へは神的崇拝が可能である〔八〕などという彼らの見解を、三位一体条項に関する他宗派の馬鹿げた考え〔九〕より、いっそう合理的に見えるようにできるだろうか。そんなことができるなら、彼らについて私は思い違いをしていることになるわけだが。

3　要するにこの教説は、神の言葉の、ある一節を説明するのに行き詰まったとき、一部の人が逃げ込む周知の避難所なのである。そういう連中は他の人が思っているほど自分は物知りではないと見えないように、実際には、自分たちのずさんな推論や未熟な言語能力や歴史への無知の結果であるものを、全能者の密かな助言であるとか、事物の本性によるものであるとか言い張って平然としている。だが、より一般的に言えば、こうしたことは最初に受けた刻印の結果であって、その刻印を後になってもっと自由で豊かな思考によって正すことがめったにないためである。だから、彼らは「律法の教師たることを志していながら、自分の言っていることも主張していることも、わからないでいる」[*1]ので、「人間の〔作った〕いましめを〔神の〕教として」[*2]私たちに強いるのである。実際、彼らがそうなるのも無理はない。私たちがいったんこの原理〔理解できないことを崇める義務がある〕を受け入れてしまうと、主の名において語られたことはどんなことであろうとぜったい否定できないからである。さらに、この教説が私たち平信徒に密接なかかわりを持つこともぜひ言っておかねばならない。というのも、これが最初どのようにして確立されたにしろ、以後聖職者は（聖職者たるに値する者はつねに除くが）持てる力をフルに使ってこの教説を利用し、きわめて明白な事柄ばかりか、ごくつまらない事柄さえも秘義的となし、その説明を求めて私たちが絶えず彼らに頼らざるをえなくしたからである。だが、彼らが説明できるとしても、それらの事柄を私たちに説明すれば——どれほど完璧に説明のふりを装うにしても——必ずや自分たちの意図を台無しにしてしまうはずだ。しかし、ここでしてもよい考察はみな省いて、ただちに見解そのものを検討しよう。

＊1　「テモテへの第一の手紙」、一章、七節。
＊2　「マタイによる福音書」、一五章、九節（一〇）。

4　私が第一に主張したいのは、『新約聖書』のある教理が理性に反するならば、その教理についてどんな観念も私たちは持たないということである。たとえば、一つの球が白くかつ黒いと言うのは、まったく何も言わないのと同じことだ。この二つの色が同一物において両立することはできないので、実在する明確な観念や概念を持てるどんな可能性も排除されてしまうからだ。それと同じく、法王教徒のように、洗礼前に死んだ幼児は地獄行きだが苦しむことはない（一一）と言うことも、まったくのナンセンスである。なぜなら、そのような幼児たちがあの世で知的被造物となるのであれば、神の直視（一二）や福者の交わりから永遠に排除されることは言語に絶した苦しみとなるはずであるからだ。しかし、そのような幼児たちには理解力がなくなると彼らが考えているのであれば、幼児には彼らが言う意味での地獄落ちはありえない。だから彼らは、未洗礼の幼児はリンボ界にいるなどと言うべきではなく、そのような幼児に霊魂はなかったとか、あるいは幼児らは無化されたとか、言うべきなのだ。このような説は（真であったにしても、彼らが証明することはけっしてできないが）十分理にかなっており、容易に理解できるであろう。さて、私たちがある事物について何の観念も持っていないならば、それについて思い悩むのはまったくの徒労でしかないのは確かである。なぜなら、私に理解しえないことは、私に対して神についての正しい概念を生みだしたり、私の行動に影響を及ぼしたりすることはできないからである。私の知らない言葉で行われた祈りが私の信心を呼び起こせないのと同じである。「また、もしラッパがはっきりした音を出さないなら、だれが戦闘の準備をするだろうか。それと同様に、もしあなたがたが異言ではっきりしない言葉を語れば、どうしてその語ることがわかるだろうか。」*1 いかに巧みに寄せ集められた音節であろうと、それらに結びつけられた観念がないならば、「空《くう》にむかって語られた言葉」*2 にすぎず、「理にかなった*3 礼拝」〔一三〕あるいは敬神の基盤にはなりえないのである。

*1 「コリント人への第一の手紙」、一四章、八節、九節。
*2 「コリント人への第一の手紙」、一四章、九節。〔一四〕
*3 「ローマ人への手紙」、一二章、一節。〔一五〕

5 誰かがこの異議を逃れるために、いくつかの教理の観念は確かに共通概念とは相容れないかもしれないが、それらどうしのあいだに矛盾はないし、私には何やらわからない超知性的真理なるものとも一致していると抗弁しても、その人は自分の立場を少しも好転させることにはならない。だが、そのような抗弁の言うとおりだと仮定してみても、やはり次のようなことになる。すなわち、そういう教理の認知対象がある異常な仕方で、たとえば新しい能力とか器官とかによって伝達されなければ、誰一人その教理を理解できないわけだし、また、それを教えられる他の人々も同じ恩恵に浴していなければ、その教理が説かれても啓発されえないことになる。だから、私が未開のインディアンに福音を説きに行くとすれば、私の言うことを理解してもらうには、私が語る言葉の観念が、何かわからない方法で、彼らの魂の中へ吹き込まれることを願うほかない。こういう仮定を立てれば、インディアンたちは奇蹟がなければ、鳥のさえずり同様に私の語ることを理解できないことになる。たとえ、「私が霊によって奥義〔秘義〕を語る」*1にしても、「もし彼らが私の語る言葉の意味がわからないなら、私は彼らにとっても異国人である」*2。しかし、いくつかの教理の観念はそれらどうしのあいだに矛盾はないが私たちの共通概念とは相容れないという主張は、どういう意味なのだろうか。天国では四が五と呼ばれるかもしれないが、そうだとしても名称が変わるだけで、事柄自体は依然として変わらないのである。さらに、私たちがこの世で何らかの事物を知りうるのは共通概念によるほかないのであるから、今私たちに矛盾と思える事柄と、来世における神学とが一致すると強弁されても、どのようにしてそれを確信できるだろうか。なぜなら私たちが神ご自身の存在を確信するようになるのは理性を介してであるように、私たちが神の啓示を見分けられるのは、それらの啓示が、私たちが抱く神についての自然的概念と一致する、すなわち私たちの共通概念と一致するかどうかによるほかないからである。

*1 「コリント人への第一の手紙」、一四章、二節〔一六〕。
*2 「コリント人への第一の手紙」、一四章、一一節〔一七〕。

6　次に私が述べるのは、聖書の中にあるとわかれば、理性と真っ向から対立することでも信じられると何のためらいもなく言う人々は、どんな不条理でもすべて正当化してしまうということである。彼らは一方の光〔聖書〕を他方の光〔理性〕と対立させることで、紛れもなく神をあるゆる不確実を生みだす張本人にしてしまうということである。理性はあることを、神の霊はそれとは別のことを権威づけることもありうるというこの仮定こそが、私たちを不可避的に懐疑主義に陥らせる。どちらに従うべきかについて、私たちは絶えず確信が持てないからである。それどころか、〔聖書と理性の〕どちらがどちらに従うべきかについては、絶対に確信しえないからである。なぜなら、聖書の神性の証明は理性に依存するのだから、一方〔理性〕の明白な光がどんな仕方であれ否認されるならば、私たちはどのようにしてもう一方〔聖書〕の無謬性を確信できるだろうか。理性はこの点でも他の場合同様、誤りを犯すかもしれないので、この場合に限って理性が誤りを犯さないという特別な保証など私たちにはない。それはちょうど、感覚が実体変化〔一八〕においてもあらゆる場合同様、彼らを欺かないという特別な保証など法王教徒にないのと同じだ。聖なる書それ自体がその神性を証明していると言えば、同じく『コーラン』や『プラーナ』〔ヒンズー教の聖典〕をも打ち立てることになる。また、教会が聖なる書だと宣言したのだというのが異教徒に持ちだされる有名な論拠であるならば、あらゆる教派が自分たちのために同じことを言いだすだろうに。そんな言葉が論拠とみなされるならばではあるが。それに異教徒のほうは、教会はそう決める権限をどこから得たのかとたずねるかもしれない。聖書から、と答えれば、答えた者は別にして、誰もがこの堂々巡りをおもしろがること請け合いである。聖書が神的なのは教会がそう決めたからであり、教会はそう決める権限を聖書から得ている、こう信じなければならないというのである。こういう教会の権限はそのために引き合いにだされる聖書の節から証明できるかどうかは疑わしいが、教会（当事者）自身は証明できると断言するのである。いやはや、これらの果てしない堂々巡りは、考えなしや頭の弱い連中の目をくらまし頭を混乱させる、なんと巧みな発案ではないか。

7 しかし、私たちが聖書が神的であると、聖書自体がただそう断言するからではなく、そこに含まれる事柄の明証性からなる真の証言に依拠して、そして単語や語句ではなく、疑う余地のない効力に依拠して信じるのであれば、聖書の神性を証明するのは理性でなくて何であろうか。なるほど、聖書それ自体の中に神性のもっとも輝かしい特性があることは確かであるが、それを見つけだし吟味し、自らの原理に従って神性の資格ありと認めて宣言を下すのは理性である。こうしたことが私たちのうちに信仰や確信の受け入れを整然と生みだすのである。ところで、細部がこのように厳密に調べられ、キリストや使徒の教説だけでなく、その生涯、預言、奇蹟、死などが考察されたとしても、なにかの理由で矛盾を大目に見てもよいなら、そういう苦労はみな間違いなく無駄ということになる。ああ、なんとありがたい都合のよい説だろう。歴史、言語、比喩的意味と字義どおりの意味、著者の目的、付帯状況、その他解釈上の種々の助けに関するやっかいな論評を一挙に一掃してしまうとは。私たちはある人間の知恵や学識をその行動や言説によって判断する。だが、「ご自分のことをあかししないでおられたわけではない」[*1]と私たちが確信している神は、あのような〔聖書に矛盾を認める〕やり方でゆくなら、気がちがった狂信者や悪魔そのものをしのぐどんな優位性もお持ちでないにちがいない。

＊1 「使徒行伝」、一四章、一七節。〔一九〕

8 しかし、神の御言葉そのものの尊重ということが持ちだされるだろう。これに誰も異論はない。「神は人のように偽ることがない」＊1と私たちは知っているのだから。だが、問題は御言葉そのものについてではなく、その意味についてである。それはつねに御言葉を語られた方にふさわしくなければならず、それゆえあらゆる発言の真髄をとらえて、必要がある場合には比喩的に解釈されなければならない。さもないと、神の御言葉への信頼を口実に、最悪の愚劣と神への冒瀆が聖書の字句から引き出されるかもしれない。たとえば、神は情念に左右される、神は罪の作り手である、キリストは岩である、〔二〇〕彼は実際に罪を犯し私たちの罪で汚れた、私たち〔二一〕は虫や羊であって人間ではない、というようなところからである。こういう節に比喩が認められるのであれば、考えてみてほしいのだが、同じく比喩と見る必要があると思える場合、どうして同種の表現すべてにそれを認めてはいけないのであろうか。

＊1 「民数記」、二三章、一九節。〔二二〕

9 聖書と理性とが矛盾すると言明する者はいない、と先ほど認めた〔第二部、第1段落〕のに、なぜこの論題を延々と力説するのかと私は問われるかもしれない。しかし、両者は真っ向から対立するように思えるかもしれない、そして、自分たちは両者を一致させることはできないが、前者の決定に黙って従う義務がある、と考える人々がいることも同じ箇所で述べておいた。矛盾と思えるものとは実際上私たちにとって本当の矛盾と同じである。そして聖書を尊敬する私たちに要求されることは、聖書の中にそのような矛盾を認めることではなく、むしろ難題が生じたとき、その正しい意味を私たちは知らないと結論し、適切な助けと努力によって真の意味を見つけるまで、その点に関する判断を保留することである。自分に理解できないことや自分の理性と一致させることができないことに黙って従うことについては、そういうことを実行する本人たち自身がその結果を一番よくわかっている。私自身はそのような黙従とは無縁であり、自分をそんな原理と折り合わせることはできない。それどころか、かなり確信を持って言えることは、物事の本性を明らかにしない者が自分の判断を納得させようとしても無駄であるということだ。人は恐れ、迷信、無関心、利害、その他同じような脆弱で不正な動機から、自分にわからないことに口先だけで同意することがあるかもしれない。だが、人は自分が信じていることを理解できない限り、心の底からそれに従うことはできず、どんな確固とした満足も味わえないのである。そのような人は自分の黙従的信仰〔二三〕では追い払えない疑念に絶えずさいなまされるので、すぐに動揺させられ、「様々な教の風に吹きまわされ」*1る。私は信じたいから、すなわちそうしたい気分だから、信じるというのが、彼のせいぜいの弁明である。そのような人は「むなしい心で歩き、彼らの知力は暗くなり、その内なる無知と心の硬化とにより、神のいのちから遠く離れた」[*2] 非理性的な人間である。しかし、物事を理解している者はあたかも自分がその生みの親であるかのように、その物事に確信を抱く。自分の信仰告白に疑念を抱くようになることなどありえない。そして、誠実な人であれば、その信仰告白についていつでも他人に適切な説明を行うことだろう。

＊1 「エペソ人への手紙」、四章、一四節〔二四〕。
＊2 「エペソ人への手紙」、四章、一七節、一八節〔二五〕。

10 これまで述べてきたことから当然出てくる帰結は、合理的な証拠や明証的な一貫性がないのに、聖書あるいはその一節の意味が神的であると信じるのは、非難されるべき軽信や無分別な判断だということである。そのようなことはたいてい無知で強情な気質に基づいているが、より一般的に言えば、利益を見込んで主張されるのである。というのも、人がいくつかの教理を奉じる場合、そこに説得力ある明証性があるからではなく、そういう教理が真理よりむしろ自分の目的によく役立つからであり、また手放したくない別の矛盾した説をそれらの教理によってうまく弁護できるから、ということがよくあるからだ。

第二章　この議論にかかわる啓示の権威について

11　この第二部で確立してきたすべてに対して、啓示の権威が派手に主張されることだろう。まるで、理性を黙らせ、押し殺す権利がなければ、それはまったくの役立たずでつまらぬものであるかのように。しかし、第一部、第9段落で私が述べた区別をよく考察してもらえば、この反論の弱点がただちにわかるであろうし、これからの議論ももっとよく理解してもらえるだろう。そこでは、啓示とは同意を必然的に生む動因ではなく、情報を得る手段であると私は述べた。ある事柄が私たちの知識となる方法と、その事柄を信じるための基盤とを混同してはならない。私は以前に聞いたことのないことや、また言われなければ考えもしないようなことを無数に人から知らされることはあるだろう。だが、その事柄自体のうちに明証性がないならば、彼の言葉だけでは私は何も信じない。語る者の単なる権威ではなく、語られた内容について私が抱く明白な概念こそが、私の確信の基盤である。

12　誠実この上ない人が、両端のない杖を見たといくら請け合っても、私は彼の言うことを信じるべきでないし、信じることもできない。この話は明らかに杖というものの観念と矛盾するからである。だが、たまたま地面に置かれた一本の棒から、しばらくして若芽や小枝が出てくるのを見たと彼が言うなら、彼が真実を語っていると私は容易に信頼できる。この話は棒の観念と矛盾しないし、可能なことを超えてもいないからである。

13 可能なことと私が言うのは、全能なる者ご自身もそれを超えたことはなしえないからである。神はあらゆることをなしうるのであり、それと反対のことを断言すれば神の能力を制限することになるという理由で、矛盾する事柄に同意を要求する者たちは自分をも他人をも欺いているのである。もちろん、神はあらゆることをなしうる、と私たちは心から信じている。だが、まったくの無にすぎないものが神の能力の対象になるなどと考えること自体、引き合いに出された当の全能なる者は私たちに許さないであろう。不可能なことと同義語である矛盾はどれもみな単なる無にすぎないと、すでに十分私たちは証明した〔二六〕。たとえば、あるものが広がりを持つと同時に広がりを持たないとか、あるものが丸いと同時に四角であるとか言うことは、何も言わないことである。これらの観念は互いに打ち消し合い、同一物において存在することはできないからである。だが、命題を構成する用語のあいだに完全な一致と連結がはっきり認められるときには、その命題は理解できるゆえに、可能なことであると結論する。それゆえ、神が、それまで液体であったものを瞬時に固体にする〔二七〕、あるいは現存するものを存在しないようにする、あるいは「無から有を呼び出す」*1ことはなしうると私は了解する。神に不可能なことは何もない、あるいは神はあらゆることをなしうると私たちが言うとき、成し遂げるのに被造物の能力をどんなに超えていようと、それ自体可能なことならどんなこともなしうる、という意味である。

＊1　「ローマ人への手紙」、四章、一七〔二八〕節。

14　さて、事実にかかわる事柄の性質とは以下のようなことである。すなわち、ある事柄が十分可能であると考えられるとしても、自分自身がその事柄の作り手〔二九〕であるか、あるいは何らかの情報手段をとおして初めてその事柄について確実な知識に至る者しか、その事柄の実在を確信を持って断言することはできない。ジャマイカなる島があることをヨーロッパ人が否認するのは理に合わなかった。だが、その島が正確にこれこれの緯度に位置し、あんな川でうるおい、こんな森林におおわれ、こういう穀物を産し、あんな植物が生えているとイングランド人がはっきり断言することは、アメリカ大陸発見以前にはできなかったのである。

15　このようにして神は聖書において事実にかかわるいくつかの驚くべき事柄を、たとえば世界の創造や最後の審判、その他多くの重要な真理を、私たちに啓示するのをよしとされた。そういう事柄は、私の同胞が私の内心の考えをはっきりと知ることができないように、人間だけでは想像することすらできなかったであろう。「いったい、人間の思いは、その内にある人間の霊以外に、だれが知っていようか。それと同じように神の思いも、神の御霊以外には、知るものはない。＊1」しかし、「隠れた事はわれわれの神、主に属するものである。しかし表わされたことは長くわれわれとわれわれの子孫に属するものである」。[*2] とはいえ、先に論議したように、そういう真理が啓示されているという理由だけで、私たちがそれらを受け入れるわけではない。必要なあらゆる付帯状況がそろっているからこの啓示は絶対確実だとする証拠のほかに、その内容の中に神の知恵と健全な理性の異論の余地のない特性を私たちが見るのでなければならない。そういうものこそ、神のお告げや意志を人間のペテンや伝承から区別するのに私たちが持つ唯一の目印なのである。

*1 「コリント人への第一の手紙」、二章、一一節。
*2 「申命記」、二九章、二九節。

16　誰かが何かを明かす場合、すなわち、以前知られていなかった何かを私たちに語る場合、その言葉は理解できるものでなければならず、その事柄は可能なことでなければならない。この規則は明かす者が神であろうと人間であろうと適用できる。明らかに信じられないことに同意を求めてくる人を愚か者と私たちがみなすのであれば、人間において一般に欠点と認められていることを最高の完全存在に当てはめるのが、冒瀆でないことがあろうか。理解できない語りについて言えば、人間による告示であろうと神からの啓示であろうと、そのようなものを私たちは信じることはできない。なぜなら、事物について心が抱く観念こそが、信じること、否定すること、是認すること、その他知性によるあらゆる活動の唯一の対象だからである。それゆえ、神あるいは人間によって明かされるどんな事柄も理解しうると同時に可能なものでなければならない。ここまでは神の啓示と人間の告示は一致している。だが、次の点で異なってくる。すなわち、人間の告示はたとえこのような条件を満たしていても、人間は事柄の真実性に関して私を欺くかもしれないが、一方神が私に明かしてくださることは私の理性にとって明確であるだけでなく（そうでなければ神の啓示によって私が啓発されることはありえないであろう）、それはつねに真実であるという点である。たとえば、ある人が財宝を見つけたと私に知らせる。この内容は明瞭で可能なことであるが、彼が私をだましていることもありうる。神は土から人間を創ったと私に断言している。これは神には可能なことでありまた私には理解できるだけでなく、その事柄自体もまったく確実である。なぜなら神は人間のように私をだますことができないのだから。それゆえ、私たちは明瞭性については神からも人間と同程度のものを望みうるが、確実性については人間よりも神のほうにより多くを望みうるのである。

17　このことは理性が確信させ、また聖書がはっきり述べていることである。一神崇拝から多神教[*1]へ人々を誘い込もうとうろつくあのような預言者または夢みる者は、その教説をしるしや奇蹟で確証しても、石で打ち殺さなければならなかった。[*2]また、「預言者が主の名によって語っても、その預言された事が起こらない時は、それは主が語られた言葉ではなく、その預言者がほしいままに語った」[*3]ことを示す道理にかなったしるしであった。監禁中の預言者エレミヤに、叔父の子が自分の畑を売りにやって来ると啓示があった。しかし、実際に従兄弟が売買契約をしにやって来るまでは、それが主の言葉であるとの判断をエレミヤは下さなかった。*4 処女マリアは、男性よりお世辞や迷信に弱い女性ではあるが、彼女にできる限りの強力な反論をして御使いが満足のいく答えをするまでは、いと高き者の息子ととなえられ、その王国は決して滅びることがないはずの子を自分が産むことになることを*5盲目的に信じたりはしなかった。そこで彼女は（今日のマリア崇拝者とあんなにも違って）そういうことが不可避的に起こると結論せずに、起こりうることだが、自分はそれに値しないと謙虚に認め、その事が起こるのを心静かに望みながら待ち受けたのである。*6

*1　多くの神々に仕えること。
*2　「申命記」、一三章、一節から三節〔三〇〕。
*3　「申命記」、一八章、二一節、二二節〔三一〕。
*4　「エレミヤ書」、三二章、七節、八節〔三二〕。
*5　「ルカによる福音書」、一章、三四節、三五節〔三三〕。
*6　「ルカによる福音書」、一章、三八節〔三四〕。

18　にせ預言者、にせ教師、人の心を惑わす者、詐欺師に気をつけるようにと、*1 なんと多くの箇所で勧められていることだろう。私たちは「すべてのものを識別して、良いものを守る」*2 だけでなく、「それらの霊が神から出たものであるかどうか、ためす」*3 べきである。だが、私たちはどのようにして試すのか。どのようにして見分けるのか。それは、「知性を持たない馬やラバのようにではなく*4」、「用心深く賢明な人間のように*5」「言われたことを判断すること*6」によってである。一言で言えば、神に従った昔の人たちが神の啓示を受け入れたのは盲目的服従からではなく、事実と事柄両方に関する明晰かつ納得力ある推論によったのであり、彼らの手から私たちが神の啓示を受け取るさいも同じ根拠によるのである。自分たちは聖霊の天啓的・奏効的働きかけによって堅く信じているのであり、自分たちの信仰についてそれ以外の根拠を持つことも認めることもないと、自負している者たちがいることを私も知らないわけではない。だが、彼らの目を覚まさせようとするのはしかるべき折にしよう。論争相手がどんなに馬鹿げた、取るに足りない者であろうと、人間と真実を心から愛する者は高飛車に相手を無視すべきではないからだ。啓示については以上である。啓示を情報を得る手段とみなす際に、私はパウロ自身に従っただけだ。パウロはコリント人に「啓示か知識か預言か教かを語らなければ、あなたがたに、なんの役に立つだろうか*7」と語っている。

*1 「マタイによる福音書」、七章、一五節。〔三五〕「テモテへの第二の手紙」、三章、一三節。〔三六〕「テトスへの手紙」、一章、一〇節。〔三七〕

*2 「テサロニケ人への第一の手紙」、五章、二一節。

*3 「ヨハネの第一の手紙」、四章、一節。〔三八〕

*4 「詩篇」、三二篇。〔三九〕

*5 「エペソ人への手紙」、五章、一五節。〔四〇〕

*6 「コリント人への第一の手紙」、一〇章、一五節。〔四一〕

*7 「コリント人への第一の手紙」、一四章、六節。〔四二〕

第三章　キリスト教によって意図されたのは合理的で理解しうる宗教である。これを『新約聖書』に見られる奇蹟、方法、文体から証明する

19　前に理性について、今啓示について論じられたことがきちんと考量されるならば、『新約聖書』（それがまさしく神からのものであるならば[四三]）の教理と戒律はすべて自然的理性と私たち自身の通常の観念とに一致するはずだということになる。このことは『新約聖書』を慎重に吟味すれば、思慮深く分別ある人なら誰でも気づくであろう。このような仕事に取りくむ者はみな、福音は「隠されたもの[四四]ではなく、また遠いものでもなく」、「私たちのとても近くにあって、私たちの口にあり、また私たちの心にある」[*1]ことを認めるだろう。『新約聖書』は厳密で明快な推論というものについて、考えうるもっとも輝かしい諸事例を提供しているので、そのことを証明するのが、『新約聖書』の秘義を説明するさい私に課される義務である。キリストの教理はその明証性によって異邦人に是認[四五]をせまったであろうし、彼の教理が『旧約聖書』中の予型[四六]と預言に一致し、彼の人格のうちにメシアとしてのあらゆる特徴が見られることは、同国人に同意をせまって当然だったろうが、それでも、キリストは一抹の疑いも残さないようにと、頑迷なユダヤ人たちさえ否定しえないような神的な業と奇蹟を示して自らの権威と福音を証明している。ニコデモ[四七]はキリストに「神がご一緒で

ないなら、あなたがなさっておられるような奇蹟〔四八〕は、だれにもできはしません[2]」と言い、あるパリサイ人たちは「罪のある人はそのようなことはなしえない[3]」と認め、また他の人々は「そのようなことは悪霊にはできないことである[4]」と認めた。

＊1 「申命記」、三〇章、一一節、一四節〔四九〕。
＊2 「ヨハネによる福音書」、三章、二節〔五〇〕。
＊3 「ヨハネによる福音書」、九章、一六節〔五一〕。
＊4 「ヨハネによる福音書」、一〇章、二一節〔五二〕。

20　イエス自身もいわゆる冒瀆の咎で石打ちにしようとする敵対者に対し次のように訴えている。「もしわたしが父のわざを行わないとすれば、わたしを信じなくてもよい。しかし、もし行っているなら、たといわたしを信じなくても、わたしのわざを信じるがよい。そうすれば、父がわたしにおり、また、わたしが父におることを悟るであろう[1]。」すなわち、無分別に私を信じて、私の業を証言するのではなく、メシアについて証言している聖書をよく調べ、私の行う業が神にふさわしいか神に帰せられるかどうかよく考え、もしそうであれば、その時私がメシアであると結論し信じよ、というのである。実際、人々の中には「キリストがきても、この人が行ったよりも多くの不思議〔五三〕はなしえないであろう[2]」と言った者もいたし、「多くのユダヤ人たちはイエスが行った奇蹟〔五四〕を見たとき、信じた[3]」。

＊1　「ヨハネによる福音書」、一〇章、三七節、三八節。
＊2　「ヨハネによる福音書」、七章、三一〔五五〕節。
＊3　「ヨハネによる福音書」、二章、二三〔五六〕節。

21　「わたしたちは、こんなに尊い救をなおざりにしては、どうして報いをのがれることができようか。この救は、初め主によって語られたものであって、聞いた人々からわたしたちにあかしされ、さらに神も、さまざまな奇蹟により、また神御自身の意志に従い聖霊を各自に賜うことによって、あかしをされたのである」＊1とあの使徒〔パウロ〕は言っている。私たちの宗教の創始者であるキリストの話を聞き、彼が行った不思議を見た人々は、「恥ずべき隠れたことを捨て去り、悪巧みによって歩かず、神の言を曲げず、真理を明らかにし、神のみまえに、すべての人の良心に自分を推薦する——すなわち、すべての人の理性に訴える——〔五七〕のである」＊2。また、ペテロはキリスト教徒たちに、「あなたがたのうちにある望みについて説明を求める人には、いつでも弁明のできる用意をしていなさい＊3」と熱心に説いている。さて、このような奇蹟と勧告のすべては、人間の知性が尊重されていないというのであれば、またキリストの教理は理解しえないものだというなら、あるいは私たちには啓示されたメチャクチャなことを信じる義務があるというなら、いったいどんな役に立つというのだろうか(18)。

＊1　「ヘブル人への手紙」、二章、三節、四〔五八〕節。

＊2　「コリント人への第二の手紙」、四章、二節〔五九〕。
＊3　「ペテロの第一の手紙」、三章、一五節。

22　だが、このような章句についてこれ以上力説しなくても、単なる人間の書物に払うべき公平さと注意力を持ってこの神の書を読むならば、誰でも私が擁護する真理を認めることだろう。聖書の解釈において従うべき規則に、その他のあらゆる書物に共通する規則と異なるものはない。このような方法をとる偏見のない人なら誰でも、次のように主張する連中は人を欺こうとする悪党か、自らがひどく欺かれている者だとすぐわかるだろう。そのような連中は『新約聖書』にはなんの秩序も一定の目的もなく、（ある人たちによれば）熱狂的発作にかられたためか、あるいは他の人たちによれば良識や教養がなかったためか、いずれにせよ、ただ使徒たちの頭に浮かんだ事柄がそのまま書かれていると主張する。このように混乱があるとか無秩序だと不平を言う人たちは、真の方法というものをわかっていないと言っていいと思う。しかし、この問題の証明は一般論に依拠するものではない[19]。

23　福音のわかりやすさは方法だけに限られるわけではない。文体もきわめて平易で自然であり、福音が直接宛てられた者たちによく知られた方言で書かれているからである。説教をするのに、今日のギリシア人にクセノフォン〔六〇〕の語り方で話したり、スコットランドの田舎人に正しいイングランド語で語ったりすれば、聞く者は語られた内容を理解するより、その言葉自体を学ぶのにより多くの時間と労力を使うことになるだろう。現代と同じく当時のユダヤ人たちはヘブライ語より自分たちが住む地域の言語のほうがよく理解できたのである。それゆえ、その言語がよくわからないという理由で、不合理な仮説に〔六一〕有利な口実を引き出すことなどできない。なぜなら、学者の文章は一般大衆に理解できないが、母国語の日常会話は誰でもみんな理解できると考えられるのだから。華美な仮面などつけずに、話し言葉の文体で書く平明この上ない著作家は、すぐれたどんな識者からも最高だといつもみなされてきた。『新約聖書』がつねに前提とし引用し言及する、『旧約聖書』という記念碑が私たちの手に残されていることは、摂理の明らかな結果である。それだけではない。ユダヤ人の礼拝と慣習は今も続いている。ギリシア人とローマ人についても同じようであったなら、ギリシア・ローマの宗教に関して知られていない多くの詳細を正しく理解する一助となるはずである。彼らの宗教があったおかげで私たちはイスラエルの統治者や教師となったのであるから。その他にも、私たちには『タルムード』〔六二〕やその他ラビ〔ユダヤの律法学者〕の著作が残されている。これらは他の点ではいかに役立たないものであろうと、古代の祭式と言語については少なからず手がかりを与えてくれる。どうしても何かの表現の意味が不明で途方にくれるならば、それは時代の隔たりと、同じ言語で書かれた書物が不足しているせいであって、事柄そのものの本性によるとか、著者の無知のせいだとか言うべきではない。著者の言うことは同国人や同時代人ならたやすく理解できたかもしれない。だが、そのような〔意味が不明な〕節からは、いかなる真理の確立も、いかなる虚偽の立証もなしえない。ボウ教会〔六三〕の鐘の音から自分の運命を確実に推測することなど誰にもできないのと同じである。

24 福音には文飾がほとんどあるいはまったく無く、選りすぐりの言葉も練られた表現も無いと誰かが異議を唱えるならば、その非難はそのとおりであり、使徒たち自身もそのことは認めている。だが、これこそ、使徒たちがすべての人々から理解されることを意図していたことのもっとも明らかな証拠なのである。パウロは次のように言っている。「わたしもまた、あなたがたの所に行ったとき、神のあかしを宣べ伝えるのに、すぐれた言葉や知恵を用いなかった。＊1」「わたしの言葉もわたしの宣教も、人の巧みな知恵の言葉によらないで、霊（すなわち心）の証明（すなわち確信）と、力（すなわち効力）〔六四〕とによったのである。＊2」パウロがここで念頭においているのは当時の哲学者や雄弁家である。彼らの雄弁術はたしかに好奇心をそそり、凝った美文は聴衆の賞賛をかき立てたが、その理性を満足させはしなかった。劇場や寺院で聴衆の感覚を魅了しても、彼らが家でより善良になれたわけでもなく、外でより賢明になれたわけでもなかった。

＊1 「コリント人への第一の手紙」、二章、一節。
＊2 「コリント人への第一の手紙」、二章、四節。

25 この連中は、現代の後継者の多くと同様、おのれの馬鹿げた教説にほれこむあまり、「神からの賜り物を愚かなものとみなした」[*1]。なぜなら、神からの賜り物は彼らの不確かで肉欲的な概念と一致しなかったし、そこに見られるどの文章も神秘に包まれておらず文飾で彩られていなかったからである。偽りのつまらない事柄だけが聴衆を惑わしたり楽しませたりする魅惑的な熱弁の助けを必要とする、ということにこの連中は思い至らなかった。真理の簡素さに敵対し、それを知らぬ者たちだった。彼らの全精力は、今指摘したように、大げさな弁舌と身振り手振りの猿芝居で人々の情念を意のままにあやつることにかたむけられた。どんなことであろうと人に信じ込ませることも、反対させることもできる才を自慢にしていた。裁判官を前にしてもっとも不当な申し立てをもっとも正当な主張と思わせる者こそ、最上の雄弁家と評価されたように、もっとも馬鹿げた逆説を論証と思わせる者が最上の哲学者であった。彼らの関心事はおのれの栄光と報酬だけであり、それらを維持するための唯一の方法は（必ずうまくいくので、いつも実践されてきた策略に従って）、おのれの権威と詭弁によって人々をペテンにかけ、教えを説くという口実のもと、人々をまったく無知の状態に巧みに留めおくことだったのである。

*1 「コリント人への第一の手紙」、二章、一四節。〔六五〕

26 しかし使徒たちの目的はまったく違っていた。神への敬虔と人間の平和が彼らの報酬であり、キリストと彼の福音が彼らの栄光であった。彼らがやって来たのはおのれを誇るためでも賛美するためでもなく、またおのれの教えを強いるのではなく、表明するためであった。彼らは人々の心を惑わし欺いたのではなく、それに確信をもたらしたのである。彼らが神に用いられたのは、無知を追い払い、迷信を根絶し、真理と習俗の改善を広めるためであった。「囚人に解放を告げ知らせるため*1」、（すなわち）〔六六〕レビ族〔六七〕や異教の祭司の奴隷となっている者たちにキリストによる解放の喜びを告げ知らせるためであり、また悔い改める罪びとに救済を表明するためであった。

*1 「ルカによる福音書」、四章、一八節〔六八〕。

27 ダビデ〔六九〕が挙げた神の律法と御言葉の特徴をいくつかここに記すが、こういう特徴に合致しないことはいっさい神の意志と認めないようにするためである。彼は以下のように語る。「主のおきては完全であって、魂を生きかえらせ、主のあかしは確かであって、無学な者を賢くする。主のさとしは正しくて、心を喜ばせ、主の戒めはまじりなくて、眼を明らかにする。主を恐れる道は清らかで、とこしえに絶えることがなく、主のさばきは真実であって、ことごとく正しい〔七〇〕。」「わたしはあなたのあかしを深く思うので、わがすべての師にまさって知恵があります。わたしはあなたのさとしを守るので、老いた者にまさって事をわきまえます〔七一〕。」「あなたのみ言葉はわが足のともしび、わが道の光です〔七二〕。」『新約聖書』にはこのような言葉があれほど満ちているし、その内容は至るところでこのような言葉に一致しているので、私は第二論考〔七三〕で読者にその全体を個々に検討してお目にかけたいと思う(20)。

第四章　人間理性の壊廃から引き出される異議に答える〔七四〕

28　ある人々が声高に言い立てる異議がまだ一つ残っている。それはほとんど役に立ちそうにないのだが。さて彼らは、福音はあなたの主張どおり理性的だとしても、壊廃し堕落した理性では神の真理を見分けることも受け入れることもできない、と言う。そのとおりだ。しかし、その言い分は健全な理性と神の真理とが相反することを証明してはいない。すると彼らは、健全な理性を持っている人間など一人もいないと反論する。こういうわけだから、私は分別のある温厚な人々が論争に巻き込まれるきっかけとなるものをすべて取り除くような仕方で、この問題を提起してみたい。理性は私たちの推論の原理と考えられる。あるいはもっと詳しく述べれば、理性はさまざまな観念をそれらの一致あるいは不一致に応じて判断し、そして自分に有益と思われるものを愛し害悪と考えるものを憎む、万人に備わった機能と考えられる。〔七五〕すなわち、この意味における理性は、諸器官がたまたま正常に機能しない人は別にして、万人において完全無傷な状態で存在する。この理性があるために私たちは人間とみなされるのであって、これがなければ、獣の域を出ず、他人に教えたり自ら改善を受け入れたりすることはできないだろう。

29　しかし、理性を、こういう諸機能をいつも正しく用いることと解するならば、すなわち、人は明晰な知覚に基づいてしか判断せず、自分にとって本当に有益であるもの以外は望まず、間違いなく害悪であるもの以外は避けない、という意味であれば、理性はきわめて堕落した状態にあると私も認める。私たちは事物について間違った概念を形成したり、同様に誤った判断を下したりしがちである。一般に、感覚を喜ばすものなら、害になる快楽と害にならない快楽とを区別せずに何でもほしがる。嫌うものにも片寄りがある。肉体に引きずられすぎて沈思黙考などほとんど行わず、霊的あるいは抽象的な問題についてはごくおざなりにしか考えない。私たちはおのれの性向に身を任せがちであり、それを自然に従うと呼んでいる。だから、「自然のままの人」[*1]、すなわち自分の欲望の赴くままに行動する人は、神に関する事柄をまったく愚かしいこととみなし[*2]、宗教のことを迷信的な頭脳が生みだした熱に浮かされた夢想であるとか、軽信的な一般大衆に畏敬の念を起こさせるために政治家が考案した政治的策略であるとか言う。「なぜなら、肉に従う者は肉のことを思い、……肉の思いは神に敵するからである。[*3]」「罪はたやすく私たちにからみつく。[*4]」「わたしの肢体（すなわち肉体）には別の律法があって、わたしの心（すなわち理性）の法則に対して戦いをいどんで〔七六〕いる。[*5]」「善をしようと欲しているわたしに、悪がはいり込んでいる。[*6]」このように私たちが愚かであり、地上的な思索にさえ不向きであれば、「天上のことを語った場合、どうしてそれを信じるだろうか。[*7]」

＊1　プスキコス〔ギリシア語〕はつねに獣的なものを意味し、けっして人間の本性的状態を意味しない。この言葉は「ヤコブの手紙」、三章、一五節と「ユダの手紙」、一九節では正しく訳されているように、この箇所

でも肉欲的と訳されるべきである。〔七七〕

*2 「コリント人への第一の手紙」、二章、一四節。〔七八〕

*3 「ローマ人への手紙」、八章、五節、七節。〔七九〕

*4 「ヘブル人への手紙」、一二章、一節。〔八〇〕

*5 「ローマ人への手紙」、七章、二三節。〔八一〕

*6 「ローマ人への手紙」、七章、二一節。〔八二〕

*7 「ヨハネによる福音書」、三章、一二節。〔八三〕

30　しかし、こういう混乱状態は理性なるものがあるどころか、これほど対極にあるものはないぐらいだ。だが、私たちは罪を犯す必然的な運命のもとに置かれているわけではない。私たちの知性には私たち自身が作りだした欠陥以外はないのである。それは染まるのは簡単だが、矯正するのはむずかしい悪習である。私たちは酒の常習者と同じようなもので、彼らが口にする「酒がやめられない」は、計算ずくで「やめるつもりはない」ということである。その証拠に、賭け金や報酬を出せば、期待できる儲けの額や確実さの程度に応じて、彼らも一日、一カ月、一年と酒を我慢することができるからだ。「だれでも誘惑に会う場合、〈この誘惑は、神からきたものだ〉と言ってはならない。神は悪の誘惑に陥るようなかたではなく、また自ら進んで人を誘惑することもなさらない。人が誘惑に陥るのは、それぞれ、欲に引かれ、さそわれるからである。*1」

*1 「ヤコブの手紙」、一章、一三節、一四節。

31　きちんと推論する能力が私たちに生まれつき無いならば、神の命令を守らないからといって断罪されることはありえない。福音を啓示されなかった人々が、キリストを信じないからといって、断罪されることがありえないのと同じだ。「信じたことのない者を、どうして呼び求めることがあろうか。聞いたことのない者を、どうして信じることがあろうか。[*1]」私たちの推論能力が不完全であるとか、あるいはそれを正しく用いることができないならば、無数の事柄の中で一人一人が蓄える観念には差が生じ、私たちの理解力も異ならざるをえないことになるはずだから、お互いに理解しあえる可能性などなくなってしまう。ところが、私たちの理性と自由が完全であるからこそ、私たちは褒美や罰に値するのである。自分のどんな思考もまったく自由であり、自分で言葉の真意を考量し、観念を比較し、明白な概念と曖昧な概念を区別し、不確実なものについては判断を保留し、明白なことにだけ同意することができると確信している。一言で言えば、私たちが自分の行為の目的に関して行う熟慮と、最後に自ら決定する選択とが、私たちは自分のあらゆる行為の自由な裁定者であると証明している。さて、これが健全な理性でないとしたら、健全な理性とは何なのか。疑いもなく、これがそうなのである。このように理性を用いる者にとっては、いかなる福音の真理もその他知りうる真理も、けっして到達しがたいものにも奇異なものにもなりえない。だが、私たちが理性を乱用して理性そのものに敵対させたり、堕落した想像力に隷従させたりすると、理性はあらゆる善に反発することになる。正直なところ、私たちは不確かで軽率な結論を下すことにあまりにも慣れきっているので、絶えず努力しなければ、私たちが生まれつき持っている自由を取り戻すこともできないし、また「悪に慣れてしまっているので、善を行うこともできない*2」。たしかに、私たちは知ろうとも理解しようともしないと聖書に言われているけれども、また私たちは行いを改め悪から離れて、命を選ぶことができるとも言われている。そうしようとする人への励ましが書かれている。私たちは真剣に考えてみれば、自分の誤りがわかるし、きわめて不合理だと思い込んでいたこともそう見えていただけで、それは表面的な探究しかしていなかったり、必要な助力が不足していたり、権威や鵜呑みにした原理に敬意を払ったり、だらしのない性向や私利私欲や党派的憎しみに引きずられたりしていたからだ、と気がつくのである。

*1 「ローマ人への手紙」、一〇章、一四節〔八四〕。
*2 「エレミヤ書」、一三章、二三節〔八五〕。

32　しかし、このようなことであるにもかかわらず、ある人々は自分自身からおのれの自由あるいは自由意志を〔八六〕（できるものなら）奪ってしまおうと躍起となっている。それは私たちのあらゆる能力の中でもっとも高貴で有用なものであり、まさしく自分たちのものだと呼びうる唯一のもの、どんな権力も運命もけっして奪えない唯一のものであるのに。こういう人々がおのれの狂愚をどんなヴェールで隠そうと、彼らがそんなまねをするのは極度の高慢と自愛心のせいである。なぜなら、彼らは（情念、怠惰、無思慮に由来する）自分の無知と失策を認めたくないので、あらゆる責任を、自分の意志から取り除いて、自らの力では矯正できない、生来の無能力に負わせたいと思うからである。このようにして彼らは巧みに自らを欺いて、人間の弱さを認め改善する義務を負うより、自分が獣や機械と同じ状態に置かれるほうを選ぶ。

33　したがって、私たちの理性が完全、あるいは健全であることは私たち自身にとってきわめて明白であり、無知な連中がいかに曲解しようとも、聖書の中にあれほどはっきり書き込まれているのだから、成功するという自信をもっと持って知識獲得に努めるべきである。真理が全能なる者と同じように近づきがたい光の中に住み、人の子たちには見いだせないかのごとく、あのような卑劣で不適切な考えをどうして抱かねばならないのか。事物それ自体は、それについての人間の概念がいかにさまざまに変わろうと、つねに同一である。他の人が見つけられなかったことを私が運よく見つけることもありうる。前の時代で見落とされたものは何一つ無いなどというのは、物を言えるのがただ一人で、誰も彼に反対してはならない所で成立する話である〔八七〕。毎日どこかで見つかる書き誤りや考え違いは、多くの有能な人たちでさえ、そうすべき、あるいはそうできたのに、秩序立てて勤勉に真理を探究しなかったことを私たちに教えている。私たちには知る力があるのに、偏見や怠慢のために知らずにいて、往々にして一生知らないままかもしれない無数の事柄が存在している。また、ありもしない神秘を想像してみたり、私たち自身の能力についてあまりにも悲観的で不当な見解を抱いたりすることで、無数の難題が生じるかもしれない。だが、同等の理性を持っているのだから、私たち以前に他の人々をしのいできた人々すべてを私たちが超えることも期待できるし、また後世の人々は両世代の人々を超えていくことがあるかもしれない。したがって、私たちが事物をより明るい光の下に置こうと努めることは傲慢ではない。自分たちに何が果たせるかを知ることは高慢ではない。みな同じレベルであるのに、愚かにも、自分たちに匹敵しうる者はいないと思い込むことこそ高慢なのである。「いったい、あなたを偉くしているのは、だれなのか。あなたの持っているもので、もらっていないものがあるか。もしもらっているなら、なぜもらっていないもののように誇るのか。[*1]」私たちには、共通の理性という特典だけでなく、天上からの光と助けという絶対確実な約束がみなに等しく与えられていないであろうか。「あなたがたのうち、知恵に不足している者があれば、その人は、とがめもせずに惜しみなくすべての人に与える神に、願い求めるがよい。そうすれば、与えられるであろう。[*2]」

*1 「コリント人への第一の手紙」、四章、七節。
*2 「ヤコブの手紙」、一章、五節。

34　結論として言えば、あの架空の〈理性の〉壊廃によって言い訳ができるなどと誰も考えてはならず、「自分の欲情のままに生活し[*1]」、「自分が知りもしないことをそしり、また、分別のない動物のように、ただ本能的な知識にあやまられている[*2]」邪悪な人々の見解や願いは、福音とは、それが神の言葉であるならば〔八八〕、相容れないだけだと、私たちの無謬のお告げである聖書から学ぶべきである。「福音が彼らにおおわれているのは、この世の神が彼らの思いをくらませて、見えなくしているからである。[*3]」また、自分たちの同胞の無知と軽信によって暮らしを立てる者たちにも、福音はおおわれている。要するに、福音は、考察したり検討したりすることがどういうことか知ろうとしないあらゆる人々の誤った推論とは相容れないが、そのような人々もおのれの能力をいっそう改善すれば、福音はおのれの理性の可能性を超えるものではない。天地創造はアリストテレスの説と対立し〔八九〕、霊魂不滅はエピクロスの仮説と対立し〔九〇〕、自由意志[*4]は多くの古代の哲学者から異議を唱えられた。だが、こういう事柄は理性に反していると言えるだろうか。異議を唱えた者たち自身も彼らと同じ異教徒たちから論駁されなかっただろうか。彼らの他の誤謬がその後大勢の学者によって看破され、論破されていないだろうか。しかも彼らは主要な情報手段、すなわち啓示を欠いていたのである。

＊1　「ペテロの第二の手紙」、三章、三節〔九一〕。
＊2　「ユダの手紙」、一〇節〔九二〕。
＊3　「コリント人への第二の手紙」、四章、三節、四節〔九三〕。
＊4　私たちがおのれのうちで経験する絶対的な自由と、神の全能や神への私たちの従属とがどのように両立するかは、適切な箇所で考察されるだろう。

第三部　福音には秘義的なもの、または理性を超えるものは存在しない

1　私たちはここに至って、福音の何らかの教理が理性に反しはしないが、理性を超えているかどうかの検討に入る。この表現は二つの意味に解釈される。第一は、事柄それ自体は理解しうるが、比喩的言葉、象徴、儀式によっておおわれているため、理性がそのおおいを通過できず、それが取り除かれないうちは下に隠されているものを見ることができない場合である。第二は、事柄そのものがその本性上概念しえないものを意味し、いかにはっきり啓示されていようと、私たちの通常の能力と観念では判断を下すことができない場合である。どちらの意味でも理性を超えることとは秘義〔一〕と同じで、実際に神学ではそれらは同義語である。

第一章　異邦人〔二〕の著作に見られる秘義の由来と意味

2　理性とは何を意味するかについてはすでに十分述べてきた。しかし、秘義という言葉がどん

な意味を含むのかを正しく理解するには、この言葉が重要な用語であった古代異邦人の神学にまでさかのぼり、その起源を突き止めねばならない。そのような諸民族は（パウロが見事に記しているように）、「自ら知者と称しながら、愚かになり、不朽の神の栄光を変えて、朽ちる人間や鳥や獣や這うものの像に似せたのである。……彼らは神の真理を変えて虚偽とし、創造者と同じく（時にはそれ以上に）被造物を拝んだのである」〔三〕。すなわち、そのような諸民族は自分たちの宗教があからさまに、無差別に万人の目にさらされるのを恥じたり恐れたりしたので、さまざまな儀式、供犠、余興で偽装し、こういう外面の下に驚くべき事柄が隠されていると、迷信的な民衆に信じさせようとした。祭司たちは人前で教えることはめったになく、ごくまれに曖昧に語った。自分たちの秘密が無知な人々の冒瀆や不信心者の不敬にさらされないように、彼らは神々が人前で教えを説くなと命じたと偽った。滑稽で、卑猥で、非人道的な祭儀からなる彼らの最高礼拝は、それ用に聖別された神殿や小さな森の奥深い場所で執り行われた。そして、このような場所に特別な目印や特権を持たない者が入り込んだり、*1 そこで何が行われているのか聞いたりすることは許されざる冒瀆であった。そういうわけで、排除された者たちはみな聖ならざる者と呼ばれた。聖職につかない人々が俗人と私たちのもとで呼ばれるのと同じである。

＊1　「〈遠ノケヨ、オオ遠ノケヨ、汝ラ俗ナル人々ハ、〉巫女ハ叫ンデ更ニ言ウ、〈コノ聖林ヨリ汝タチ、スッカリ立チ去レ〉。」ウェルギリウス〔四〕（『アエネーイス』、六巻、二五九行、筑摩書房『世界古典文学全集21』、一二〇頁、泉井久之助訳）。「離レヨ、ココカラ離レヨ、スベテノ邪悪ナ者タチヨ。」カリマコス〔五〕『讃歌』、（「ア

ポロンへ」、二行〕。

3　しかし、どんなことでも自分たちの利益に変えるすべを知っていた狡猾な祭司たちは、一部の人に入信式を授ける、〔六〕すなわち自分たちの祭式の意味を教えるのがよいと考えた。入信式を授けられずに死んだ者は地獄で泥の中をころげまわり、一方清められ入信式を授けられた者は神々と共に住む[*1]と言い立てた。こうして、それほどに素晴らしい幸福にあずかりたいという願望を強めるとともに、祭式への人々の崇敬をも強めたのである。数年にわたる修練の後に——これほど多くの時間と忍耐を要するものは価値があると思わせるためだが——、入信式を授けられた者たちは自分たちが見たり聞いたりしたことをけっして口外しない[*2]と真剣に誓わされた。(21) もっとも、束縛が強すぎて秘密を洩らしたいという気にならないように、彼ら自身のあいだでは見聞したことについて話してもよいとされた。彼らはこの誓いを信心深く守ったので、その後キリスト教に改宗した者たちであっても、かつての異教の入信式で何が行われたかを語らせることはめったにできなかった。アテナイ人は自分たちの秘儀を暴露した哲学者、ディアゴラス〔七〕を罰するのにどんな苛酷な責苦も十分とは思えず、また秘儀の愚かさを嘲笑した彼に無神論の烙印を押すことでは満足できなかったので、彼を殺した者に一タラントン〔古代ギリシアの貨幣単位〕の賞金を出すと約束した。アドニス〔八〕は人間だったと暴露すれば死罪で、実際そのために罰せられた者もいた。また、ディオニュソスの大秘儀(22)〔九〕では、軽率な好奇心から〔のぞき見しようとして〕八つ裂きにされた者も多くいた。

*1　「秘儀ニヨッテ浄メラレルコトナシニハデスニイタル者ハ泥土ノナカニ横タワリ、秘儀ヲウケテ浄メラレテカラ、カノ地ニイタル者ハ神々トトモニ住ムデアロウ。」プラトン[一〇]〔『パイドン』、第一三章、六九C、中央公論社『プラトンI』、世界の名著、五一〇頁、池田美恵訳〕。

*2　「(アッティケーノ古都エレウシースデ初秋ニ行ワレル生産ノ女神)ケレースノ(秘教ノ)祭儀ヤ、サモトラーケー(ノ島)ニテ見出サレル(プリュギアーノ豊穣神カベイロスタチノ)盛大ナル秘儀(ノサマ)ヲ、ソモナンピトガ世俗ノ徒ニムカッテ大胆ニモ弘メルデアロウカ。」オウィディウス[一一]〔『恋の手ほどき』、第二の書、六〇一行、角川文庫、九一頁、藤井昇訳〕。「オオ、ナンジハ邪悪ニモ秘儀ヲモラシ、隠サレテイタコトヲ暴露シタ、地下ト天上ノ神々両方ノ敵。」アリスティデス[一二]〔『オラティオ』、二二、エレウシニオス 一、二六〇〕。

4

入信式を授けられた者に祭司たちは、このような秘密の儀式演出は初めは驚異的な出来事を記念するために、また善行や有益な発明で世界に益をもたらした偉人に感謝し彼を称えるために設けられたのだと告げた、と信頼できる著作家たちは伝えている。そうであるかもしれないが、ともかく、異邦人の説ではミュエインは入信式を授けること、ミュエシスは入信式を意味した。ミュステス——この名称は後に祭司に転用される[一三]——は、入信式を授けられる者を意味し、この者が〔完全に〕受け入れられるとエポプトと呼ばれた。そして、秘義[*1]とは入信式を授けられた者が伝授された教理を意味した。こうした秘儀にはいくつかの段階があったように[*2]、その種類もいろいろとあった。もっとも有名なのはサモトラケ[一四]、エレウシス[一五]、エジプトの秘儀であり、ディオニュソスのものは一般に大秘儀の名で知られていた。もっとも、大秘儀という言葉[*3]は時には前者のどれかを指すこともある。

＊1　ミュステリオン

＊2　「マサカ大秘儀ノトキソレヲヒッカケテ信徒仲間ニ入ッタンジャアルマイ?」アリストパネス〔一六〕『福の神』〔第四幕、第二場、八四五行、ちくま文庫『ギリシア喜劇II　アリストパネス（下）』、四一四頁、村川堅太郎訳〕。

＊3　「箱ニ納メ隠サレタ大秘義ヲ厳粛ナ行列ヲ作ッテ運ンデ行ク者タチガイル。ソノ大秘義ヲ俗人ガ聞コウトシテモカナワヌコト。」カトゥルス〔一七〕〔『詩集』、第六四歌、二五九―二六〇行、G・P・グールド編『カトゥルス、ティブルス、ペルギリウム・ヴェネリス』、ロエブ古典叢書、一一五頁〕。

5　これまで述べてきたことから明らかなのは、当時の人々は秘義〔神秘〕を、事柄それ自体は理解しうるが、他の人々によって隠されているため、特別な教示がなければ知りえないものと解していたことである。付け加えるまでもないが、ギリシア・ローマの著作家はみな、聖なるものであろうと俗なるものであろうと、わざと秘密にされたり、たまたま不明瞭になったものを示すのに、この言葉をごくありふれた表現として用いている。現在でもこれがその言葉の普通の意味である。私たちはある事がはっきりとわからない場合、それは私たちには神秘だと言うし、また、不明瞭で混乱した議論はまったく神秘的だと言うからである。国家、学問、商業における神秘という場合も同じ概念が通用する。

6　だが、これほど明白なことを否定したりはしないが、それでも先人が初め術策や迷信から導入した事柄を、無知や情念のせいで頑強に手放すまいとする人々が大勢いて、キリスト教の教理のあるものは、秘義という言葉の第二の意味〔一八〕において秘義的である、すなわち、いかにはっきり啓示されていようとそれ自体概念しえないと主張するだろう〔一九〕。長期にわたる慣例がある以上、そういう教理に反対を唱えることは愚行とならざるをえず、実際そのようなことは慣習により危険だとされてきた、と彼らは考えるのである。しかし、そんな卑怯な斟酌はやめよう。『新約聖書』における秘義という言葉は、いつも第一の意味で〔二〇〕、すなわち異邦人が理解していた意味で使われていること、すなわち、本性上はよく理解しうるが、比喩的言葉や祭儀によっておおわれているため、特別な教示がなければ理性が見いだせない事物を表しているのだということを、また今ではそのおおいは実際取り除かれているのだということを私が証明できれば〔二一〕、このように露わにされた教理は本来秘義と呼びえないことが明らかに導き出されるだろう。

7　このことを私は以下で証明したいと考えているが、旧弊な金儲けになる見解よりも、真理にいっそうの関心を寄せるあのような真摯なキリスト教徒が心から納得するよう願っている。だが、最初に、私のこれからの行く手を阻む屁理屈の決まり文句を取り除いておかねばならない〔二二〕。こういうものを使って、もっとも盲信的な宗派団体の未熟な初心者があらゆる機会に乗じて大騒ぎするし——だが、踏み慣らされた道から押し出されると何もまともに言えなくなるが——それればかりか、彼らの実に尊き先生たちさえ時には恥とも思わずこの姑息な策を用いるからだ。そんなものは、彼ら自身わかっているように、予断を持った自派の人々をおもしろがらせるだけで、異論を持つどんな人々も啓発することはない。こういう振る舞いの中に策略や悪知恵ではなく、せめて、知識を欠く善意からの熱狂があるだけならいいのだが。

第二章　あるものに関して、その特性すべてについて十分な観念を持たない、またその本質についてまったく観念を持たないことを理由に、そのものを神秘と呼ぶべきではない

8　この点をできる限り明快に論じよう。まず、あるものに関して十分な観念を、すなわちその特性すべての判明な概念を一度で持てないことを理由に、そのものを神秘であるとは言えない、そうでなければあらゆるものが神秘となるからである〔二三〕と私は断言する。有限な被造物の知識は、さまざまな対象が知性に提示されるにつれて徐々に増加する。二十歳のアダムは百歳のときほど多くのことを知らなかったし、イエス・キリストは「ますます知恵が加わり、背たけも伸びた」*1とはっきり記されている。私たちは何千ものことを知っていると言われ、またそれは疑いえないことだが、しかしながらそれらのどれについても十全な概念など持っていないのである。これを書いている机ほど私がよく理解しているものはない。机はまったく想像力が及ばないほどの諸部分に分割しうる

と私は考える。しかし、それらの数が数えられない、またそれらの量と形がはっきりわからないからという理由で、机は私の理性を超えていると言うだろうか。植物は系統立った組織と多数の導管を持ち、その多くは動物のものと同等もしくは類似するもので、それらを用いて植物は土から液体を吸い上げて準備し、そのいくらかを自身の本体へ変化させ、さらに排泄物を外に出すと、私は確信している。だが、このような作用すべてがどのように行われるかは、木が何を意味するかはよく知っていても、私にははっきりとはわからない。

＊1　「ルカによる福音書」、一二章、五二節。

9　そのわけは、私たちは諸物体についてその特性以外は何も知らないのだから、そのうちで私たちに有益かつ必要な特性だけを私たちが理解するように、賢明なる神が定めたからである。私たちの現状が必要とするものだけと定めたのである。だから、私たちに目が与えられているのは、あらゆるもののすべてを見るためでもないし、またおそらく物それ自体をあるがままに見るためでもなく、物が私たちと何か関係する限りにおいて見るためである。私たちの視力が及ばないほど微小なものは、私たちに害も益も及ぼしえない。物体に接近すればするほど私たちはそれについてより鮮明な考えを持つようになるが、それは近づくことでその物体が私たちにとってより有益になったり、より有害になったりするからである。だが、私たちが遠ざかれば、その物体は見えなくなり、それが及ぼす影響もなくなる。どんな動きであろうと、空気からの圧力の程度に応じて反応する耳に、必ず何らかの音を引き起こすと私は確信している。だから人や牛の足音を私たちが聞き分けるように、近づいてくる蜘蛛の足音すら小さな虫が聞き分けていることはありうる。以上やその他無数の例から明らかなことは、私たちはどんな事物に関しても、それが私たちにとって有害か有益かということ以外ほとんど確実性を持たないことである。

10　ゆえに正確に言えば、ある物について主な諸特性とそれら特性のいくつかの使い方が私たちに知られたときに、私たちはその物を理解したとみなされる。厳密に語る著作家も言うように、理解するとは知ることにほかならず[*1]、そして知りえないことについては何の観念も持てないのだから、それは私たちにとって無である。したがって、ある物について私たちが知りうるのは自分にかかわることだけであるのを理由に、その物は人間の理性を超えているなどと言うのは正しくないし、またそれを理由に、その物についての探究を中止するなどというのは馬鹿げている。一滴の水にいくつの粒子が含まれているのか、空気は水滴を通り抜けるのか、それと結合するのかどうかを知らないからという理由で、水は自分の理性を超えている、だからその本性を探究することも、水を家や庭で使うつもりもないと頑強に言い張るような人がいたら、私たちはどう思うだろうか。これはどう見ても、自分が飛べないことを理由に、歩こうとしないに等しい。事物の呼び名はその既知の特性からとられており、どんな特性も私たちにかかわりを持つか、かかわりを持つ特性の発見に役立つ特性以外は知りえないのであるからには、それ以外の特性を理解できないのは私たちの責任ではない。分別ある人から、まして全能なる神からそれ以上のことが私たちに要求されることは当然ありえない。

＊1 「シカシ、私ニトッテハ、理解シウルトハ知リウルトイウコトニホカナラズ、理解スルトハ知ルコトニホカナラナイ。」ガレノス〔二四〕『最良の学説について』、第二巻。

11 したがって、確実で有益な知識を得るための一番簡明な方法は、たとえ知っても役に立たないことや、まったく知りえないことで、自分や他人を煩わさないことである。地上に降った雨がもたらす良いあるいは悪い影響については簡単にわかるのだから、雲の中で雨がどのように発生するかを理解したところで、どんな得になるだろうか。それを理解したところで、雨を思いのままに降らせたり、好きな時に止めたりすることは私にできないのだから。こういう場合、起こりそうな仮説など立てても満足がいくものではない。たとえば、二つの時計の文字盤上の針は同じ動きをしているかもしれないが、その動きをさせている見えないぜんまいの配列はひどく違っているかもしれない。こういう仕方だ、ああいう仕方だと断言したところで、それ以外の可能などんな仕方もないと証明できなければ役に立たない。いや、たまたま本当の様を言い当てても、それに確信を持つことはできまい。なぜなら、事実にかかわる事柄の明証性はもっぱら証拠にあるからだ。その事柄はおそらくこうであろうから、こうである、ということにはならない。

12　以上の論議を私の主題に適用しても、異論を唱えられる余地はない。第一に、キリスト教の教理は通常の自然物と同じように、それに属するあらゆる事柄に関して十分な、あるいは完全な観念を持たないことを理由に、秘義とみなすことはできない。第二に、宗教における啓示はきわめて有益かつ必要なものであるから、木材、石、空気、水、その他のものについての知識と同じくらい、容易に私たちに理解されねばならず、かつ理解できるのであり、またそれらと同じくらい、私たちの共通概念に一致しているとわからねばならず、かつそうわかるはずである。第三に、そのような教理を自然物についての知識と同じように親しみやすく説明できれば（私たちはそうできると私は主張する）、その時私たちは自然物と同じようにこちらも理解していると言ってもよいはずだ。

13　だから、未知のものから既知のものを推論したり、十分な観念に固執したりする、このような姑息なごまかしで秘義を弁護する連中は、たわいのないことばかり言って、もっと有効な議論をまったく持ち合わせていないことを露わにしている。だが、彼らは、一部の者が実際そうしているように、草の一本一本も、座ることも立つことも、魚も肉も、深遠なる神秘と呼ぶことには同意するだろう。強情やさらにたちの悪い気質からなおも彼らが馬鹿なことを言い続け、これらの事物を神秘と呼ぶと言うのであれば、私は彼らが望むだけ宗教に秘義を認めてもかまわない。ただし、これらの事物が私に理解しうるのと同じくらい、私の宗教を他の人に理解しうるものとすることを、彼らも同様に許してくれるならば、である。〔二五〕

14　だが、この問題を終えるに際して、神自身も、そのいかなる属性も、私たちに十分な観念が欠けているからといって、私たちにとって神秘となることはけっしてないと結論しておく。いや、永遠も神秘ではない。とりわけ永遠を扱うときほど神秘好きの才人たちが馬脚を現すことはない。彼らは自分たちが難攻不落の要塞に立てこもっていると思い、存在しないものは見つけられないと言う人たちを愚鈍な連中と決めつけひどく軽蔑するが、それは奇妙なことだ。なぜなら、何らかの限界（始まりや終わりのような）が永遠に設けられるならば、永遠はそうあるべきものであることをただちにやめてしまい、有限な、いやむしろ否定的な観念――それが限定というものの本性である――が形作られるだけなのだから。一方、それゆえこの点で永遠は理性を超えているとか、永遠の観念を知り尽くせないのは私たちの欠点であるとか、とは言えないのである。なぜなら、事物の本性を正確に知るということ以上に、どんな完全性を理性に帰せられようか。理性の誤りはどれも、ある事物に無い特性をそれに帰属させたり、有る特性をそれから取り去ったりすることから来るのではないだろうか。それゆえ、永遠は想像しえないからといって理性を超えるものではないのは、円は想像しうるから理性を超えるものではないのと同じである。というのも、どちらの場合も理性は対象の異なる本性――一方は本質的に想像可能で、他方は想像不可能である――に従ってその本分を果たしているからである。

15　こうしてみれば、永遠のいわゆる神秘性なるものは、今私たちが問題にしている、十分な概念の欠如からもたらされるとは思えない。永遠の持続が引き起こす難題、たとえば、連続は永遠を有限にするように思えるとか、永遠が瞬時であるならあらゆる事柄がみな一緒に存在しなければならないとかいう問題を簡単に解き、また無限（これは永遠と切り離しえないもの、むしろ同一物に関する別の面からの考察である）も、三たす二は五であると同じくらい神秘的でないと示す望みを私は捨ててはいない。だが、それは当然私の第二論考――本書で確立する一般的原理に従ってキリスト教教義を個別に説明する[二六]――に属する。

16　私たちは事物の特性すべてを知っているわけではないのと同様、どんな実体の本質もまったく概念することはできない。曖昧さを避けるために、現代のあるすぐれた哲学者[二七]にならって、私は事物の唯名的本質を実在的本質と区別する。唯名的本質はある物に認められる主要な特性または様相の集合であり、私たちはそのような集合に対して一つの共通した呼び名または名前を付ける。こうして、太陽の唯名的本質は光り輝く熱い球形の物体で、私たちから一定の距離にあり、不変の規則的な動きをすることである。太陽という言葉を聞いて誰でもが抱く観念はまさにこれである。人が心に抱く太陽の特性はこれより多いこともあろうし、少ないこともあろう。それでも、その人の観念を成すのは様相や特性の集合である。それで、蜂蜜の唯名的本質はその色、味、その他知られている属性から成る。

17　だが、実在的本質〔二八〕は事物の本体的な構造であり、事物のあらゆる特性の土台あるいは支えであって、そこから諸特性が自然に発したり生じたりするのである。さて、私たちは事物の様相にはそれが内属すべき主体〔二九〕のようなものがあるはずだと確信している（様相は単独では存立しえないから）が、それがどんなものかはまったく知らない。太陽について先に挙げた諸特性や、植物・果物・金属などについて知られる諸特性以上のどんなことも私たちが判明に概念することはない。こういう諸特性が属するそれぞれの基体に関してどんな概念も持っていないのである。だが、一方で、そのようなものが何か必ず存在するはずだと確信している。したがって、事物の観察しうる性質だけが、その事物の名称で私たちが理解するものである。このような理由で、事物のそのような性質が唯名的本質と呼ばれるのである。

18　さて、以上から次の結果がきわめて明らかに導きだされる。すなわち、私たちがある事物の実在的本質を知らないことを理由に、その事物を神秘であるとはけっして言いえない。というのは、実在的本質が一方の事物より他方の事物においてより多く知られることなどなく、また実在的本質は私たちが事物について持つ観念や事物に与える名称において概念されることも、そこに含まれることもないからである。私がこの点を力説するのも、すぐれた論証者というよりむしろ大読書家という賛辞のほうが似合う連中〔三〇〕が、詭弁をあくことなく繰り返すからである。彼らが、他の人々に対し、明らかな不条理と矛盾を受け入れさせ、宗教を無意味な言葉や自分たちさえ説明できないものの中に据えさせようとするとき、彼らは巧みに次のように言う。あなたたちは多くのことについて無知であり、とりわけ自分の魂の本質については無知なのだから、自分が概念できないことを必ずしも否定すべきではない、と。これだけではない。彼らは、理解しうるかつ可能な事物だけが信仰の対象であると主張する者たちを（論駁するのではなく）滑稽で傲慢な偽教師と思わせようとするとき、彼らはそのような人たちはふとどきにも神の本質を被造物の霊の本質によって限定しようとする者だと懸命に述べ立てる。勝手にでっち上げたこういう思い込みをさんざん悪く言い立てた後で、彼らはこう結論するのである。もっとも小さな石の組成さえ説明できないなら、信仰に対してあのような厳しい条件を主張すべきではなく、時には自分の理性を教師や教会の決定におとなしく従わせるべきである、と。

19　こんな論法の無力や低級さに気がつかない人がいるだろうか。私たちは魂について、その他の物と同じだけ、それ以上ではないにしても、確実に知っているからである。私たちは思考すること、知ること、想像すること、意志すること、望むこと、愛すること、その他同様の心の作用についてきわめて明晰な概念を形成する。だが、これらの作用が内属する主体については知らない。同じく、ぶどうの実の丸さ、柔らかさ、色、味が依存する主体についても知らないのである。延長性、固体性、分割可能性、なめらかさ、ざらつき、柔らかさ、硬さのような、物体の様相や特性ほど明らかなものはない。しかし、これら可感的性質の支えとなっている内的構造についてほとんど知らないように、魂の諸作用が帰属する内的構造についても私たちはほとんど知らないのである。先ほど言及した偉大な人物が述べるように、私たちが魂の実在的本質の観念を持たないことを理由に、その存在に異議を唱えることは、それと同じ理由で物体の存在を否定するのと同じである。〔三一〕したがって、魂の観念は物体の観念と同じくらいまったく明晰判明なのである。かりに違いがあるとすれば（実際はないのであるが）、魂の諸特性は私たちにはより直接的に知られるし、ほかのあらゆる事物を見いだすための光であるから、魂〔の観念〕のほうが〔私たちが知る上で〕有利なはずである。

20　神については、その属性ほどよく理解されているものはない。たしかに、私たちは無限の善性、愛、知識、能力、知恵が共存しているあの永遠なる主体あるいは本質の本性を知らない。しかし、どんな被造物の実在的本質についても同様に知らないのである。私たちは神の観念〔三二〕とその名称によって、知られている神の属性と特性を理解するように、その他のあらゆる事物についても、その観念と名称によってその属性と特性を理解するのであり、一方と同じくらい明晰に他方をも概念しているのである。私はこの章の初めで、事物について必要かつ有益であるような特性以外は私たちは何も知らないと述べた。同じことは神についても言えるだろう。というのは、私たちの宗教上の行為はみな神の本質について考えることなく、その属性のいずれかを考察することによって導かれるからである。神への私たちの愛は神の善性によって、感謝はその慈悲によってかき立てられ、従順はその正義によって定められ、希望はその知恵と力によって確証を与えられるからである。

21　今や私は結論として、どんな事柄も、その本質を知らないからといって神秘となることはけっしてない、なぜなら本質それ自体は知りえないし、私たちが考えるものでもないからであり、だから、この点から言えば、もっとも卑しむべき被造物が神秘的とみなしえないのと同じ理由で、神なる存在自体も神秘的とはみなしえない、と請け合ってよいと思う。また、私はこのような本質が私の知識から洩れてしまうことをそれほど気にしていない。というのも、無限なる善性が私たちに啓示なさらなかったことは、私たちが自分の力で十分見いだせるものか、あるいは理解する必要がまったく無いものかのどちらかである、と確信しているからである(23)。

第三章　『新約聖書』と古代キリスト教徒〔三〕の著作における秘義という言葉の意味

22　十分な観念とか得体の知れない実在的本質とかについてあのように手短に済ませたので、いよいよこの論争全体にかかわる主要な論点にとりかかろう。問題はキリスト教が秘義的であるか否かであるから、それは本来のキリスト教信仰が含まれている『新約聖書』によって当然裁決が下されねばならない。私はこの問題に決着をつけたいと心から願うので、この法廷に訴え出るのである。というのも、私がこれらの神聖な記録から学んだ真理を、他のあらゆる考察よりはるかに好むのでなければ、キリスト教に秘義は存在しないと主張することはないからだ。この主張が誤りならば、私を誤りにいざなったのは聖書である。聖書さえ私の味方についているならば、私は異端と思われてもかまわない。そのほうが全世界を味方に正統として通り、聖書を私の敵にまわすよりましである。

23　さて、聖書を調べてみると、秘義と呼ばれている福音の教理には、より一般的な意味で呼ばれているものと、より特殊な意味で呼ばれているもの〔三四〕とがあることがわかる。より一般的にというのは、その教理が人類全般にかかわるからそう呼ばれる。というのは、それらの教理は、神にしか知りえない、神慮のうちにある事柄であったり、あるいは現世で完全に失われ忘れられてしまった出来事であったりするので、いかに賢明博識であろうと、人間がそれらを見つけだすことは不可能だったからである。「神の思いは、神の御霊以外には、知るものはない」*1からであり、人の秘められた思いはその人自身が語るまでは、誰も知ることができないのと同じである。『新約聖書』におけるそのような神の啓示は秘義と呼ばれているが、それは啓示された事柄が現在概念しえないとか、不明瞭だからではなく、この啓示がなされる前はその事柄が秘義だったからである。私たちがずっと前に終えてしまったことであるのに、そのことが後になっても私たちの仕事と呼ばれるのと同じである。

*1　「コリント人への第一の手紙」、二章、一一節〔三五〕。

24　これを疑うならば、福音書で、使徒パウロが自分と仲間の信徒のために宣言していることを聞けばよい。「わたしたちが語るのは、隠された奥義〔秘義〕としての神の知恵である。それは神が、わたしたちが受ける栄光のために、世の始まらぬ先から、あらかじめ定めておかれたものである。この世の支配者たちのうちで、この知恵を知っていた者は、ひとりもいなかった。[*1]」この神の知恵が秘義であったのは、啓示による情報がまだなかったためだということを示すために、パウロはすぐこう続けている。「〈目がまだ見ず、耳がまだ聞かず、人の心に思い浮びもしなかったことを、神は、ご自分を愛する者たちのために備えられた〉のである。そして、それを神は、御霊によってわたしたちに啓示して下さったのである。[*2]」どんなに先見の明がある哲学者でもキリストの到来を予告したり、その体の復活、その他福音書で伝えられる事柄を発見したりはできなかった。たとえ、時々彼らが偶然真理に似たことを語ったにしても、せいぜい推測したにすぎず、その見解に確信を持つことはできなかった。詮索好きな異教徒が、自分の哲学原理にまったく頼れない事柄——それは神お一人または疑いえないそれについての記憶を有した人々だけが伝えうる歴史的事実であるが——を説明するのに、いかに苦労していたかを考察するのははなはだ愉快なことである。このことについて、以下に例を挙げても不適切ではなかろう。

＊1　「コリント人への第一の手紙」、二章、七節、八節。
＊2　「コリント人への第一の手紙」、二章、九節、一〇節。

25　異邦人に自分たちの死すべき運命を教えたその同じ経験は、また自分たちの本性のもろさと、絶えず待ち受ける無数の苦難があることを教えた。限りなく善であり慈悲深い神の手から出た人類が、これほど嘆かわしい境遇に陥っていることに彼らは納得がいかなかった。そこで、すべてを大人の邪悪さのせいにしようと思ったが、死と不幸は強盗や海賊ばかりでなく、罪の無い子供さえも容赦しないことに気づかざるをえなかった。結局彼らが思いついたのは前世で、そこでは魂は天使のように単体で行動していたが、何か途方もない罪を犯したため罰として肉体の中に押し込められたとされた。肉体は牢獄にたとえられることも時にあったが、墓*1にたとえられるほうが多かった。これはまた転生説の起源〔三六〕でもあったが、この説では時がたつにつれて、前世での罪と同じく現世での罪も関係するようになっていった。だがテバイのケベス〔三七〕がその名著『人生の肖像画』で、この問題について語る説明ほど穿ったものはない。彼が描くのは、生命の門に据えられた玉座に座る麗人姿の詐欺で*2、彼女は片手に杯を持ち、現世へ旅立つ人々すべてに親切そうに差しだし、人々は丁重にそれを受ける。だが、その一飲みが無知と誤謬をもたらし、そこから彼らの人生におけるあらゆる混乱と悲惨が生じるのである。

＊1　あたかも、ソーマ〔肉体〕は腐敗するセーマ〔墓〕であったかのように〔三八〕。

＊2　ケベス『人生の肖像画（ピナックス）』、〔五の一〕。

26　この問題はこれらの真摯な哲学者たちにとっては大いなる神秘であった。彼らはただ空想のみに導かれ、「神の思い〔知恵〕」からの教えは望みえなかったからである。だが、「キリストの思い〔知恵〕を持っている」*1私たちにとって、このことはもはや神秘でも何でもない。最初の人類であるアダムはまた最初の罪びととなって、死すべき者となり、そのため、彼から生まれた全人類は当然彼と同じようにしかなりえなかったことを、私たちは知っているからである。すなわち、「ひとりの人によって、罪がこの世にはいり、また罪によって死がはいってきた*2」。

*1 「コリント人への第一の手紙」、二章、一六節。〔三九〕
*2 「ローマ人への手紙」、五章、一二節。〔四〇〕

27 しかし、福音の教理のいくつかはより特殊な意味で秘義と呼ばれている〔四一〕。なぜなら、それらはモーセの律法のもとにあった、神に選ばれた民〔四二〕には隠されていたからである。とはいえ、「律法はきたるべき良いことの影をやどす*1」のだから、彼らが福音の教理についてまったく知らなかったわけではない。だが、それらはさまざまな予型的表示〔四三〕、儀式、比喩的表現などでおおわれていたので、『新約聖書』の時代に至るまでは明晰かつ十全に啓示されなかったのである。キリストは弟子たちに語っている。「多くの預言者や王たちも、あなたがたの見ていることを見ようとしたが、見ることができず、あなたがたの聞いていることを聞こうとしたが、聞けなかったのである*2。」パウロも言っている。「わたしたちはとてもはっきりと語り、モーセが顔におおいをかけたようなことはしない*3。」そしてはっきりと付け加えている。「このおおいはキリストにあって取り除かれるのである。[*4]」啓示された事柄が依然として概念しえないものであれば、彼のこの言葉を真に肯定することはできなくなる。ある事柄をまったく聞かないことと、聞くときに理解しないこととのあいだには何の違いもないからである。パウロは別の箇所で、以下のような注目すべき言葉を述べている。「イエス・キリストの宣教と、かつ、長き世々にわたって、隠されていたが、今やあらわされ、預言の書をとおして、永遠の神の命令に従い、信仰の従順に至らせるために、もろもろの国人に告げ知らされた奥義〔秘義〕の啓示とによって。[*5]」

＊1 「ヘブル人への手紙」、一〇章、一節。〔四四〕
＊2 「ルカによる福音書」、一〇章、二四節。
＊3 「コリント人への第二の手紙」、三章、一二節、一三節。〔四五〕
＊4 「コリント人への第二の手紙」、三章、一四節。〔四六〕
＊5 「ローマ人への手紙」、一六章、二五節、二六節。〔四七〕

28　これらの章句だけからも、この第三部の第6段落と第7段落〔四八〕に含まれる主張は十分証明される。すなわち、第一に、福音の秘義はそれ自体の本性上は十分理解しうる確実な事柄であったが、以前はおおいによって隠されていたために**秘義**と呼ばれたことである。第二に、福音のもとで、このおおいは完全に取り除かれることである。以上から保証される結論として、第三に、今やそのような教理は本来**秘義**という名称に値しえないことである。

29　教父の熱烈な信奉者には、自分の役に立つと思うときだけその権威を引き合いに出し、自分の言い分に有利にならないときは軽視したり隠したりする人が見受けられる。私も同じようなやり方で聖書を役立てているなどと、悪意のこもった非難をされないように、『新約聖書』の中から秘義という言葉がある章句をすべてここに書きだしてみよう。それらに目を通しながら、私の主張を納得して読んでもらえるように。その全体は次の項目にまとめるのが便利だろう。第一は、秘義が、異邦人には完全に隠されユダヤ人にはきわめて不完全にしか知られなかった、将来明かされる神からの賜り物たる福音またはキリスト教一般と読める場合である。第二は、使徒たちによって時折明かされるいくつかの個別の教理が、明らかにされた秘義、すなわち打ち明けられた秘密と言われる場合である。第三に、秘義という言葉が、たとえ話や謎めいた表現によって隠された事柄を指す場合である。これらすべてについて、順を追って挙げていこう。

30　秘義が福音あるいはキリスト教一般と読めるのは、以下の章句においてである。「イエス・キリストの宣教と、かつ、長き世々にわたって、隠されていたが、今やあらわされ、預言の書をとおして、永遠の神の命令に従い、信仰の従順に至らせるために、もろもろの国人に告げ知らされた奥義〔秘義〕の啓示とによって」（「ローマ人への手紙」、一六章、二五節、二六節）。さて、もしも秘義がいまだに理解しえないものにとどまっているならば、この秘義が啓示された、この秘密が露わにされ使徒たちによる宣教でもろもろの国人に告げ知らされた、と言われているのは、いったいどんな意味なのだ。この世はすでにアリストテレスの秘伝的論議〔五〇〕、ピュタゴラスの秘教的教理〔五一〕、その他哲学諸派の秘義的な隠語などであふれかえっていたというのに、さらにワンセットの理解しえない概念や表現を世に授けてくれるとは、なんともありがたい贈り物ではないか。哲学者たちはみな、どの学者にでも伝授できるというわけではなく、まして一般大衆にはけっして教えられない貴重な驚嘆すべき秘密を保持していると力説していた。こんなわけで、追従的な弟子たちはそれぞれの師匠の著作に見られる矛盾、支離滅裂、疑問、不可解などをすべて弁護したのである。誰であろうと不一致や曖昧さに不満を訴える者には、彼らは即座に答えた。「あなた、あの哲学者先生がそう述べられたのです。ですから、あなたもそれを信じるべきです。先生はご自分が言いたいことはよくわかっておられましたが、おそらく他人にもわからせるような配慮はしなかったのです。ですから、あなたの疑念を呼び起こしたものはただそう思えるだけで、本当はそうではないのです」と。しかし、キリスト教には厳格な理性を超えたり、それに反したりするものはいっさいないのだから、そのような哀れなごまかしや小細工の必要はない。こう考えない人は、哲学者たちのむなしい空想であれ、『コーラン』の不敬な言葉や作り話であれ何であれ、キリスト教同様に正しいとしているも同然なのだ。第二の章句は「コリント人への第一の手紙」、二章、七節にあるが、これは先ほど引用したばかりなので〔五二〕、ここで繰り返す必要はないであろう。第三の章句は「コリント人への第一の手紙」、四章、一節にある。「このようなわけだから、人はわたしたちを、キリストに仕える者、神の**奥義**〔秘義〕を管理している者または分け与える者――すなわち、神が啓示してくださった教理を説き広める者――〔五三〕と見るがよい。」第四の章句は「エペソ人への手紙」、六章、一九節〔五四〕にある。「また、わたしが口を開くときに語るべき言葉を賜わり、大胆に福音の奥義〔秘義〕を明らかに示しうるように、わたしのためにも祈ってほしい。」第五の章句はこれに類似しており、「コロサイ人への手紙」、四章、三節、四節にある。「同時にわたしたちのためにも、神が御言のために門を開いて下さって、わたしたちがキリストの奥義〔秘義〕を語れるように、……また、わたしが語るべきことをはっきりと語れるように、祈ってほしい。」これらの言葉は明瞭であり説明の必要はない。第六の章句は「コロサイ人への手紙」、二章、二節にある。「それは彼らが、心を励まされ、愛によって結び合わされ、豊かな理解力を十分に与えられ、神の、父の、キリストの秘義を知るに至るためである。〔五五〕」ここでは明らかに福音に関する啓示が意味されている。というのは、ユダヤ人たちが父についてどのような正しい概念を持っていたにせよ、私たちが享受しているこの上ない特典であるキリストとその教理について、十全な知識は持っていなかったからである。第七の章句は「テモテへの第一の手紙」、三章、八節、九節にある。「それと同様に、執事も謹厳であって、二枚舌を使わず、大酒を飲まず、利をむさぼらず、きよい良心をもって、信仰の奥義〔秘義〕を保っていなければならない。」すなわち、信じるものに従って生きなければならないということである。この項目の最後、第八の章句は「テモテへの第一の手紙」、三章、一六節にある。「確かに偉大なのは、この信心の奥義〔秘義〕である。〈神は肉において現れ、〔五六〕霊において義とせられ、御使たちに見られ、諸国民の間に伝えられ、世界の中で信じられ、栄光のうちに天に上げられた〉。」私は今、これらの語句のさまざまな解釈を述べ立てたり、それらを批評して真偽を決めたりするつもりはない。どんな派も（これらの語句の意味についてどれほど意見が異なろうと）この節に述べられている段階的推移こそが福音の啓示であるという点では一致している。したがって、信心の秘義はどれか一つの段階に限定されることはありえず、これらすべての段階に共通するものである。すなわち、信心の秘義とはどれか特定の段階の性質を指すものではなく、これらすべての段階一般が啓示されたことを指しているのである。そして、議論の余地なく認めねばならないことは、キリストとその福音の恵み深い明示は、私たちにとってこの上なく素晴らしい驚くべきことであるだけでなく、神からの賜り物たる新しい契約に先立つすべての人々にとっても、同様にきわめて偉大な秘義であったことである。以上に挙げた章句から明らかに、福音と以下の表現とは、すなわち信仰の秘義、神とキリストの秘義、信心の秘義、福音の秘義とは同義語である。したがって、福音のどんな教理もやはり秘義ではない（なぜなら、使徒たちは私たちの益になることは何も隠さず、神の勧告をすべて私たちに知らせてくれたからである）。*1 福音そのものは以前まさしく秘義であったが、十全に啓示された今となっては、本来その名称に合うはずがない。

＊1　「使徒行伝」、二〇章、二〇節、二七節〔五七〕。

31　第二に私たちが示したいのは、使徒たちによって時折明かされたいくつかの事柄が秘義であったのは、それが明かされるまでにすぎなかったということである。他民族をほとんど人間と認めなかったユダヤ人たちは、他民族が神と和解し、[*1] 自分たちと同じ恩恵を共に受け継ぐ者、共に分け合う者になる時がやって来るとは夢にも考えなかった。しかしながらこれは神慮で定められておりユダヤ人には秘義であったが、このことがパウロに啓示されてからは秘義でなくなる。彼は手紙の中で、このことを世界中の人々に隠さずに宣言している。それを示すために私たちが引く章句の第一は、「エペソ人への手紙」、三章、〔五八〕一節から六節までと、九節とにある。「わたしがあなたがたのために神から賜わった恵みの務めについて、あなたがたはたしかに聞いたであろう。すなわち、すでに簡単に書きおくったように、わたしは啓示によって**奥義**〔秘義〕を知らされたのである。あなたがたはそれを読めば、キリストの**奥義**〔秘義〕をわたしがどう理解しているかがわかる。この**奥義**〔秘義〕は、いまは、御霊《みたま》によって彼の聖なる使徒たちと預言者たちとに啓示されているが、前の時代には、人の子らに対して、そのように知らされてはいなかったのである。それは、異邦人が、福音によりキリスト・イエスにあって、わたしたちと共に神の国をつぐ者となり、共に一つのからだとなり、共に約束にあずかる者となることである。……更にまた、神の中に〔五九〕世々隠されていた**奥義**〔秘義〕にあずかる務がどんなものであるかを、明らかに示すためである。」第二の章句は「ローマ人への手紙」、一一章、二五節にある。「兄弟たちよ。……この**奥義**〔秘義〕を知らないでいてもらいたくない。すなわち、一部のイスラエル人《びと》がかたくなになったのは、異邦人が全部救われるに至る時までのことであるということを。」第三の章句は「コロサイ人への手紙」、一章、二五節、二六節、二七節にある。「わたしは、神の言を告げひろめる務を、あなたがたのために神から与えられているが、そのために教会に奉仕する者になっているのである。その言の奥義〔秘義〕は、代々にわたってこの世から隠されていたが、今や神の聖徒たちに明らかにされたのである。神は彼らに、異邦人の受くべきこの奥義〔秘義〕が、いかに栄光に富んだものであるかを、知らせようとされたのである。」第四の章句は「エペソ人への手紙」、一章、九節、一〇節にある。「御旨の奥義〔秘義〕を、自らあらかじめ定められた計画に従って、わたしたちに示して下さったのである。それは、時の満ちるに及んで実現されるご計画にほかならない。それによって、神はすべてのものを、〔六〇〕キリストにあって一つに帰せしめようとされたのである。」以上に挙げた箇所に説明の必要はない。なぜなら、それらすべての意味は、異邦人たちの召命という秘密は福音において知らされ、明らかにされ、宣言されており、それゆえもはや秘義ではない、ということだからである。先に〔第31段落の冒頭〕述べた意味で秘義と呼ばれている次のものは、復活に関する一つの状況である。この使徒〔パウロ〕はこの問題について詳しく、また明確かつ堅実に論じて〔「コリント人への第一の手紙」、一五章〕、最後の日〔六一〕に地上で生きている者たちの状態について、人々が思いつきそうな異議や疑問をあらかじめ取り除いている。彼は同章、五一節、五二節で言う。「ここで、あなたがたに奥義〔秘義〕を告げよう（あなたがたに秘密を打ち明けよう）。わたしたちすべては、眠り続けるのではない（すなわち死ぬのではない）。またたく間に、一瞬にして変えられるのである。……死人はよみがえらされ、わたしたちは変えられるのである。〔六二〕」おわかりのように、ここで奥義〔秘義〕と呼ばれているのは、復活の教理ではなく、ただその際の具体的状況である。すなわち、生きている者たちは最後のラッパの響きとともに、死なずに、肉と血あるいは可死性をぬぎすて、よみがえる者と同じように、瞬時に、朽ちることのない不死の者にされるということである。「エペソ人への手紙」、五章、三一節、三二節では、夫婦のあいだにある愛とその結びつきは、キリストとその教会とのあいだにある分離しえない結合のしるしであると私たちは教えられる。〔六三〕これはたしかに教えられるまでは大きな秘義であったが、今ではその類似あるいは象徴の根拠がこれほど明瞭なものはない。また、福音またはキリストの王国に敵対する反キリストの王国〔六四〕も秘義と呼ばれている。なぜなら、それは知らぬまに少しずつ進行する秘密の計画だったからである。だが、ついにあらゆる障害が取り除かれ乗り越えられて、その計画は白日のもとにさらされており、（神によって預言されたように）もはや秘義ではなくなっている。パウロはテサロニケ人に語る（「テサロニケ人への第二の手紙」、二章、三節から八節）。「だれがどんな事をしても、それにだまされてはならない。まず背教のことが起り、不法の者、すなわち、滅びの子が現れるにちがいない。〔六五〕……そして、あなたがたが知っているとおり、彼〔反キリスト〕が自分に定められた時になってから現れるように、いま彼を阻止しているものがある。不法の**秘密の力**が、すでに働いているのである。ただそれは、いま阻止している者が取り除かれる時までのことである。その時になると、不法の者が現れる。」第二の項目に関する章句は以上ですべてである。

＊1　「ローマ人への手紙」、一一章、一五節。〔六六〕

32　第三の項目は、秘義がたとえ話や謎めいた表現によって隠された事柄を指す場合である。これらについて、以下に対応する箇所を挙げよう。第一は「マタイによる福音書」、一三章、一〇節、一一節にある。「弟子たちがイエスに近寄ってきて言った、〈なぜ、彼らに譬でお話しになるのですか〉。そこでイエスは答えて言われた、〈あなたがたには、天国の奥義〔秘義〕を知ることが許されているが、彼らには許されていない〉。」第二の章句は「マルコによる福音書」、四章、一一節にある。「そこでイエスは弟子たちに言われた、〈あなたがたには神の国の奥義〔秘義〕が授けられているが、ほかの者たちには、すべてが譬で語られる〉。」同じ言葉は「ルカによる福音書」、八章、一〇節〔六七〕でも繰り返される。これらすべての章句から明らかなのは、キリストがたとえ話によって語ったこと自体は理解不可能なものではなく、（ここで〔「ルカによる福音書」〕言われているように）「聞いても悟られないために」〔六八〕、秘義を告げ知らされなかった者たちにとってだけ秘義的であったのである。すべての人に理解してもらえるわけではない者たちが、自分たちのあいだでだけ通じる特殊な話し方を取り決めるのは、今でももっとも普通に見られるやり方である。また、たとえ話について弟子たちからたずねられた時、キリストが答える説明ほどわかりやすいものはないのである。

32a（24）『新約聖書』で秘義に言及がある章句を一つ一つすべて引用してきたが、「黙示録」中のものがなぜ省かれたのかといぶかる人がいるなら、次のように答えよう。「黙示録」では新しい教理が一つも告げられていないので、これは本来福音の一部とみなせないからだ。そこには信仰や生活慣習の規則どころか、私たちの宗教のいかなる点の説明もありはしない。この書あるいはこの幻視の本当の主題は、次々に盛衰のさまざまな時期を経る教会の外的状態の預言的歴史なのである。しかし、私が不当な扱いをしているなどと少しでも疑われることのないように、「黙示録」中の秘義という語が含まれる箇所をいくつか追加しよう。第一は「黙示録」、一章、二〇節の「あなたがわたしの右手に見た七つの星と、七つの金の燭台との奥義〔秘義〕」である。さて、これらの星と燭台の秘義または秘密とは何なのか。「七つの星は七つの教会の御使であり、七つの燭台は七つの教会（すなわちアジアにおける）である。」〔六九〕もう一つの章句は一七章、五節、七節にある。「その〈赤い獣に乗った、紫と赤の衣をまとった女の〉額には、一つの名がしるされていた。それは〈奥義〔秘義〕、**大いなるバビロン**……〉というのであった。〔七〇〕すると、御使は私に言った、〈……この女の奥義〔秘義〕を話してあげよう〉。」この秘義の説明も御使によってこれに続く節でなされるから、それを参照してほしい。(25) 唯一残る箇所は一〇章、五節、六節、七節にある。「それから、海と地の上に立っているのをわたしが見たあの御使は、天にむけて右手を上げ、天とその中にあるもの、地とその中にあるもの、海とその中にあるものを造り、世々限りなく生きておられるかたをさして誓った、〈もう時がない。第七の御使が吹き鳴らすラッパの音がする時には、神の奥義〔秘義〕は成就されるであろう〉。」すなわち、福音（それは神の秘義と同じであることがこれまでに示された）に関してこの預言で比喩的に告げられたことはすべて最終的に成就して、すべてが地球とそこに含まれるあらゆるものと共に終わる、ということである。

33　あと章句が二つだけ残っているが、それらでは秘義という語は何か特定のものを指すのではなく、もっとも広く一般に認められた意味での秘密を意味している。第一番目の箇所は「コリント人への第一の手紙」、一三章、二節にある。「たといまた、わたしに預言をする力があり、あらゆる**奥義**〔秘義〕とあらゆる知識とに通じていても、また、山を移すほどの強い信仰があっても、もし愛がなければ、わたしは無に等しい。」第二番目もこれに類したもので、「コリント人への第一の手紙」、一四章、二節にある。「異言を語る者は、人にむかって語るのではなく、神にむかって語るのである。それはだれにもわからない。彼はただ、霊によって**奥義**〔秘義〕を語っているだけである。」すなわち、自分には十分よくわかっていることでも、その言葉を解さない者たちにとっては秘密となる、ということである。

34　さて、すべての公正なる人々に次のことを判断してもらいたい。『新約聖書』全体における秘義は、それ自体概念しえないもの、またはいかに明晰に啓示されようと、私たちの普通の概念と能力では判断できないものをけっして意味しないことは、文字が読める誰にでも明らかでないかどうか。反対に、秘義とはつねに本性上十分理解しえないものを意味するのではなく、比喩的な言葉や儀式によっておおわれていたり、または神の知恵と神慮のうちにのみ存在していたりするため、特別な啓示がなければ発見しえないものでないかどうか。聖書に真の崇敬の念を抱き、それが神の言葉であると心から信じる者は誰でも、聖書の権威に基づいて結論し、あらゆる偏見を排して聖書の明証性に従わなければならない。福音は自分の信仰の唯一の規準だと言いながら、福音によって保証されない何かを信じる者は紛れもない偽善者であり、陰で世間を愚弄しているのである。

〔七二〕35　このような人同様、次のような連中にも好意的評価はなしえない。聖書と理性の命じることに従う代わりに、自分たちがとりわけ追随し賞賛する人々にすぐ頼り、彼らの命じるままにある見解を受け入れたり否認したりする連中のことである。教区民の一人が言う、「ねえ、博士、あのような本についてどうお考えですか。あの本は物事を明快に説明しているように思いますが」。博士、「おお、あれはたいへん悪い本です。あれを書いたのは危険な男です。彼は自分自身の盲いた傲慢で肉的な理性と一致することだけを信じるべきだと主張しているのです」。教区民、「博士、本当ですか。それなら、私はもうこれ以上あの本を読まないようにします。博士たちがたびたび人間の理性に反対する説教をしていたのを聞きましたから。あの本を運悪く私が手にしたことは実に残念なことですが、これからはあの本が家族の目に触れないよう気をつけます」。博士、「そうするといいでしょう。その上、この本は今お話しした以上にはるかに有害なものなのです。そのわけは、この本は私たちが教えるきわめて多くの点を破壊するからです。それに、もしもこの説が人気を博すようなことになれば（神はそのようなことは許しませんが）、あなたの家にあるためになる本の大部分が一文の値打ちもなくなり、パイ敷きとか、その他つまらない役にしか立たない紙切れになってしまうでしょう。購入するのに費やしたお金もさることながら、読むのにあれほどの苦労を費やした書籍だというのに」。教区民、「博士、私はなんということをしたのでしょう。神よ、そんなにひどい論考を読んだ私をどうかお赦しください。そんな本を書けるとは、なんと忌まわしい人間だ。なんですって、私が持っている本が何の価値もなくなると言うのですか。H博士の説教やC氏の論説が紙くず同然に。誰がなんと言おうと、私はそんな説はけっして信じません。その著者を破門して、彼の書いた本を差し押さえたらどうですか」。博士、「ええ、そういう時代もありました。でも、今は教会が命じるとおりでなく、自分自身の分別に従って信じてもかまわないのです。ご存知のように、信教の自由が定められているのですから」。教区民、「博士、あの信教の自由はこの先……」。博士、「しっ、もうそれ以上言ってはなりません。私もあなたと同じくらい心配しているのですが、このご時世に非難するのは安全でもないし得策でもないですからね〔七二〕」。

36　これほど愚かではないが同じように、自分たちの古い教説を固守しようと堅く心に決めている人々がいる。彼らが秘義について語るときには、私たちはそれを信じなければならず、もう彼らにつける薬はない。推論の力ではなく、何かの付随的利益が彼らに秘義を支持させているからである。自分たちを支持してくれる著作家を、その支持に道理があろうとなかろうと、彼らは必ず賞賛し擁護する。こういう人々は腹立たしいが、次のような連中には倍も腹が立つ。自分たちにもっと洞察力や知識が備わって、新しい道を歩んでみようという気持ちが起こったりしないように、何事についても検討の労を取ろうとしない連中のことである。このような人々は実際宗教に無関心なのか、宗教を自分たちの紋章の模様ぐらいにしか考えていないにちがいない。

37　〔父祖伝来の〕紋章という言葉から私が自然に思い起こすのは、自分たちが原始キリスト教会〔七三〕の判断と対立したとき、どんな理由を説かれようと頑として動こうとしない人々のことである。（彼らが好んで口にするように）教父こそが彼らにとって聖書の最上の解釈者だからである。ある才人*1が次のように述べている。「あの誠実な人々〔教父たち〕自身が十分な論拠で立証できなかった事柄が、今では彼らの権威だけで証明されるのである。」同著者はさらにこう付け加えている。「教父たちがこうなると前もってわかっていたなら、労を惜しまずもっと厳密に推論すべきだったのにと彼らが非難されるいわれもなかったわけだ。」真偽が多数決や時の経過で決められるのは、愚行の最たるものと私には思える。

*1　フォントネル氏〔七四〕〔『神託史』〕。

38　しかし、古さが本当にある見解に価値を与えられるなら、その決定に従うのをためらう必要はないと思う。（もうひとりの有名な著作家*1が述べているように）「世界の長さを人間の一生になぞらえて、幼年期、青年期、成人期、老年期から成ると考えるなら、たしかに、私たちより前に生きていた人々は子供や青年であって、私たちのほうが世界における真の古老なのだから。」（この人はさらに続ける。）「経験というものが、大人が青年にまさって持っている最も重要な利点であるならば、疑いなく、世界に最後にやって来た人々のほうが、彼らよりはるか以前に生まれた人々より比較にならないほどすぐれた経験を持っているにちがいない。というのも、最後に来た者たちは先人の蓄えをすべて享受するだけでなく、さらに自分たちの知識もそれに加えたのだから。」こういう考えは機知に富むだけでなく、根拠のある確固としたものである。だが、古さが一般に信じられている意味で理解されても、だからといって絶望する理由はない。私の仮説も後世になれば古いものとなって、慣行というこの都合のいい特権によって支持してもらえる条件を備えるわけだから。

＊1　ペロー氏〔七五〕『古代人と近代人の比較論』。

39　だが、私がそんな時まで生き長らえる見込みはないので、幸運にもこの世界の青年であると同時に古老でもある、あの教父たちが私の味方であることを明らかにしておくのも悪くはなかろう。実を言うと、私がわざわざこのようなことをするのも、彼らの判断に対する尊敬の念からではない。私が彼らの権威にどのような価値を置いているかは本書の初めで率直に述べられている〔七六〕。私の意図は、教父たちの著作に最高の敬意を表しながら、その判定が自分たちの好みや利害に合わないと必ずそれを拒む人々の不誠実さをお見せすることにある。

40　アレクサンドリアのクレメンス〔七七〕は至るところで、私が考えているのと同じ、異邦人が持っていたのと同じ、また私が福音書にあるものだと証明したのと同じ秘義の概念を示している。彼の

『ストロマテイス』第五巻はユダヤ人と異教徒の秘義の本性を知りたいと思う人々には熟読に値するものである。なんと、その巻で彼はこの問題に関してあらゆる疑いを一掃し、同じ目的のために私がすでに引いた聖書の章句のいくつかも引用している。それのみならず、こうも述べている。「キリストの教えが光と呼ばれたのは、彼の教えが隠されていたものを明るみに出したからであり、主（**キリスト**）のみが聖櫃の蓋を開けたからである。*1」「聖櫃の蓋」とはモーセによるおおいのことである。(26)

*1「ソレユエニ教エハ、隠サレタモノヲ照ラス〈光〉ト呼バレル。櫃ノ蓋ヲ開クノハタダ師ノミデアル。」〔アレクサンドリアのクレメンス『ストロマテイス』第五巻、一〇章、六四節、平凡社『中世思想原典集成I、初期ギリシア教父』、三四〇頁、秋山学訳〕

41　初期のキリスト教徒たちが〔七八〕ユダヤ人のまねをして、(27)聖書全体を寓意に変えてしまい、『旧約聖書』に述べられている動物の特性を『新約聖書』で起こる出来事に符合させたことは誰もが知っている。とりわけ人間に関しても、両者の名前・行動・生活状態のあいだにほんの少しでも類似が見つけられると彼らは同じ勝手なやり方を用いた。ついには、こういう空想を数字・文字・場所などなどにまで広げていった。だから、『旧約聖書』における事柄で、『新約聖書』で起こる事を表している――彼らによれば――ものを、それについての予型あるいは秘義と彼らは呼んだ。そういうわけで、**予型**、**象徴**、**たとえ**、**予兆**、**比喩**、**しるし**、**秘義**は、殉教者ユスティノス〔七九〕においてはまったく同じことを意味している。この教父はその『ユダヤ人トリュフォンとの対話』において、ヨシュア〔八〇〕という名前はイエスという名前を表す秘義であり、またレピデムでアマレクと戦っているあいだモーセが両手を上げていたのは[*1]、キリストの十字架の予型あるいは秘義であり、イスラエル人がそこで敵に打ち勝ったように、キリストは十字架上で死に打ち勝ったのだと主張している。さらに、彼は次のような考察を加えている。「聖なる人、神の預言者たるこの二人〔モーセとヨシュア〕は、どちらも一人だけでは両方の秘義を、すなわちイエスの十字架の予型と、イエスという名前で呼ばれることの予型とを伝えることはできなかった。これは十分考えるべきことである。[*2]」その同じ『対話』において、彼は預言者たちの預言を象徴、たとえ、秘義と呼んでいるのである。[*3](28)

＊1　「出エジプト記」、一七章、一一節〔八一〕。

＊2　「サテ、コノコトガ聖ナル人、神ノ預言者タルコノ二人ニ起コッタノデアルカラ、一人ダケデハ両方ノ秘義、ツマリ、十字架ノ予型ト、ソノ名前ノ予型トヲ支エルコトハデキナイコトガワカルデアロウ。」〔ユスティノス『ユダヤ人トリュフォンとの対話』、一一一章、五九節〕

＊3　「シカシ友ヨ、君タチハ少ナクトモ知ッテイルダロウ。ナンラカノ行為ニツイテ謎メイタ方法デ、アルイハ譬エノカタチデ、アルイハ神秘的ニ、アルイハ象徴的ニ語ラレタ言葉ノ多クハ、ソウイッタコトヲ語リ、ナイシ実行シタ者タチノ後ニ登場スル者タチニ解釈サレタトイウコトヲ。」〔ユスティノス『ユダヤ人トリュフォンとの対話』、六八章、二一節から二二節、平凡社『中世思想原典集成Ｉ、初期ギリシア教父』、八五頁、久松英二訳〕

42　テルトゥリアヌスは〔八二〕『護教論』で、キリスト教徒が人間にあるまじき行為を犯している、という敵からの不当な非難に反駁し弁明に努める。「私たちは毎日包囲されて、暴きたてられている。……しかし、もし私たちがいつも密かに身を隠しているのであれば、私たちが犯したと噂されているあれらの事はいかにして世間に知れわたるのか。いや、その事をいったい誰が知らせることができるであろうか。その罪を犯している者たちだというのか。否、絶対に違う。すべての秘儀は当然、秘密厳守の誓いのもとで行われるのだから。サモトラケ〔八三〕とエレウシス〔八四〕の秘儀は秘密にされている。それなら、暴かれればたちまち人間の裁きを引き起こし、来世では神の裁きを待ち受けるような秘儀は、なおさら秘密にされるのではないか。*1」おわかりのように、この教父が秘儀〔秘義〕とみなしているのは、秘密の儀式であって、理解できない教理ではないのである。

*1　「毎日ワレワレハ敵ニ包囲サレテオリ、毎日ノヨウニ裏切ラレテイル。……モシワレワレガイツモカクレテ集会ヲシテイルトイウノナラ、ワレワレノ犯シタ罪ハ裏切ラレルコトハナイカラ、表ニハ出ナイコトデアロウ。イヤソレドコロカ、裏切ッタリデキル者ハアルマイ。トイウノハ被告自身ガ、自己ヲ裏切ルヨウナコトハ絶対ニナイカラデアル。ナゼナラスベテノ秘教ニオイテハ、マサニ秘教タルガ故ニ、沈黙ノ誓イヲタテサセラレルノデアル。サモトラケートエレウスィスノ秘教デハ、口ヲキイテハイケナイコトニナッテイル。イカニ多クソノヨウナ秘教ガアルコトカ。ソレラガ裏切ラレタ場合ニハ、神ハミノガシテクレテモ、スグニ人間ノ刑罰ガ求メラレルノデアル。」〔テルトゥリアヌス『護教論』、七章、四節から六節、教文館『キリスト教教父著作集』、第一四巻、二二頁、鈴木一郎訳〕

43　オリゲネスは、[八五] イスラエル人たちが約束の地へと野営をしながら進んでいく旅路は、天国あるいは天上のものをめざす人々がたどる行程を描く象徴または秘義とみなしている。*1 彼が預言者たちの著作について、特にエゼキエルの幻視[八六]やヨハネの黙示について、述べていることをここに付け加える必要はない。というのも、彼はこういう秘教的あるいは寓意的な聖書解釈の方法の完成者であり、彼にならって同じ道をたどったすべての人々に素材を提供したことは一般に認められているからである。[29] しかし、彼は私たちの宗教のどの教理も現在考えられている意味での秘義であるなどと考えるどころか、それは**共通概念**[八七]とまったく一致し、すぐれた気質の聴く者すべてから同意を得られるとはっきり断言している。*2

*1　「神的ナルモノニ向カッテ進ム人々ノタメニ示サレタ行程ヲ象徴ヲ通シテ学ブコトガデキルナラ、民数記ト題サレタモーセ書ヲ読ムガヨイ。イスラエルノ子ラノ旅路デ表サレル秘義ヲ明カスコトガデキル人ヲサガスガヨイ。」〔オリゲネス〕『ケルソス駁論』、六巻、〔二三節〕

*2　「ワタシタチノ信仰ノ教エハ、共通ノ思考内容（コイナイ　エンノイアエ）ニヨッテ当初ヨリ支持サレテキタモノナノデ、語ラレタコトヲ公正ナ心デ聞ク人々ヲ変エルコトヲ見テイタダキタイ。」〔オリゲネス〕『ケルソス駁論』、三巻、〔四〇節、教文館『オリゲネス四、ケルソス駁論二』、三八頁、出村みや子訳〕

44　最初の三世紀までのその他の教父たちも、秘義についてまったく同じ考えを持っている。そして、かりに彼らがこの問題について、ある箇所で確立したことと矛盾することを他の箇所で述べるようなことがあれば（彼らがたいていの問題においてよくやるように）、それは自らに対して基準になりえなかった者たちは、他の人々に対して真の基準にはなりえないことを示すのに役立つだけであろう。しかし、あれほど記憶力の悪いお歴々〔教父たち〕を相手にしなければならないことを思えば、私たちにとってかなり有利なことに、彼らの意見はこの点では首尾一貫している。したがって、宗教における理解しえない、概念しえない秘義という言い分は、教父、聖書、理性を心底重んじている人々すべてによって容易に放棄されるはずだと、ここに至って期待してもよいだろう。

第四章　聖書のある章句、信仰の本性、奇蹟から引き出される異議に答える(30)

45　世間には秘義をとても好む人もいて、そこに自分たちの便益を見いだしているようで、それを手放すくらいならば、いかなる危険も冒す覚悟でいる。彼らが気がついていようといまいと、そうしているあいだに、このような振る舞いで彼らはまさしく自分たちの宗教を危険にさらしているのである。というのは、人々が自分たちの信じていることは理性の検討を超えていると公言し、それが論議されることをけっして許そうとしなければ、それは険悪な徴候だからだ。それは彼ら自身が自分たちの言い分を信じていないことを示しているし、理性の審理に果敢に耐えようとしない事柄はきっとそれ自体本当は理性にかなっていないにちがいないと、他の人たちは結論するからである。

46　こういう帰結はきわめて明らかであるのに、彼らはかたくなに認めようとせず、自分たちの主張を支えるために聖書さえ持ちだすこともためらわない。あの使徒〔パウロ〕の言葉、「あなたがたは、むなしいだましごとの哲学で、人のとりこにされないように、気をつけなさい。それはキリストに従わず、世のもろもろの霊力に従う人間の言伝えに基くものにすぎない」[*1]、この言葉ほど彼らが頻繁に口にするものはない。馬鹿げている、理性と真理は虚栄と術策だと言いたいのか。ここで言われる哲学とは健全な理性のことではなく、（解釈者がみな同意しているように）プラトン、アリストテレス、エピクロス〔八八〕、アカデメイア派〔八九〕などの学説であって、その原理の多くは良識や正しい道徳とまったく相容れないものである。パウロの時代ほど詭弁法がはやったことはなかったし、またこれらの学派出身でキリスト教を奉じた者の中に、どうしても手放したくない昔の見解をキリスト教に混ぜ合わせるやり方を考えだした者たちもいた。それゆえ、この使徒には、自分の改宗者たちに、人間が考えだした事柄と神の教理とを混同するなと警告しなければならない重大な理由があったのである。にもかかわらず、この適切な忠告はほとんど役に立たなかったようだ。というのは、教父たちのもっともひどい間違いや馬鹿げた言動は、改宗以前に自分たちが読んでいた哲学のいくつかの学説から引き起こされたものだとわかるからである。後にそういう学説を、彼らは愚かにもキリスト教と両立させようと骨折って、次章で明らかにされるように、結局はキリスト教のほとんどを完全に破壊してしまったのである。

＊1　「コロサイ人への手紙」、二章、八節。

47　だが、何らかの特定の仮説が全人類に対し理性の基準となる権利を持つことはけっしてできないから、まして空虚な哲学や詭弁法がこの特権を要求してはならない。何かそのようなことを私が目論んでいるどころか、そんなやり方にこそ本書で反対しているのである。もうろくした哲学者たちの形而上学的な無意味な話を信仰箇条に格上げすると、たちまち声高に理性に難癖をつけ始める連中がいる。理性の明証性と光の前では彼らのむなしい幻影など消滅せざるをえないからだ。このように言うのは、哲学であれ宗教であれ、どの派もそれ特有の途方もない考えを有していて、宗教における**理解しえない秘義**は哲学における**隠れた性質**〔九〇〕にまったく相当するからである。両者とも同じ目的のために、すなわち何の論拠も提示しえない場合に、それを要求する人々の口を封じ、利害に関与する者たちに都合がいいと思えるだけの数の人々を無知にとどめておくために最初作られたのである。しかし、私は同じような非道な企みの咎を、現在秘義弁護のために論陣を張るすべての〔九一〕人々に負わせるようなことは断じてしないし、そのような人々の多くがきわめて善意あふれる人々であることを知っている。この詭弁的なまたは堕落した哲学は『新約聖書』の別の箇所では「この世の知恵」＊1と呼ばれているが、それへのギリシア人の固執ぶりは、ユダヤ人が奇蹟によって証明されたこと以外は真でありえないという妄想にのぼせ上がったのといい勝負である。「ユダヤ人はしるしを請い、ギリシア人は知恵を求める。[2]」このように誇示された知恵は当時でも「神の前では愚かなもの」であったし、今日では分別ある人にとってそうなのである。

*1「コリント人への第一の手紙」、三章、一九節。〔九二〕
*2「コリント人への第一の手紙」、一章、二二節。

48　同じくローマ人への手紙からの一節が引用され、これは人間の理性には神の啓示を判断する能力がないことを証明するものだと言われる。「肉の思いは神に敵するからである。すなわち、それは神の律法に従わず、否、従い得ないのである。[1]」しかし、これらの言葉が理性について言われているならば、これ以上の誤りはない。なぜなら、理性自体は神の法に従うものであり、かつ従うべきものであるからである。だが、この服従は理性の不完全性を示しているのではない。公正な法律への服従が私たちの自由を破壊すると言いえないのと同じである。理性はまず神の法を理解しなければならず、その後でそれに従わなければならない。なぜなら、人は命じられていないことを行わなかったからという理由で罰せられないのと同様に、理解できない法を守らなかったからという理由で罰せられることはありえないからである。したがって、この箇所における「肉の思い」とは理性ではなく、淫らで邪悪な人の肉の望みであり、そういう連中の行いは神が啓示した法に反しているように、健全な理性が教示した法にも反しているのである。

*1「ローマ人への手紙」、八章、七節。

49　偽りの知恵と肉欲的な思いについてこれまで述べてきたことは、以下に挙げる別の一節にも容易に当てはまるだろう。「わたしたちの戦いの武器は、肉のものではなく、神のためには要塞をも破壊するほどの力あるものである。わたしたちはさまざまな議論を破り、神の知恵に逆らって立てられたあらゆる障害物を打ちこわし、すべての思いをとりこにしてキリストに服従させる。*1」節全体の言葉からも意図からも明らかなことは、ここで語られているのは愚かで卑俗な人々が抱くさまざまな思考と想像であり、これらは聖書だけでなく理性によってもとらえられ改善されるべきだということである。実際、そういうことはよく起こる。というのも、聖書からの説得を通常認めない人でも、まず理性によって説得され、その後で聖書を受け入れることがあるからだ。だが、理性が理性そのものを打ち負かしたり破壊したりすることができるだろうか。否である。理性が屈服させるのは、理性の名をかたって、自らが生みだした混乱を隠蔽したり正当化したりするあの空虚で不敬虔な詭弁なのである。

*1　「コリント人への第二の手紙」、一〇章、四節、五節。

50　私がとりわけ打ち立てようとしている、宗教における理性の使用に反対して、無知あるいは頑迷な人が持ちだす聖書本文をすべて一つ一つ調べるとしたら、きわめて煩雑なことになるだろう。私の目的にかなう箇所を一節だけ引用すれば、真理を愛するあらゆるキリスト教徒に十分満足してもらえるはずだとも考えられよう。神の言葉はどこでも一律で首尾一貫しているはずだから。だが、私は第三部前章はもちろん、第二部第二章でも聖書からいくつもの節を引用してきた。それでも、この論証に言い返しがなされるかもしれないし、またあげ足取りやペテンを行う連中にもっともらしい口実の余地を残さないためにも、大変著名な神学の諸作品でたまたま目に留まったもっとも強力な異議に一つ一つはっきり答えておいた。たまたま目に留まったと言ったわけは、秘義の通俗的な概念を頭の中に入れたり、福音書のどこかの節で秘義の意味は理性や探究の域を超えると示唆しているかもしれないなどと考えたりするよりも、むしろ私は福音書を百万回も読み返すべきだからである。また、福音書は神の啓示であると公然と認めながら、その一方でそれと異なる考えを抱いている人々を私はうらやむ気にもならない。だが、一人の友人から重大な異議が寄せられた。私の見解は信仰の本性を破壊するというのである。この問題についてできるだけ手短に私の考えを述べることにしよう。

51　私は信仰を事実的信仰、一時的信仰、義化する信仰〔九三〕、あるいは生きている信仰と死んでいる信仰、あるいは脆弱な信仰と強固な信仰といった通常の分類に分けて時間を費やすつもりはない。なぜなら、これらのほとんどは信仰それ自体ではなく、そのさまざまな結果にすぎないからである。信仰という言葉は、神または人間によって語られた事柄に私たちが信頼を置く場合のように、信じることあるいは確信することを意味している。そこから、信仰は本来人間へのものと神へのものとに分類される。さらに、神への信仰は、神自ら直接私たちに語る場合か、または神が語りかけたと私たちが信じる人々の言葉や著作に同意する場合かに分かれる。現在この世に存在する信仰はすべて後者に属するものであり、そのため完全に推論の上に築かれている。なぜなら、私たちはまずそれらの諸著作はそれに付された名の人物が書いたものであることを確信しなければならず、次にその人物たちを取り巻く外的な状況やその活動を検討し、最後にその諸作品に含まれる事柄を理解するからである。そうでなければ、私たちはその諸作品が神に値するものであるか否かを決定できないし、ましてやそれらを堅く信じることなどできないからである。

52　事柄をわかりもせずに信用することはけっして真の信仰あるいは確信ではなく、軽率な思い込み、頑迷な偏見である。そんなことは神の教えを受けた者より、むしろ狂信者やペテン師に似つかわしい。神は自らの被造物をたぶらかしても何の益にもならず、また彼らに正しく伝える能力を欠くこともないからである。私は前に（第二部、第二章、〔第16段落〕）人間の告示と神の啓示の違いは明瞭性の程度においてではなく、確実性の程度において生じることを証明した。歴史では往々にして多くの事情が重なるので、歴史を直観と等しいものにしてしまうほどである。〔九五〕そういうわけで、私が自分自身の存在をやすやすと否定することもありうるように、〔九四〕キケロの殺害や征服王ウィリアム〔九六〕についての話を簡単に否定することもありうる。〔九七〕それでもこのようなことはまれにしか起こらないことではあるが。だが、神はつねに真理と確実なことを語るのである。

53　さて、人間は啓示によって何か新しい能力を授けられるわけではないので、もしも神の語ることが人間の共通概念と一致しないとなれば、神は彼らに話しかけても自分の目的を果たせないことになる。ブリクトリと呼〔九八〕ばれるものが自然界に存在すると絶対確実な確信を抱いていながら、このブリクトリが何であるのかを知らない人物がいるとしたら、その人が自分のことを隣人より賢いと評価するのは正当だろうか。実際のところ実情はこんな状態であるから、信仰あるいは確信はみな必ず知識と同意という二つの部分から成らねばならない。たしかに後者〔同意〕は信仰を形にする行為であるが、必ず前者〔知識〕の明証性を伴わねばならない。これこそ『新約聖書』の至るところで語られる信仰についての真の説明なのである。そこには以下のようにある。「信仰がなくては、神に喜ばれることはできない。」だが、「神に来る者は、神のいますことと、ご自身を求める者に報いて下さることとを、必ず信じるはずである。[*1]」それゆえ、敬虔な人が自分の願いが成就すると堅く確信するのは、その人が神の存在、善性、力を知っていることに基づくのである。キリストがキリストだと明かされる前は、彼のことを信じなくてもまったく罪とはみなされなかった。「聞いたことのない者を、どうして信じることがあろうか[*2]」とあるのだから。しかし、キリストが語ったことを信じない者が罪とされるのは、その人が語られたことを理解しなかったからだという理由以上に納得のいくものがあるだろうか。私が見る限り、これら二つの例は相等しいからだ。「信仰は聞くことによる[*3]」とも語られている。だが、理解を伴わないならば、この聞くことに何の意味もないのは明らかである。言葉とその観念はどんな言語でも相関しているのだから。

＊1　「ヘブル人への手紙」、一一章、六節。〔九九〕
＊2　「ローマ人への手紙」、一〇章、一四節。〔一〇〇〕
＊3　「ローマ人への手紙」、一〇章、一七節。〔一〇一〕

54　「ヘブル人への手紙」の著者〔パウロ〕は、信仰を予断、意見、憶測ではなく、確信あるいは確言と定義している。「信仰とは、望んでいる事柄を確信し、まだ見ていない事実を確言することである。[*1]」後半の「まだ見ていない事実」という言葉は、（一部の人が言うであろうような）理解できない、あるいは知性でとらえられない事柄を意味しているのではない。そうではなくて、世界の創造や死者の復活のような過去または未来の事実、あるいは肉体の目には見えないが、知性の目では十分とらえうる事柄への信頼を意味している。このことは、その定義に添えられたすべての例〔一〇二〕から明らかである。それに、目に見える、現前の事柄に対する信仰というのは本来ありえない。というのは、その場合それは自明であって、推論ではないからである。「目に見える望みは望みではない。なぜなら、現に見ている事を、どうして、なお望む人があろうか。もし、わたしたちが見ないことを望むなら、わたしたちは忍耐して、それを待ち望むのである。[*2]」だから、族長たち〔一〇三〕は「まだ約束のものは受けていなかったが、はるかかなたにそれを見て確信した[*3]」のである。

＊1　「ヘブル人への手紙」、一一章、一節。〔一〇四〕
＊2　「ローマ人への手紙」、八章、二四節、二五節。

＊3 「ヘブル人への手紙」、一一章、一三節。〔一〇五〕

55 信仰をこのように理解するのでなければ、どうしてキリストを「世の光」[*1]、「異邦人の光」[*2]と呼ぶことができようか。どうして信仰者たちは「知恵の霊を賜わって」[*3]、「心の目を明らかに」[*4]すると言えようか。というのは、心の光、知性の光とは事柄についての知識であり、この知識の量の多さ少なさに応じて精神は照らされるからである。また、この使徒〔パウロ〕は「愚かな者にならないで、主の御旨がなんであるかを悟りなさい」[*5]と言っている。別の箇所では、「それぞれ心の中で、確信を持つ」[*6]ようになるまでは、疑わしい問題では何もしないよう人々に勧めている。

＊1 「ヨハネによる福音書」、八章、一二節および九章、五節。〔一〇六〕
＊2 「使徒行伝」、一三章、四七節。〔一〇七〕
＊3 「エペソ人への手紙」、一章、一七節。〔一〇八〕
＊4 「エペソ人への手紙」、一章、一八節。〔一〇九〕
＊5 「エペソ人への手紙」、五章、一七節。
＊6 「ローマ人への手紙」、一四章、五節。〔一一〇〕

56 しかし、以上に述べてきたことに反対して、アブラハムの信仰の有名な例が持ちだされるかもしれない。彼は一人息子を生け贄に捧げようとした、神が諸王は彼から出て、彼の子孫は天の星や浜べの砂のごとくふえると約束していたにもかかわらずである。では、アブラハムはこのとき、神の現在の命令と以前の約束〔一一一〕とが矛盾するように思えるのを一致させようともせずに、盲目的に服従したのであろうか。その反対である。はっきりと以下のように記されているからである。「約束を受けていた彼が、そのひとり子をささげたのである。この子については、〈イサクから出る者が、あなたの子孫と呼ばれるであろう〉と言われていたのであった。彼は、神が死人の中から再びイサクをよみがえらせる力がある、と推論したのである[*1]。アブラハムはかつて、いわば、死人からイサクを受け取っていたからである[*2]。」イサクは神とのもう一つの約束によって、両親が子を産めない「死んだと同様な[*3]」年齢で奇蹟的に生まれたのであるから、今回も神は奇蹟によってイサクを生き返らせることができる、とアブラハムは正しく結論を下したのである。それゆえ、他の箇所ではアブラハムについてこう記されている。「彼の信仰は弱らなかったので、およそ百歳となっても自分の体が死んだ状態にあるとは考えず、サラの胎も死んでいるとは考えなかった。神の約束を不信仰のゆえに疑うようなことはせず、信仰を強くもって栄光を神に帰し、神はその約束されたことを、また成就することができると確信した[*4]。」

*1 ロギサメノス〔ギリシア語〕はこのように訳されるべきである〔一一二〕。
*2 「ヘブル人への手紙」、一一章、一七節から一九節〔一一三〕。
*3 「ヘブル人への手紙」、一一章、一二節〔一一四〕。
*4 「ローマ人への手紙」、四章、一九節から二一節〔一一五〕。

57　さて、以上に述べたことすべてのうちにあるのは、経験、事柄の可能性、その事柄を約束した者の力と義と不変性に立脚したきわめて厳密な推論以外の何であろうか。信仰とは堅固な根拠に基づいて築かれたきわめて強固な確信である。これ以外の意味を『新約聖書』全体の中から示せる人はいないであろう。こういう意味で、キリスト教全体がしばしば信仰と呼ばれる。ある宗派に信仰告白していることを意味して、自分は何々に確信を持つ者である〔何々の信徒である〕と今でも通常言うのだから。しかし、私たちの確信をよりしっかりと根付かせ確立させるには、自分が信じていることを徹底的に検討し吟味する以外ありえないのは確かである。反対に、信仰の弱さと不安定はそれを支える十分な根拠が欠けていることから生じ、そうすると必ず不信心が生まれ、さらに、真の信仰の変わらぬしるしであり成果である従順が衰えて、人間の生活にあらゆる不品行が芽を出すようになるのである。「〈彼を知っている〉と言いながら、その戒めを守らない者は、偽り者である。……」＊1なぜなら、「〈彼のもとにとどまる〉と言う者は、彼が歩かれたように、その人自身も歩くべきである」からである。また、理解せずに信じる者は、「だまし惑わす策略により、人々の悪巧みによって起る様々な教の風に吹きまわされたり、もてあそばれたりする」＊2ほかないであろう。

＊1　「ヨハネの第一の手紙」、二章、四節、〔二一六〕六節。
＊2　「エペソ人への手紙」、四章、〔二一七〕一四節。

58　この問題における権威として『新約聖書』はきわめて明快であるが、私はさらに以下の考察によって確認をしてみよう。第一の考察はこのようなものである。もしも信仰が、ある事柄を信じるまでに人が蓄えたそれについての知識と理解から生じる確信でないならば、信仰に程度や差異はありえないことになる。信仰に見られる程度や差異は、人がある事柄を学ぶさいの意欲や機会に応じて、得る知識の多さ少なさが決まるということの明らかな証しなのだから。だが、信仰にそのような程度があることは聖書から明らかである。そこでは、宗教について不完全でおざなりな知識しか持たない人々は、乳でしか養われない幼児[*1]にたとえられるが、もっと充実した間違いようのない確信に達する人々は、もっと堅い食物を摂取できる成人[*2]にたとえられるのである。

*1 「コリント人への第一の手紙」、三章、二節〔一一八〕。
*2 「ヘブル人への手紙」、五章、一二節から一四節〔一一九〕。

59 次の考察はこのようなものである。信仰は永遠の断罪を条件に人々に命じられているのだから、その内容は万人に理解できるものでなければならない。「不信仰の者は罪に定められる。[*1]」だが、不可能なことを遂行しなかったからといって、永遠の罰に処されることなどありうるだろうか。したがって、信じるという義務はまさに理解可能であるということを前提とする。私はすでに矛盾と無が同義語であることを明らかにしたが、〔一二〇〕今は神学的な意味の秘義についても同じことが言えるであろう。というのは、率直に言えば、矛盾と秘義は無を言い表す二つの強調的な言い方にすぎないからである。矛盾は互いに打ち消し合う一組の観念によって何も表さず、秘義は何の観念も持たない言葉によって何も表さないからである。

＊1　「マルコによる福音書」、一六章、一六節。〔二二〕

60　第三の考察はこのようになる。もし聖書のある部分が知性でとらえられないならば、そこはけっして正しく翻訳できないことになる。言葉の意味でなく、言葉の音を神の啓示とみなすのでなければ。語句が示す事物が理解されなければ、語句もまたけっして理解されえない。私は名称がなくても事物を理解するであろうが、名称が表す内容を知らなければ、その名称を理解することはけっしてないであろう。自分には概念できないと公言している事柄について、それを正しく翻訳したと主張する人は、本当のところ、いったいどんな確信があってそう言うのだろうか。秘義という概念があるために、たいていの翻訳において聖書にどれほど多くの不明瞭さが持ち込まれているか想像もできない。有能な言語学者なら難解な箇所にでくわすと、即座にそれを謎とみなして、それ自体説明できないことにさらに労力を費やすのはまったく無駄であると結論する。ところが、無能な翻訳者は、自分の不手際な無意味な言葉や無知が招いた謎めいた結果をすべて全能者である神に転嫁する。このような連中は、無神論者や不信心者に、聖書に異議を唱えるためのあらゆる材料を有り余るほど供給している恥知らずである。だが、私はこれらの混乱につける薬もそのうち見つかるだろうと期待している。

61　第四の考察はこのようなものである。信仰が知性でとらえうる確信を意味しているのでなければ、自分たちが抱いている望みの根拠を他の人々に説明する――そうするようにペテロはわたしたちに命じている*1――ことができない。私たちが信じているのは神の言葉であると言っても、そのことを私たちが理性によって証明しなければ何の役にも立たないだろう。また、付け加えるまでもないが、私たちが自分の信仰を検討し理解することができないなら、どんな人間も最初に教え込まれた宗教に盲目的に従い続けねばならないことになる。シャム人の仏教僧が、自分たちの宗教の良さを理性の光によって検討することはソモノコドム〔一二二〕によって禁じられている、とキリスト教宣教師に言うと仮定してみよう。このとき、宣教師のほうも同じように、キリスト教のある問題は理性を超えていると主張するのであれば、そのキリスト教徒はいかにしてシャム人の僧を論破できるであろうか。この場合、問題は真の宗教に秘義は認められうるかどうかではなく、キリストとソモノコドムのどちらが秘義を制定する権利をより多く有するか、ということになってしまう。

*1　「ペテロの第一の手紙」三章、一五節〔一二三〕。

62　私の最後の考察はこのようになる。秘義と称せられる事柄について、使徒たちはもっと知性でとらえやすく書くことができなかったか、あるいはそうする意志がなかったか、そのいずれかである。そうする意志がなかったのであれば、私たちがそれらの事柄を理解したり信じたりしなくても、もはやそれは私たちの咎ではない[31]。彼ら自身がもっと明晰に書くことができなかったのであれば[32]、他の人々からの信頼はそれ相応のものしか期待できなかったことになる。

63 しかし、神には自らの被造物に対し、彼らが理解できないことに同意を要求する権利があると主張する者がいる。たしかに、公正かつ理にかなうことであればいかなることも――暴君的な振る舞いは悪魔にのみ似つかわしいことだから――、神は命じることができるであろう。だが、私たちに理解できないことを信じるように神が要求するのは、いったいどんな目的のためなのかお答え願いたい。私たちに不断の努力を怠らないようにさせるためである、とある者は答える。しかし、この答えは一目で馬鹿げたものとわかる。まるで、私たちが自分たちのすべての時間を、福音書にある明白な果たすべき義務と、私たちの生活に欠かせない仕事とに費やすだけでは十分ではないかのようではないか。だが、いったいどうやって私たちは不断の努力を怠らないようにするのか。私たちがこれらの秘義を最終的に理解することは可能なのか、それとも不可能なのか。可能であるならば、私が論争してきた目的はすべて達成される。なぜなら、私は、福音書は他の書物の場合と同様、費やすべき努力と専念なくして理解できる、などと主張した覚えはないからである。しかし、秘義の理解が結局不可能であるならば、概念できない事柄で人々の頭を悩ませたり、またそれを勉強するよう勧めたり命令したりすることは、分別ある人ならばけっして犯さないような愚かな馬鹿げた行為である。こんなことが人々を怠けさせないことだというのか。知性でとらえうると広く認められている事柄についてさえ、人々は十分に時間をさけないというのに。

64　また、神が秘義を信じるように命じるのは、私たちをもっと謙虚にするためであると言う者もいる。だが、どのようにしてなのか。私たちの知識が及ぶ範囲の狭さをわからせることによって、と答えられる。しかし、そんな尋常でない方法はまったく必要ない。私たちは日々経験からこのことを学んでいるからだ。それに、私は本書の第三部〔一二四〕でまるまる一章を費やして、私たちは特性すべてについて十分な観念を持たないし、またどんな実体の実在的本質についてもまったく観念を持たないことを証明している。先の問いへの答えとしては、こうすることで神は私たちの思索の手間を省き、より多くの時間を理解している事柄の実践に当てさせようとしたのである、とするほうがはるかにすぐれていたろう。だが、多くの者はあのような愚かで無益な思索のため、その喧騒と興奮によっておのれの数限りない罪をおおい隠すのである。

65　これらすべての考察と先に述べたことから明らかに導かれる結論は、信仰とは理性を超えた事柄に対する盲目的な同意とはまったく違うこと、またそのような概念は宗教の目的、人間の本性、神の善性と知恵とに真っ向から対立するということである。しかし、そうであるなら、信仰はもはや信仰ではなく知識にすぎない、と言いだす者がでるであろう。それに答えよう。知識を事物に関してそのとき即座に得た考えと解するのであれば、私はこれまで信仰は知識であるなどと主張したことは一度もないし、むしろそれと反対のことを多くの箇所で述べてきたのである。だが、知識は信じる事柄を理解することを意味するのであれば、私はまさしく信仰は知識であると断言する。私は初めからこのことを主張してきたのであり、福音においてはこの二つの言葉は互いに区別されずに用いられているのである。「この人こそまことに世の救主であることが、わかったからである[*1]」、すなわち、信じたからである。「わたしは、主イエスにあって知りかつ確信している。それ自体、汚れているものは一つもない[*2]。」「主にあっては、あなたがたの労苦がむだになることはないと、あなたがたは知っている[*3]。」

*1 「ヨハネによる福音書」、四章、四二節〔一二五〕。
*2 「ローマ人への手紙」、一四章、一四節〔一二六〕。
*3 「コリント人への第一の手紙」、一五章、五八節〔一二七〕。

66　このような信仰の概念は啓示を役に立たないものにしてしまう、と言いだす者もでるであろう。しかし、どうしてそのようなことになるのだろうか。というのは、問題となっているのは、推論によって私たちの信仰の対象すべてが発見できるか否かではないからである。それどころか、私はすでに啓示〔告示〕がなければ、どんな事実も知りえないことを証明しているのである〔一二八〕。しかし、私が力説したいことは、いったん啓示された事柄は何であろうと、他のあらゆる事物と同じように、私たちは理解しなければならない点である。啓示は私たちに情報を与えるのに役立つだけであるが、啓示の内容の明証性は私たちを確信に導くからである〔一二九〕。そうであるならば、理性のほうが啓示より価値があることになる、と反論が返ってくる。それは、ギリシア語文法のほうが『新約聖書』より上位にあると言うのとまったく同じだ、と答えよう。私たちは聖書のギリシア語を理解するのに文法を役立て、聖書の意味を把握するのに理性を役立てるからである。しかし、一言で言えば、この場合比べる必要はまったくないように思う。なぜなら、理性も啓示と同じく神に由来するからである。それは、神がこの世に生まれてくる人間一人一人のうちに授けた灯火、導き手、審判者であるからだ。

67 最後の異議は、私が説くような信仰は貧しい者や読み書きのできない人々には持ちえないというものであろう。本当にこんな反論が可能だとすれば、それはキリスト教世界のどんな神学学説をもしのぐ秘義とみなせよう。というのも、一般庶民は、簡単明瞭で自分たちの能力に適した事柄より、むしろ知性でとらえられない、理解しえない、自分たちの理性を超えた事柄を信じるなどということ以上に、奇妙で驚くべきことがありえようか。庶民はこんな反論をする連中よりもキリストのほうにもっと感謝しているし、キリストもこんな連中より庶民のほうに好意を寄せていたのである。というのも、キリストは庶民に特別なやり方で福音を説き、一方彼らも「喜んでイエスに耳を傾けていた」[*1]からである。なぜなら、たしかに、庶民には彼の教えのほうが、〔ユダヤ教の〕祭司や律法学者の秘義的な説教よりよく理解できたからである。汚染される前のキリスト教の教理は彼らの力量や理解力を超えるものではない。彼らに理解できないのは、あなたがたが神学校で教えられるあのちんぷんかんぷんである。それは彼らにとっては獣の言葉であり、またこの世の彼らの境遇にまったくそぐわないものである。教える者たち自身、それに習熟するのに通常以上の徒弟奉公をしなければならず、その後でようやく聖書の勉強を始めるというのだから。もし福音を説くよう選ばれた者たちが、こんなやり方でその資格を得る義務があったならば、初期における福音の伝播はもっと遅れてしまっていたにちがいない。そして、福音が異教やユダヤ教起源のああいう理解できない常軌を逸した用語、概念、祭儀によってこれほどひどく歪められ、ほとんど破壊されてしまった後では、現在人々の生活にあれほどわずかな影響しか及ぼしていないのは少しも不思議ではない。

*1 「マルコによる福音書」、一二章、三七節。〔一三〇〕

68　このようにして、私へのいくつかの異議に対し明瞭に答えを述べてきた。あとは、「ペテロの第一の手紙」〔一三一〕の一節を考察すれば、信仰の問題についてこれ以上付け加えることは何もない。そこには、天使たちはある事柄を見きわめたいと願っていると書かれている。だが、その事柄とは理解しえない秘義ではなく、キリストの到来と救いに関する福音のことである。それらのことは神によってユダヤ人たちに予示され、それが何を指すのか彼らは苦心して推論したが、今ではこれらのことは実現しているのであるから、私たちにはそういうことをする余地はない。ペテロは次のように述べている。「〔あなたがたは〕信仰の結果なるたましいの救を得ている。この救については、あなたがたに対する恵みのことを預言した預言者たちも、たずね求め、かつ、つぶさに調べた。彼らは、自分たちのうちにいますキリストの霊が、キリストの苦難とそれに続く栄光とを、あらかじめあかしした時、それは、いつの時、どんな場合をさしたのかを、調べたのである。そして、それらについて調べたのは、自分たちのためではなくて、あなたがたのための奉仕であることを示された。それらの事は、天からつかわされた聖霊に感じて福音をあなたがたに宣べ伝えた人々によって、今や、あなたがたに告げ知らされたのであるが、これは、御使たち〔天使たち〕も、うかがい見たいと願っている事である。*1」さて、有限な被造物である天使たちは経験、推論、啓示による以外は何事も知りえないので、彼らもユダヤ人たち同様、ごく曖昧にしか啓示されなかった、未来の重要な出来事をしきりに見きわめたがっている、こういうことには重大な秘義など何もないのである。

*1 「ペテロの第一の手紙」、一章、九節から一二節。

69(33) 他のどんな手も効を奏さないとなると、秘義に与する徒党は最後の砦として奇蹟に逃げ込む。だが、これはあまりにも脆弱な場で長期の抵抗は無理であるから、彼らをそこからすばやく、簡単かつ安全に狩り出せることは間違いない。しかし、これまでこの論争の内容提示がはっきりなされることはほとんどなかったので、最初に、奇蹟の本性について明確な概念を与え、次に、この反論に私が脅威を覚える理由があるかどうか考えていただくことにしよう。まず、奇蹟は人間のあらゆる能力を超えたある働きであり、また自然の法則が通常の作用で引き起こしえないものである。

70　さて、理性に反することは何であろうと奇蹟ではありえない。なぜなら、すでに十分証明したように、矛盾とは不可能、あるいは無の言い換えにすぎないからである。したがって、奇蹟的な働きとは、それを行う方法は尋常ではないが、それ自体は知性でとらえうる、可能な事柄でなければならない。人間が火の真ん中を無事に歩くということは、熱や炎をさえぎる物が身のまわりをおっていれば、概念しうることであり、また可能なことでもある。しかし、そのような安全が技術的にもしくは偶然によってはかられず、超自然的な力が直接働いた結果である場合、それは奇蹟である。腕のたつ医者が盲人に視覚を取り戻してやれることもたまにはある。手足の血液や体液の循環がひどく妨げられると手足は萎えてしまうはずだが、もしもこの状態の手足が通常の塗り薬も使わず時間もかけずに、誰かの命令や願いによって一瞬のうちに治癒するのであれば、その働きこそまさしく奇蹟的である。人の技術や自然の働きによるなら多くの時間と労苦を要するはずの病人が、突然健康になる場合も同じである。

71　したがって、どんな奇蹟も理性に反するものではない。なぜなら、その働きは知性でとらえられるはずだし、またそれを行うことは、自然のあらゆる原理を自在にあやつることのできる自然の造り手にはごく簡単だと思えるからである。それゆえ、矛盾が生じるあのような奇蹟はすべて偽物である。たとえば、キリストは処女マリアの体から通路を開かずに生まれたとか〔一二二〕、体から切断され、舌を切り取られた頭が数日後に話をした〔一二三〕とかのたぐいである。この種の数多くの奇蹟が、法王教徒、ユダヤ教徒、バラモン教徒、〔一三四〕マホメット教徒のあいだに、また聖職者が人々の軽信につけこんで奇蹟を売り物にしているどんな所にも見いだされるであろう。

72　次に、神は手当たり次第に奇蹟を行ってやたら与えるわけではない、という点を考察してみよう。神の知恵と尊厳にふさわしい何らかの重要な目的がなければ、自然の秩序が変更されたり、中断されたり、促進されたりはしないのである。実際、聖書と理性が私たちに教えていることは、奇蹟は特別かつ重大な目的がなければけっして行われないということである。そして、その目的は奇蹟を受ける人々によって示されているか、または奇蹟を起こす者によって意図され告げられているかのどちらかである。使徒たちは盲人、聾唖者、肢体障害者、病人を治しただけで、間違いなく絶大な尊敬をかちうることができたであろう。場所によっては神として崇拝されることもあったであろう。ルステラにいたパウロとバルナバが生まれつき足の不自由な人を特別なこともせずに治したとき起こったように。*1 しかし、これは、パウロとバルナバが偶像崇拝者たちの集まる町で、これから説こうとしている自分たちの教理に注意を向けさせるための単なる手段にすぎなかったのである。『新約聖書』に述べられているどの奇蹟も、奇蹟を起こした者たちの権威を確立するためや、福音の教理に注意を向けさせるためや、同じように賢明で道理にかなった目的に役立つものでしかない。

*1　「使徒行伝」、一四章、一一節など。〔一三五〕

73　この規則に従って、悪鬼や妖精、魔女、魔術師の世に知られた所業、また異教徒による驚異はすべて、[34]根拠のない、迷信的な作り話とみなされるべきである。なぜなら、これらにはどれも自然の中に変更を引き起こすに値する目的がまったくないと思えるからである。その上、それらは私たちが抱く神の観念と明らかに矛盾し、神の摂理をまったく覆してしまうからだ。奇蹟が悪魔による惑わしと神による啓示両方のために行われるとなれば、それによって悪魔の惑わしも神の啓示と対等の確証を受けることになろう。いやそれどころか、悪魔とその手先による驚異のほうが、その数と質において、神とそのしもべによる驚異をはるかに凌駕することになろう。イングランド各州で聞かれる話の中でもっともしっかりした証言があるものだけを信用するにしても、この断言は真となるにちがいない。いっそう軽信的な諸民族については言うまでもない。その民族が無知で未開にとどまっていればいるほど、そこではこの種の物語があふれ、エホバよりサタンにいっそう畏敬の念が持たれていることはよく知られているからである。要するに、このような見方をすれば、異教徒たちは彼らの偶像崇拝に釘付けされたままになるだろうし、どんなに忌まわしい魔女や卑しい占星術師でも預言者や使徒と対等になってしまうだろう。だが、たかが作り話を論破するのに、時間をかけて十分な論議を尽くす必要があるだろうか。というのも、いかなる人であろうと、これら偽りの驚異の中から、歴史的に明白な事実だというあらゆる真の特徴を備えた例を一つでも挙げられるとは思えないからである。その上、神の奇蹟だけでなく、どんな奇蹟も信じてよいと保証されるなら、私は福音書と同様、『コーラン』の正当性さえあえて証明できるとお約束しよう。[35]

74　以上のことから、秘密裡に行われた奇蹟、あるいはそれを信じることがおのれの利得や利益につながる集団のあいだでのみ行われた奇蹟は、すべて偽造の偽物として捨てられるべきであることは言うまでもない。なぜなら、そのようなものは蓋然的確実性の審査にも耐えることができず、また奇蹟本来の目的、すなわち不信仰者を信仰に導くためという目的にも反するからである。ところが、法王教徒の場合、彼らの奇蹟の証人となるのは彼らだけでなければならず、奇蹟で改宗させようとしている異端者〔一三六〕は証人となれない。また、同様に馬鹿げているのは、一つの奇蹟を立証するのに別の奇蹟を持ちだす彼らの常套手段である。たとえば、実体変化〔一三七〕の奇蹟の立証のために、彼らの聖人伝説に書かれているような〔一三八〕、その他無数の驚異が持ちだされるのである(36)。

75　以上を総合すると、理性に反することはすべて——働きの面から見ようと、目的の面から見ようと——奇蹟的ではないという結論になる。しかし、どんな急場もしのげる古き良き区別がある。すなわち、奇蹟は理性に反してはいないが、それでもたしかに理性を超えている、と言われるわけだ。だが、どのような意味で超えているのか。理性を超えているのは、事柄なのか、それともその様態なのか、に答えていただきたい。後者だと答えるなら、そのような異議を唱える人は、奇蹟という言葉で私が、何かの自然に関する実験とか、ただめったに起こらないので驚かされるような現象とかを意味していると、勘違いしているのだと思う。ある奇蹟がどのようにしてなされたのかを言えるならば、自分で同じことができると思う。しかし、あれやこれやの仕方でなされたと言えるような事柄は、もはや奇蹟ではないのである。それゆえ、そのような働きが現実になされたことが証明され、また抽出、軟化、混合、注入、硬化などを瞬時に行い、しかもおそらく何千もの作用を同時に働かせて自然を支配できるある存在には、そのような働きが可能であることが証明されれば十分である。というのも、奇蹟は自然の法則に従って生みだされるからである。とはいえ、奇蹟は通常の自然の働きを超えており、それゆえ、超自然的に支援されているのである。

76　だが、最後に、私は本書冒頭の「問題の提起」において〔一三九〕、事柄だけでなく、その様態も説明しうると主張したではないか、と言われるかもしれない。しかし、その主張は何に関してだったのか。奇蹟に関してであったのか。そうではない(37)。確証のために奇蹟が行われる教理に関して述べられたことである。この主張は今でも変わらないし、それを明瞭に証明もしてきたと付け加えたいと思う。だが、奇蹟に関しても同じことを要求すれば、それは奇蹟でなくなってしまうであろうから、先の異議は不適切なものだとわかる。もっとも、困りきった人がすることは一般に容赦されるものではあるが(38)。

第五章(39)　秘義がキリスト教に持ち込まれたのは、いつ、なぜ、誰によってなのか

77　「律法の終わりは義であり」*1、**イエス・キリスト**は「律法を廃するためではなく、成就するためにきたのである。*2」彼はもっとも純粋な徳を十全かつ明晰に説き、あのような理性的な崇拝を教え、天国と天上の事柄についてあのような正しい考えを教えたからである。それらのことは、律法の遵守においては、これほど明瞭に表明され意図されてはいなかったからである。キリストはそれまで真理を難解なものにしていた、あのような外面的な予型や儀式をすべて取り除いて、理解力のもっとも乏しい者にも真理を平易で明らかなものとなるようにしたのである。彼の弟子と信奉者たちはかなりのあいだこの単純さを守り続けたが、〔一四〇〕さまざまな悪弊が早くも彼らのあいだで芽ばえ始めたのである。改宗したユダヤ人たちはレビ族による祭式と祭礼に強い執着を持ち続けたので、それらを保持しながら、同時にキリスト教徒であろうとした。〔一四一〕こうして、初めは心弱い兄弟たちにだけ黙認されてきたことが、後に使徒伝来の慣行や伝統を口実に、キリスト教自体の一部となったのである。

＊1　「ローマ人への手紙」、一〇章、〔一四二〕四節。
＊2　「マタイによる福音書」、五章、〔一四三〕一七節。

78　しかし、これは異邦人が宗教に及ぼした害悪に比べれば何ほどのものでもない。改宗した異邦人〔二四四〕の数はユダヤ人よりはるかに多かったので、彼らがもたらした悪弊の影響はもっと危険で、より広範囲に及んだからである。彼らはこれまでずっと無数の神々への壮麗な礼拝と隠された秘儀に慣れ親しんでいたので、福音の飾り気のない装いと、驚くほど平易な福音の教理とに少なからず躓いてしまった。一方、キリスト教徒も異邦人にとって障害となるものはすべて取り除こうと配慮した。異邦人を自分たちの側に獲得するもっとも有効な方法は彼らとの妥協にあると考えた。しかし、そのやり方は適切とは認めがたい迎合にまで陥り、ついにキリスト教徒自身も同様に秘儀を定めることになったのである。だが、洗礼と聖餐〔二四五〕以外は、福音には先例となる儀式がまったくなかったので、彼らはこれらに異教徒の秘教的祭式を付け加えて、異国風に偽装し変形したのである。その祭式をまったく秘密裡に執り行い、なんとしても自分たちの対抗者に負けないようにと、祭式には前もって手ほどきを受けた者あるいは入信式を授けられた者以外は誰も立会いを許さなかった。そして、洗礼志願者の熱烈な参加意欲をかき立てるために、このように巧みに隠されているものは恐るべき言い表しがたい秘義であると公表したのである。

79　このようにして、真理のもっとも高貴な飾りである簡素さゆえに、真理が不信心者たちの軽蔑にさらされることがないようにと、キリスト教がケレス〔二四六〕の秘儀やディオニュソスの大秘儀と同レベルに置かれてしまったのである。なんと愚かしく、誤った配慮であろうか。もっとも不敬虔な迷信でさえキリストの名によって神聖なものとできるかのようである。だが、宗教における改宗のための打算的かつ妥協的な事情がもたらす結果はつねにそのようなものであり、そこで主に意図されるのは信仰を告白する者の数であって、その真摯さではないのである。

80　哲学者たちがキリスト教徒になるほうが得になると考え始めると、事態は日増しに悪くなっていった。彼らは自分たちの学派の雰囲気、精神、時にはその服装といったものだけでなく、その誤った見解さえもほとんど手放さなかったからである。そして、自分たちの哲学をキリスト教弁護のために用いると称していたが、両者を一緒に混ぜ合わせてしまったので、以前は誰にでもわかったことが、学者にしかわからないものとなり、さらに学者たちの係争好きな論争や空虚な細かい区別立てのために、さらにいっそう不分明なものとなったのである。私たちが忘れてならないのは、哲学者たちはかつて異教徒のあいだでそうであったように、キリスト教徒のあいだでもひとかどの人物になりたいと思っていたことである。しかし、彼らがこれを達成するには、専門用語を使うとかその他のやり方を駆使して何もかも難解にし、そうやって自分たちだけが唯一の解釈の大家だとするほかなかったのである。

81〔二四七〕　こういう悪弊がほとんど手のつけようがないものとなったのは、国家の最高権力がキリスト教を公認したときである。このとき大勢の人々が自分も〔ローマ〕皇帝と同じ信仰を抱いていると公言したが、それは単に、皇帝に媚びて立身出世をはかったり、あるいはすでに獲得している高い地位や役職を守るためでしかなかった。これらの人々は心の中では依然として多神教徒であり続けたのである。そして、彼らが純然たる政治的配慮から信奉した宗教に、昔からの自分たちの偏見をすべて持ち込んだということは容易に想像できよう。そのようなことは、良心が納得するのではなく強制されたときにはいつでも起こることで、公認の後しばらくあの異教徒たちに起こったのである。

82　熱狂的な皇帝たちは荘厳な教会を建立し、さらに異教の神殿、聖所、礼拝所、礼拝堂に罪の清めをほどこした後で、キリストへの信仰告白を保証する十字架を据えつけ、そこをキリスト教徒の使用に供した。また、そこへの寄付金はすべて、祭司、神官、卜占官、神事を司る一族全体に与えられていた聖職禄〔二四八〕とともに、キリスト教聖職者に充当された。いや、彼らの式服さえ、たとえばリンネルの白いストラ、ミトラ、〔二四九〕その他が温存された。それはキリスト教の簡素さと清貧に甘んじることができない人々に、これまでとの違いを感じさせないようにするためである、と称されたのである。しかし実は、その本当の目的は聖職者の富、虚飾、威厳を導入することにあり、それはただちに成功したのである。

83　事態はこのように推移して、洗礼と聖餐の祭式は著しく増やされたので、論を進める前に、古代の異教徒の秘儀と新たに偽造されたキリスト教徒の秘儀とを簡単に比較しておくのも場違いではないだろう。私がこのようなことを試みるのも、秘儀を受ける対象がどれほど異なっていようと、両者の秘儀は実際は一つであったことを明らかにするためである。

84　第一に、異教徒とキリスト教徒の用語は寸分違わずまったく同一であった。両者は共に入信させる、*1成就する*2という言葉を用い、**秘儀**をミュエセイス、テレイオセイス、テレイオティカ、エポプテイアイなどと呼び、入信式を一種の聖化*3とみなした。異教徒もキリスト教徒も彼らの祭司を秘義伝授者、ミュステス、ヒエロテレステスなどと命名していたのである。

*1　ミュエイスタイ
*2　テレイスタイ
*3　テオシス

85　第二に、入信式に臨む準備も同一である。異邦人は数回の沐浴*1と祓い清め*2を行い、入信式前は断食をして、*3女性との交わりを絶った。*4だが、賢人たちはこのような行為で罪を償ったり、*5天をなだめられると考える人々を嘲笑していたのである。ところが、教父たち、あの賞賛されてきた教父たちは、これらすべてにおいて異邦人を模倣したのである。これこそが、ある種の肉の禁止、例年のあなたがたの断食のまねごと、〔一五〇〕聖職者の独身の起源だったのである。

*1 「大祭司ノ適当ダト申サレル時刻ガキタノデ、私ハ信徒仲間ニ連レ添ワレテ、スグ近クノ洗礼場ニ案内サレマシタ。アノ方ハ先ズ私ニイツモノ通リ水浴サセテカラ、御自身デ女神ニオ祈リヲアゲ、私ノ体ニ水ヲ灌イデ、浄メラレマシタ。」アプレイウス〔一五二〕〔『黄金のろば』、第一一巻、岩波文庫下巻、一六一頁、呉茂一・国原吉之助訳〕。「三度、頭ニ灌水シ、三度、天ニ手ヲ伸バス。」オウィディウス〔一五二〕〔『行事暦』、第四巻、三一五行〕。

*2 カタルモイ

*3 「私ハ断食ヲシテ、ソレヲグイット飲ミマシタ。」アルノビウス〔一五三〕〔『異教の民に』〕、第五巻、〔第二六節〕。

*4 「祭壇カラ離レヨ。ナンジニハ、昨夜ウェヌスガ快楽ヲ運ンデキタデハナイカ。」ティブルス〔一五四〕〔『詩集』、第二巻、第一篇、一一―一二行〕。

*5 「アア、ナント甘イ奴ダ。忌マワシイ血ノ罪ガ川ノ水デ消サレルト思ウトハ。」オウィディウス〔『行事暦』、第二巻、四五―四六行〕。

86　第三に、キリスト教徒は異教徒がしたように、自分たちの秘儀を秘密にしたのである。クリュソストモスは、〔一五五〕「私たちは秘儀を執り行うときは、扉を閉め、入信式を授けられていない者を締め出す*1」と言っている。カイサリアのバシレイオスは、〔一五六〕「秘儀の価値は沈黙によってのみ守られる*2」と断言している。また、シュネシオスは、〔一五七〕「異邦人の秘儀は夜間に執り行われた。秘儀への崇敬は人々がそれについて知らないことで生じるからである*3」と言っている。しかし、親愛なるシュネシオスよ、あなたが自分の派に認めることを、他の人々が行ったからといって、どうして非難するのか。それとも、キリスト教徒には異邦人より秘儀を持つ権利がいっそうある、とでも言うのであろうか。

＊1　クリュソストモス『マタイ福音書講話』、〔二三―二四〕。
＊2　バシレイオス〔『聖霊論』、第二七章、六六節〕。
＊3　シュネシオス『摂理について』、〔第二巻、五節〕。

87　第四に、教父たちは不信仰者や洗礼志願者の前では、自分たちの秘義についてはっきりとわからないように話すよう極力注意を払った。そのため、彼らの著作には、「入信式を授けられた者は知っている」とか「入信式を授けられた者には私の言うことがわかる」というような、このたぐいの表現がよく出てくるのである。そして、異教徒たちが声をはりあげて秘儀から聖ならざる者を全員追い払ったように、初期の教会における助祭〔二五八〕は洗礼、特に聖餐の前には、「あなたがた洗礼志願者は全員出て行きなさい」、「入信式を授けられていない者は全員立ち去りなさい」など、こういう趣旨のことを大声で触れ回ったのである[40]。

88　第五に、異教とキリスト教の両方において、入信における過程と段階は同一である。異教徒のあいだでは、成就までに必要な五つの段階[＊1]があった。第一は一般的な浄罪、第二はより個人的な浄罪、第三は入信者たちと同席する許可、第四は入信式、最後はすべてを見る権利、すなわちエポプトとなる権利である。キリスト教徒のあいだにも同様に、悔い改めた者〔一五九〕が再び信徒と認められるには五つの過程があった。第一は、何年かのあいだ集会から離れて自分の犯した罪を嘆き悲しまなければならず、この過程はプロクラウシスと呼ばれた。第二は、みなにもっと近い場所に移され、そこの場所で三年間司祭の姿は見れないがその話を聞くことになる。したがって、この過程はアクロアシスと呼ばれた。第三は、その後さらに三年間、集会を見たり聞いたりできるようになるが、その中には入れてもらえない。この期間はヒュポプトシスと呼ばれた。第四は、みなとともにいられるが、サクラメント〔一六〇〕を受けることはできない。この過程は彼らのシスタシスである。そして、第五で、信徒として認められる。この過程がメテクシスと呼ばれた。同じく新改宗者も秘義にあずかるための準備期間中は洗礼志願者と呼ばれ、次は適格者、最後はエポプト、成就者あるいは信者と呼ばれた。これらはその名称においても特徴においても、ピュタゴラス〔一六一〕が弟子たちに課した段階そのものである。

*1 「マズ聖所デ公開ノ浄罪ヲ行イ、次ニヨリ内密ナ浄罪ヲ付ケ加エ、ソノアト集マリガ行ワレ〔一六二〕、サラニ入信式トナリ、最後ニ秘義ニアズカルノデアル。」オリュンピオドロス〔アレクサンドリアの〕、〔『プラトンの〈パイドン〉注解』〕。

89 この比較をさらにもっと続けていくこともできようが、キリスト教がどのようにして秘義的になったのか、そしてかくも神聖な制度が聖職者と哲学者の術策と野心のためにどのようにして単なる異教にまで堕落したのかを示すにはこれで十分である。

90　秘儀はキリスト誕生後百年つまり一世紀のあいだはほとんど行われなかったが、紀元後二、三世紀にはさまざまな儀式によって確立され始めた。洗礼〔一六三〕に牛乳と蜂蜜の味見、[41]十字のしるし〔一六四〕、白い装束などが付け加えられたのはこの頃であった。そのすぐあとに、問答、洗礼前の断食と徹夜の祈り、塗油[42]、接吻が追加され、執り行われる時期〔一六五〕が定められた[43]。次に、洗礼を受ける者の口に塩とぶどう酒を注ぐこと、按手とともに第二回目の塗油をすることが加わった。しかし、その後も灯明、悪魔祓い〔一六六〕、悪魔絶縁〔一六七〕、その他数多く[44]の異教起源の途方もないことが際限なく加えられたのである。この起源に由来するものは、前兆、予知、亡霊への信心[45]、その他キリスト教徒のあいだに流布している民衆的しきたりにとどまらず[46]、聖像[47]、祭壇、音楽、教会堂奉献、そして教会での（彼らが言うところの）平信徒と聖職者の区別された座席にまで及ぶのである。というのは、このようなものは使徒たちの書物にはまったく存在せず、すべてが異邦人の書物に含まれるものであることはまったく明白であり、これらが彼らの敬神の本体であったからである。

91　詳細に述べればあきてしまうような聖餐のあらゆる祭式も同じようなやり方で徐々に導入されたのである。このように、もっとも明白な事柄を神秘的に見えるよう配慮することで、明白な事柄の本性と用途自体は完全に歪められ破壊され、キリスト教世界におけるきわめて純粋な諸宗教改革〔二六八〕によってもいまだ十全に復興されていないのである[48]。

92　さて、初期の聖職者たちが秘儀を復活させた動機は、彼ら自身の利益にあったので、彼らはその助けを借りてたちまち自分たちを独立した政治的団体へと組織化していった。もっとも、さまざまな聖職位と身分はそれほど早急に確立されたわけではない。というのは、初めの二世紀間は、副助祭〔二六九〕、読師〔二七〇〕などは見当たらないし、まして、教皇、枢機卿、総大司教、首都大司教、大司教、首座大司教〔二七一〕、属司教〔二七二〕、副司教、教会参事会会長〔二七三〕、教会参事会尚書〔二七四〕、〔各種〕代理などの呼称や位階、そして彼らの従者や随行員などは見当たらないからである。しかし、まもなく、秘儀は主のぶどう園で働く者〔二七五〕という口実のもとで、こういう連中に、また人類に対する他のいくつもの横領行為に道を開いたのである。

93　この新たな身分の威光を高めるために、儀式と規律に関する命令や教令が出され、奇妙なことに、それらは無知な人々の心を冒し麻痺させて[49]、彼らは本当に神と人間とのあいだに立つ仲介者であり、ある時間、場所、人物、行為に神聖さを与えることができるのだと信じ込ませたのである[50]。この手段を用いて、聖職者はどんなことでもできた。ついには、聖書解釈の独占的な権利を奪い取り、それとともにおのれの団体の無謬性を主張したのである。

94　以上がキリスト教の秘義の真の起源と発展経過である。その確立において、儀式がいかに大きな役割を担ってきたかがわかるであろう。儀式は必ず人々の心を宗教の本体から引き離し、危険な誤りへ先導していく。というのは、儀式を守ることは簡単なことであるから、それをきちんと行うだけで自分は十分信心深いと誰でも考えるからである。しかし、本性上儀式とキリスト教ほど対立するものはない。後者は宗教そのものをすべての人々に露わにして見せるのに対して、前者は宗教を勝手な意味を付与したにすぎない神秘的表象でおおって差しだすからである。

95　だから、儀式は説明する代わりに混乱させることは明らかだ。だが、儀式は物事をわかりやすくすると思うなら、儀式を一番多く備えている宗教が最善のものということになろう。一般に、儀式はどれも何らかの事柄を表象しているし、また表象させることができるからである。福音の光を示すものとして受洗者が手にする蠟燭は、キリストを主であり救い主と認める証しに十字をきることと同様、十分立派な儀式である。ぶどう酒、牛乳、蜂蜜は精神の糧、支え、喜びを表し、同じく福音のために人が起立するのは、それを聞いたり告白したりする用意があることを表すわけである。

96　要するに、このような愚かしい行為のうちに宗教を位置づけることは狂信の極みである。また、これらの詐欺的策略によって、その当事者が利益を得るのは別にして、福音を無益化することは卑劣きわまりないことである。だが、儀式の問題については、いずれじっくり検討するよい機会もあるだろう。ここで儀式に関して言及したことは、儀式は異邦人の秘義を形成していたのであり、それが後にキリスト教徒の秘義を制定するため採り入れられたということに尽きる。しかしながら、キリスト教徒の数が膨大となり[51]、あらゆる祭式を秘密にしておくことはほとんど不可能となった。そこで、秘義を存続させるために、秘義自体が知性でまったくとらえられないもの[52]に意図的に変えられてしまったのである。この点では、我らの自称キリスト教徒のほうが異教徒のあらゆる秘義を凌駕したのである。というのは、異教徒の秘義の栄光は〔秘儀が〕人に見られたり、入信者がうっかりしゃべったりすれば、打ち砕かれてしまうであろうが、新たな秘義は、あらゆる感覚と理性の届かぬところに安全に保存されたからである[53]。

結論

以上のように、私は自分自身が十分に確信していることを他の人にも示そうと努めてきた。それは、**キリスト教**には、すなわちもっとも完全な宗教には**秘義**は存在しない、したがって、福音のうちに矛盾することや概念しえないことは――たとえ信仰箇条にされようとも――含まれるはずがない、ということである。福音が本当に神の言葉であると仮定すれば、である。もっぱらこの仮定に立って私はこれまで論じてきているし、そうする理由も序文の終わりあたりで述べてある。〔二〕したがって[54]、私の次の仕事は（神の御心にかなうならば）、『新約聖書』の教理は明快かつ可能な、まったく神にふさわしいものであり、また人間に最大の利益となるようはかられている、と証明することである。これほど有益な私の試みをありがたいと思わない者もいるだろうし、それはありうることだが、また私がこれまで述べてきたことのために、私を根っからの異端者とみなす者もいるであろう。しかし、私の行動規準は義務であって、誰からの賞賛でもないから、誓って言うが、私はパウロ同様、この異端者*1という安売りされる滑稽なあだ名を気にかけたりしない。なぜなら、私は**真理**のほかにいかなる**正統**も認めないからであり、そして**真理**がある所には、どこであろうと必ず**教会**

もあるはずだ――それは神の教会のことで、人間の党派や組織の教会のことではない――と確信しているからである。それに、今日では異端という非難は、エイレナイオス〔二〕やエピファニオス〔三〕の時代と同じく、無知、激情、悪意のために、きわめて取るに足りない場合でさえやたらと連発されるので、汚名というよりむしろ考えられる限りの最大の名誉だということがよくある。

＊1　「使徒行伝」、二四章、一四節〔四〕。

善良な人の中にも次のように言いたくなる者もいるだろう。たとえあなたの見解がいかに真実であろうと、それが多くの害悪を引き起こすこともありうる、なぜなら、人々は自分たちが宗教のある部分においてだまされていたとわかると、ただちにその全体を疑うようになるからである、と。だが、この躓きの石は明らかに自ら招いたのであって、私が与えたのではない。悪意のある人々が私の見解を悪用するとしても、私の目的はやはり正しいものである。そういう人々は学問でも、理性でも、聖書でも、この上なくすぐれたものを悪用することがよくあるのだ。だが、宗教に不当に負わされた矛盾と秘義こそが、あれほど多くの人を理神論者〔五〕や無神論者にする原因であることは誰が見ても明らかである。同じく考えなければならないのは、真理を知らなかった者が突然の真理の輝きによって目がくらむことがあっても、その数は、真理の光で明晰に見えるようになった者たちの数とは比較にならないことだ。宗教改革において聖職者の術策《プリーストクラフト》が明らかにされたとき、自由思想家〔六〕や無神論者になった人間が数人でたからといって、その責任をルター、カルヴァン、ツヴィングリが負うべきであっただろうか。あるいは、こういうわずかばかりの偏見に満ちた懐疑論者と、彼らがローマ教会の迷信から改宗させたあの何千もの人々とでは、彼らはどちらに重きを置くべきであろうか。それゆえ、いかなる口実を持ちだされようと、誤謬は容赦なく攻撃すべきであると私は考える。そして、私に能力や機会がある限り、誤謬をあるがままに暴露し、心弱く控えめに言ったり和らげて言ったりして、自分の仕事を無駄にしたりはしないつもりである。

論考了

異文

表題

（1） 表題の下に「ジョン・トーランド著、増補第二版」と明記され、最下段に「フリート街、聖ダンスタンス教会向かい、ドルフィン堂、サミュエル・バクリ発行、一六九六年」と記されている。

序文

（2） この段落の冒頭からここまで、すなわち「第一部すなわち理性に関する予備的考察のいくつかの段落は、……私はその他のどこにおいても、とてもわかりやすく語るように努めてきたので」は、第二版では「第一部すなわち理性に関する予備的考察のいくつかの段落は、第一版では、一般読者に少々わかりにくいかもしれないと思ったが、今回はそれらももっと理解しやすくなっている。また、その時に私は、そのような段落が書き入れられたのは、論争を終わらせるよりむしろ長引かせ紛糾させることに専念する、ある種の人々からの予測される議論を封じるためであるから、正しく推論する者にとってそれらの段落の理解は重要でないとはっきり言ったのであるが、今回はそのような段落をもっと明瞭に述べて欲しいと望んでいる人々の要望に快く従わざるをえなかった。もっとも、私としては、言葉を少々足すだけのことであり、それもつねにできる限り控えるつもりである。私はその他のどこにおいても同じように、とてもわかりやすく語るように努めてきたので」となっている。

（3） 第二版では、この後に以下の三段落が付け加えられている。すなわち、「一部の人の悪意や誤解に答えて、私はもう一言二言付け加えねばならない。彼らは、私が聖職者全体の、（彼らが言うには）したがって宗教全体の公然たる敵であると、なんとしても言うつもりなのだ。私が聖職者のことを、概念しえないあるいは秘義的な教理の唯一の考案者としたからであり、そんな教理は彼ら自身には利益をもたらすが、平信徒には不利益をもたらすと主張するからである。実際、自分たちは真の宗教へのどんな侮辱も簡単に見過ごしておきながら、キリスト教への付加物と認められるもの――そういうものの制定にどのような利便性や必要性があると説かれていようとも――に対してほんの少しでも嫌悪を示す者がいれば、たちまち邪悪な異端者、我慢ならない無神論者扱いしたがる連中がいるものである。そういう連中が宗教の秘義的部分をもって宗教と解しているならば、そんな宗教を私が少しも支持していないと証明するのはけっしてむずかしくないだろうし、私としてもそんな宗教の教授連に弁明する気などまったくない。

聖職者たちがキリスト教の秘義の作り手で導入者であると私が告発するから、彼らは私の敵となるにちがいない。真実を言うから、彼らは腹を立てているのだ。というのも、世俗と教会両方の歴史のどの頁を見ても、これ以上明らかなことはないからである。初めに聖職者が承認するよう説いたことを法的認可によって承認する以外に、世俗人がこのような件にかかわったことはいまだかつてなかった。聖職者がまず破門を宣告し、異端を断罪した後で、世俗人が彼らの求めに応じて、破門者を投獄し、誤った考えの持ち主を追及することが今でも時々あるのと同じである。さて、このような所業に聖職者全員が同意しているわけではないから、それに与する聖職者について敵対的なことを書いたからといって彼ら全員がその書き手に腹を立てる理由はないと思う。ある暴君の悪行を書いた歴史家を、良き王が、暴君も同じく王であったからという理由だけで処罰を主張することなどありえないように。

それゆえ、宗教を単なる商売に貶め、平信徒の良心を欺いて不正な権威を築くような堕落したあらゆる聖職者に対しては、私は断固たる敵である。善良で賢明なる人はみなすでにそうであってほしい、またそうなってほしいと思う。だが、純粋で正真正銘の宗教には私はいつでも心からの友であり続けるように、そのような宗教の誠実な指導者にはこの上ない尊敬の念を抱き続ける者である。そのような聖職者ほど人々に有益となるものはないし、また彼らがいなければ、この現世においてどんな幸福な社会も、立派に打ち立てられた統治もありえないであろう。彼らが来世と有している関係についても、またその職務の全般的な汚染に抵抗し続けていることで倍加する彼らの価値についても、いまさら言う必要もないことである。誠実な人々については、私は何の不安も抱いていない。それに、あの狡猾な一団が腹を立てることで自分たちの利害を露わにしてみせるなら、その腹立ちは彼らを識別する目印として十分役立つことはあっても、私の不当な扱いのせいにされることはないだろう」である。

目次

(4) 第一版の第三部、第四章、第五章は、第二版では第四章、第五章、第六章に分けられている。すなわち、以下のようである。

(第一版)

第四章　聖書のある章句、信仰の本性、奇蹟から引き出される異議に答える

第五章　秘義がキリスト教に持ち込まれたのは、いつ、なぜ、誰によってなのか

(第二版)

第四章　聖書のある章句と信仰の本性から引き出される異議に答える

第五章　奇蹟の考察から引き出される異議に答える

第六章　秘義がキリスト教に持ち込まれたのは、いつ、なぜ、誰によってなのか

(5)「第一の点」は、第二版では「第一の点すなわち理性」となっている。

(6)「ある一定の特有な仕方で働いている魂こそが理性であるからだ」は、第二版では「魂それ自体ではなく、ある一定の特有な仕方で働いている魂こそが理性であるからだ」となっている。

(7)「秩序と関係」は、第二版では「秩序や関係や関連」となっている。

(8)「あるいは知る、疑う、肯定する、否定するなどのように、魂がこうして外部から得たものについて自ら行う作用を魂が考察するにせよ」は、第二版では「あるいはこうして外部から得たものについて魂が単に意識するだけの、それ以上の考察に至らない単純な作用――たとえば知る、肯定する、否定する――による観念であるにせよ」となっている。

(9)「心はその刻印を宿すのを拒むことはできず、またその刻印への自らの働きを意識せざるをえないので、こうして心は知覚する、意志する、否定する、判断を保留するなどの作用を形成するのである」は、第二版では「その時、心はその刻印を宿すのを拒むことができない。そして心は自らがこの対象に関して行う思考や作用を意識せずにいることはほとんどできないのだと私たちは気づく。こうして、私の目が今のように正常であいていれば、私の前にあるあの絵について観念を抱くだけでなく、自分がそれを見ている、考えている、気に入っている、自分のものであればよいのにと思っていることも同様に知り、知覚し、肯定している。このようにして、知る、知覚する、肯定する、否定する、考える、意志する、望むという観念、そしてその他のあらゆる心の作用――このようにそれに先立つ感覚的な対象の刻印によって引き起こされる――の観念を私は形成する、あるいはむしろ最初このようにして形成したのである。

5　私がここでとてもよく用い、また以下の論議でさらに頻繁に用いる観念[訳注]という言葉で私が解することは、心が考えるとき心が直接対象とするもの、またはどんなものに関しても心が必要とする想念である。木の観念のように、その想念がある物体についての心象や表象であろうと、あるいは冷たさや熱さ、匂いや味の観念のように、その想念がある物体によって引き起こされた感覚であろうと、あるいは最後に、神や被造物の霊、議論すること、保留、考えること一般などの観念のように、その想念がまったく知性的または抽象的な想念であろうとである」となっている。このように第二版、第一章には第5段落が追加されているので、第二章は第6段落から始まっており、以後順に第一版の段落番号より一つ多い番号となり、第一部の最後は第18段落となっている。第一版の最後は第17段落である。

〔訳注〕トーランドはロックにならって「観念」の意味を提示している。ロック『人間知性論』、第一巻、第一章、第八節「観念の表すもの」を参照せよ。そこでロックは観念という言葉を「人間が考えるとき知性の対象であるもの」、あるいは「思考にさいして心がたずさわることのできるいっさい」を表すと説明している。

(10) 「ところで知性という大きな貯蔵庫にこうして蓄えられたこれらの単純で明確な観念は、私たちが行うあらゆる推論の唯一の素材であり基盤である」は、第二版では「ところで知性という大きな貯蔵庫にこうして蓄えられたこれらの単純で明確な観念は、先に述べたように、私たちが厳密に理性と呼ぶものではないが、それらは私たちが行うあらゆる推論の唯一の素材であり基盤である」となっている。

(11) 「個々の事例を観察して得られた二、三の抽象的命題だけにとどまらないことは明らかである」は、第二版では「全体はどの部分よりも大きい、特性をまったく持たないものはありえないのように、個々の事例を観察して得られた（すべての公理がそうやって得られるように）二、三の抽象的命題だけにとどまらないことは明らかである」となっている。

(12) 「上に述べた特性においては空気も木や石と一致するとわかるのである。知識を得るこのような方法こそ、本来理性〔または推理〕もしくは論証と呼ばれるもので」は、第二版では「上に述べた特性においては空気も木や石と一致するとわかるのである。この場合固体性と延長は先のひもに相当し、それによって空気と物体は等しい、または空気は物体であると私は知る。なぜなら固体性と延長は、空気と物体両方に適合するからである。まったく想像しえない物質の粒子を分割できると私たちが証明するのは、あらゆる物体が分割できると示すことによる。なぜなら物質のどの粒子も同じく物体であるからだ。そして同じやり方に従って、生命ある物体の分割可能性から、あらゆる生命体の可死性が推論される。知識を得るこのような方法こそ、本来理性〔または推理〕もしくは論証と呼ばれるもので」となっている。

(13)「だが理性のこのような特性のほかに、私たちは理性において、情報を得る手段と確信の基盤とをやはり細心の注意を払って区別しておかなければならない。この簡単な区別を見過ごしたために、人々は数限りない誤謬に陥ってしまったからである。これについても、今まで同様示すことにしよう」は、第二版では「私たちは居住者がいるという観念と月という観念とを持っているが、どんなにありそうなことに思えても、この天体に居住者がいると確実に結論を下せるような、この二つの観念の必然的な結合を示す中間観念を何も持たない。さて、蓋然性は知識ではないのだから、私はあらゆる臆説を自分の哲学から排除する。そんなものをどれほどたくさん認めたところで、私の知識は少しも増えないからである。というのも、自分が持つ諸観念のあいだに明証的な結合が見られないならば、ひょっとすると問題の誤った側面を正しいと勘違いするかもしれず、そうなればその事柄について何も知らないに等しいからだ。私は知識に到達したときはそれに伴うあらゆる満足を享受するが、蓋然性しか得られない場合はそこで判断を保留するか、あるいは骨を折る価値があるなら確実性を探究するかである」となっている。

(14) 第**9**段落の冒頭(異文(9)の最後で述べたように、第二版では第**10**段落)には、第二版では「だが理性のこのような特性のほかに、私たちは理性において、情報を得る手段と確信の基盤とをやはり細心の注意を払って区別しておかなければならない。この簡単な区別を見過ごしたために、人々は数限りない誤謬に陥ってしまったからである。これについても、今まで同様示すことにしよう」が挿入されている。

(15) 第二版では、この後に「事実に関する何らかの事柄において、これらの規準がすべて満たされるとき、私はそれを論証とみなす。それは適切な証拠に基づく反論しえない明証にほかならないからだ。しかし、これらの条件のどれかが欠けたときは、その事柄は不確実であるか、よくても蓋然的でしかないかであり、どちらにしても私にとって大差はない」が付け加えられている。

(16) 第16段落(第二版では第17段落)冒頭には、第二版では「人々が自分の同意を早める場合、その理由が真理の追究には自分が考えている以上の困難が伴うとわかったとか、自分が何か一つでも知らないことがあるように思われたくないとかであるならば、これは当人の過失である」が挿入されている。

(17) 第二版では、この後に「だが、疑わしい、あるいは曖昧な命題に対して私たちが同意を保留することができないならば、私たちのあらゆる誤謬の真の原因は全能なる善性にあることになる(そんなことはありえないが)のも真である」が付け加えられている。

第二部 福音の教理は理性に反するものではない

(18) 「またキリストの教理は理解しえないものだというなら、あるいは私たちには啓示されたメチャクチャなことを信じる義務があるというなら、いったいどんな役に立つというのだろうか」は、第二版では「またキリストの教理が理解しえない、矛盾するものだというなら、あるいは私たちには啓示されたメチャクチャなことを信じる義務があるというなら、いったいどんな役に立つというのだろうか。さて、このような奇蹟が真実であるならば、その結果キリスト教は知性でとらえうるものでなければならず、虚偽であるならば(私たちの反対者は認めようとしないであろうが)、奇蹟は私たちに反対する論拠にはなりえないのである」となっている。

(19) 第二版では、この後に「とはいえ、この問題が証明されるときは、誰もが自分が教わったり、自分自身で選んだりした特定の方法への正当化を見いだせる、などと私は請け合うつもりはない。私の仕事はある教派を弁護することではなく、真理を発見することである」が付け加えられている。

(20) 第二版では、この後に「だが、さしあたり言っておくべきことは、矛盾と思えるものにしろ本当の矛盾にしろ何らかの矛盾が聖書にあると認めれば、このような言葉は一語たりとも真実ではなくなるということである。秘義についても、同じことが言えるであろう。だが、そのことはまもなく私たちが論じることである」が付け加えられている。

第三部　福音には秘義的なもの、または理性を超えるものは存在しない

(21) 「真剣に誓わされた」は、第二版では「命にかけて真剣に誓わされた」となっている。

(22) 「ディオニュソスの大秘儀では」は、第二版では「ケレスの秘儀やディオニュソスの大秘儀では」となっている。

(23) 第二版では、この後に「宗教における秘義をいわゆる自然の神秘から論証することはほとんどなしえないということ、また前者を後者によって弁護しようとする連中は他人に強要する意図があるか、あるいは彼ら自身十分この問題を検討したことが一度もないかであることは、今やきわめて明らかになったことと思う」が付け加えられている。

(24) 第一版の原文ではこの段落は前の段落番号と重複して「32」となっている。すなわち、「32」、「32」、「33」と番号付けされている。本翻訳では二番目の「32」段落を区別するために「32 a」と表記した。したがって、本翻訳では「32」、「32 a」、「33」の順で並んでいる。

さて、第二版では、「32 a」に対応する段落と、「33」に対応する段落とが逆転し、「32」、「33」、「32 a」

の順で並んでいる。ただし、段落の番号付けには、第一版のような重複はないので、上記段落は順に「32」、「33」、「34」と番号付けされている。

したがって、第二版では段落番号の重複はないので、第一版の末尾の段落は「96」であるが、第二版の末尾の段落は「97」となる。

(25) 第二版では、この後に「とりわけ私たちの注目に値するのは、秘義という言葉がここでは偽の、あるいは反キリストの教会〔ローマ・カトリック教会を指す〕を見分ける目印とされていることだ。その女の額に記された名が秘義である。すなわち、彼女の宗教全体が秘義から成ることを彼女が公然と認め、秘義を信じるように命じるということである。いかなる教会も秘義を認める限り、認める程度に応じて反キリスト的となるのであり、そのような教会は、少しも名誉なことではないが、緋色の衣をまとった淫婦との血縁をきわめて正当に主張しうることは疑いえない」が挿入されている。

(26) 第二版では、この後に「彼ははっきりした言葉で、『旧約聖書』の中で謎めいた、不明瞭だったあのような事柄は『新約聖書』の中で明白にされている、と付け加えている」が付け加えられている。

(27) 「ユダヤ人のまねをして」は、第二版では「ユダヤ人の馬鹿げたまねをして」となっている。

(28) 「彼は預言者たちの預言を象徴、たとえ、秘義と呼んでいるのである」は、第二版では「彼は預言者たちの預言を象徴、たとえ、秘義と呼び、それらはその後に来た預言者によって説明されたと述べている」となっている。

(29) 第二版では、この後に「私の考えでは、それは羨望するような名誉ではない」が挿入されている。

(30) （4）で述べたように、第二版では、第四章は「聖書のある章句と信仰の本性から引き出される異議に答える」となっている。

(31) 第二版では、この後に「なぜなら、無は信仰の対象にはなりえないからである」が挿入されている。

（32）第二版では、この後に「（私たちの論敵はこうは考えないであろうが）」が挿入されている。

（33）（4）で述べたように、第二版ではこの段落から第五章「奇蹟の考察から引き出される異議に答える」が始まる。なお、段落番号は（24）で述べた理由から、第二版では「70」である。

（34）第二版では、この後に「架空の、」が挿入されている。

（35）第二版では、この後に「だが、人々の迷信的な恐れをあれほど一生懸命に育んでいる者たちは、そこから何か利益を引きだしているにちがいないのである」が付け加えられている。

（36）「彼らの聖人伝説に書かれているような、その他無数の驚異が持ちだされるのである」は、第二版では「さらにいくつもの奇蹟が持ちだされるのである」となっている。

（37）「そうではない」は、第二版では「断じて、そうではない」となっている。

（38）「先の異議は不適切なものだとわかる。もっとも、困りきった人がすることは一般に容赦されるものではあるが」は、第二版では「先の異議は脆弱な不適切なものだとわかる」となっている。

（39）（4）で述べたように、第二版では第六章となる。

（40）第二版ではこの後に以下が挿入されている。「というのも、彼らの言い方はよく変えられることがあったからである。エルサレムのキュリロス〔訳注〕は私たちの目的にとってはたぐいまれな一節を残している。〈あなたが洗礼志願者に教理問答の下稽古を行うときに、洗礼志願者から教導者たちはどんなことを言ったのかと聞かれても、入信式を授けられていない者にはけっしてその教えを語ってはなりません。私たち〔教導者〕はあなたには秘義と来世の望みを明かしてあるからです。それゆえ、この秘義はそれに値する者にとっておきなさい。そして、《私もそれを知ると何かそちらに不都合なことがあるのでしょうか》と聞く者がいれば、こう答えなさい。《ひどい病に侵された人はぶどう酒をほしがります。しかし、時機をわきまえずに与えれば、その病人は錯乱状態に陥り、その結果悪いことが二つ起こります。病人は死に至り、医者は非難されることになるのです》と。このように、洗礼志願者があれらの事柄について信者から聞かされれば、彼も同じように錯乱に陥ってしまいます。彼は自分が聞いた事を理解できないので、それに異を唱え、嘲笑するからです。そのため、彼にそれを教えた信者は、秘密を暴露した者として非難されることになります。あなたはすでに私たちの一員であるのですから、うかつに秘密を漏らすことのないように気をつけなさい。それは私たちの語ることに価値がないからではなく、それを聞く者たちがそれに値しないからなのです。あなた自身が洗礼志願者であったとき、私たちはあなたに示されるはずの事柄についてはけっして教えませんでした。しかし、あなたが経験を積んで、あのような教えの崇高さがわかるようになれば、洗礼志願者はそのようなことを聞くには値しないと納得するでしょう〉。」〔『教理手引き書』、序論、第一二節〕

〔訳注〕キュリロス（エルサレムの）（三一五―三八六）。エルサレムの主教、神学者、聖人。著作には洗礼志願者のための有名な二四講からなる『教理手引き書』があり、これによって初期のキリスト教礼典の詳細を知ることができる。当時の洗礼準備教育（四旬節から復活祭前夜の受洗日まで続ける）の実情や儀式内容の意味などについて述べられている。聖餐においてはキリストの現前を強調し、洗礼においては聖別、世俗からの決別、罪からの浄化を効能として掲げている。

(41) 第二版では、この後に「塗油、」が挿入されている。

(42) 第二版では、「塗油、」が削除されている。

(43) 第二版では、この後に「洗礼の後、彼らはまる一週間体を洗わなかったが、これは異邦人の迷信とぴったり一致する。異邦人たちは入信式に臨んだときの衣服をまったくぼろぼろになるまで脱がなかったのである」が挿入されている。

(44) 第二版では、この後に「ユダヤ教や」が挿入されている。

(45) 第二版では、この後に「スコップ三杯の土をかけて埋葬する風習、」が挿入されている。

(46) 第二版では、この後に「灯明、祭礼や祭日、聖別、」が挿入されている。

(47) 第二版では、この後に「東方礼拝、」が挿入されている。

(48) 第二版では、この後に「しかし、忘れてならないのは、テルトゥリアヌス〔訳注〕自身は、ことあるごとに十字をきることや洗礼での他の祭式に関して、またパンとぶどう酒をいくらか地面に落としたり、それらを司祭以外の手から受け取ったり、また同様の儀式へのためらいに関して、そのような事柄の権威は聖書からではなく、慣習と伝承からでしかないようだ、と認めていることである」が付け加えられている。

〔訳注〕テルトゥリアヌスについては、本文の訳注、第三部の〔八二〕を参照せよ。

(49) 「それらは無知な人々の心を冒し麻痺させて」は、第二版では「それらは無知な人々の心を冒し麻痺させ驚嘆させて」となっている。

(50) 第二版では、この後に「連中はその衣服でも、十分の一税と寄進による生計でも、教会での特別な席でも、その他いくつかの点においても、自分たちを他の人々から区別していたので、彼らは被造物の中でもほとんど別種の、より聖なるものに見えた」が挿入されている。

(51) 第二版では、この後に「たちまち」が挿入されている。

(52) 第二版では、この後に「、あるいはとても当惑させるものに」が挿入されている。

(53) 第二版では、この後に「いやむしろ、**聖職者たち**は自分たちの位階を守ることにあまりに余念がなく、仲間の誰かが不敬にもあれらの崇高な秘義を神を汚す詮索好きな**平信徒**に洩らしはしないかと恐れたので、秘義の理解は私たち一般人はもちろん、この聖なる一族自身の力も及ばぬこととするほうが得策だと考えたのである。そして、この状況は今日までほとんど変わらず存続している」が付け加えられている。

結　論

(54) 第二版では、「したがって、私の次の仕事は……」で改行され一段落を構成する。そして、その前に「なされるかもしれないあらゆる異議申し立てにもかかわらず、……」で始まる新たな一段落が挿入されている。すなわち、冒頭からの段落構成は、

「以上のように……もっぱらこの仮定に立って私はこれまで論じてきているし、そうする理由も序文の終わりあたりで述べてある。

なされるかもしれないあらゆる異議申し立てにもかかわらず、次のことは明白である。どのような種類のものであれ、個々の例や教理はこの論考に対する適切な反論としては役立ちえない、ということである。

……

したがって、私の次の仕事は（神の御心にかなうならば）、『新約聖書』の教理は明快かつ可能な、まったく神にふさわしいものであり、また人間に最大の利益となるようはかられている、と証明することである。

……」となる。

以下が挿入文である。「なされるかもしれないあらゆる異議申し立てにもかかわらず、次のことは明白である。どのような種類のものであれ、個々の例や教理はこの論考に対する適切な反論としては役立ちえない、ということである。というのは、この論考の推論が有効である限り、どんな例が反論として挙げられようと、それは秘義的ではないと判明するか、または、秘義と証明されてもそれは神により啓示されたのではないと判明するか、どちらかであるからだ。私が見る限りこれ以外の道はない。他の人々が例を提示したり、私がその例を考察したりすべき時は以下のような場合である。私が自説の例証として引用した聖書の章句が私への反論として持ちだされる章句と一致するとか、私が自分の引用した章句の意味を理解していないと証明されるとかの場合であり、また、概念しえない秘義すべてと、そのような秘義を神が啓示する不条理とに、反

対する私の論拠が反駁される場合である。私は人々に、彼らの宗教のあらゆる部分はそれ自体確かな、知性でとらえうるものでなければならないだけでなく、また彼らにとってもそのように思えるものでなければならないと確信させるだけで、あとは各人が自分の宗教は理性にかなっているのか、それともそうでないのかを自分で見いだすよう任せてもいいだろう。（人がそうする権利が自分たちにあるといったん確信すれば、それはけっしてむずかしいことではない。）しかしながら、神とすべての人々に対する義務として、私は自分の健康と余暇の許す限り、残された時間のある限りさらに進んでいかねばならない。時は人の力で意のままにできるものではないゆえに。」

訳注

表題

〔一〕 大主教ティロットソン。ティロットソン、ジョン（一六三〇―一六九四）。英国国教会のカンタベリー大主教。ケンブリッジ大学クレア・ホールに学び、卒業後フェローとなる。王政復古後、長老派と国教会の一致をはかるサヴォイ会議では非国教徒側の代表として出席し（一六六一年）、後に国教会に転会した。名誉革命後、ウィリアム三世の恩顧を得て聖パウロ主教座聖堂参事会長に就任し、長老派の包含をめざして祈禱書改定委員となる（一六八九年）。第八〇代カンタベリー大主教に就任し（一六九一年）、ユニテリアンを除く全プロテスタントを包括する国教会の確立をはかり、理性と寛容を重視した自由主義的神学を唱えた。国教会の名説教家として知られる。

序文

〔一〕「私たちが完全に理解すべきであるもっとも重要な事柄」は、啓示あるいは福音を指す。福音が「解しがたく、かつ意図的にそうあるべきものとされたのだ」という主張を示す例として、ロバート・サウスの一六九四年四月二九日の説教、「秘義的なキリスト教、そのように定められたのは神の知恵による」が挙げられる。トーランドの本書の表題はこのような主張に対する真っ向からの反対表明とみなしうる。

サウス、ロバート（一六三四―一七一六）。英国国教会の神学者、説教家。初め長老主義に同調したが、王政復古前に国教会の聖職按手を受け（一六五八年）、王政復古後ウェストミンスター大聖堂、クライスト・チャーチの各参事会員を歴任した。一六九〇年代の反三位一体論争では三神論的三一論を唱えたウィリアム・シャーロックと論争し、新たな三一論解釈を提示した。

〔二〕 公的謝罪。判決を受けた罪人に義務づけられた謝罪形式。たとえば、ローマ・カトリック教会では罪人は上半身裸で蠟燭を手に持ち、素足で教会の裁判官の前に出頭し、神と王と裁判官の赦しを乞うことが十七世紀まで存続した。

〔三〕 迷信と偶像崇拝。これらの言葉は当時、プロテスタントがローマ・カトリック教会を非難するさいによく使われた。トーランドが年少期にローマ・カトリック教徒であり、その後プロテスタントに改宗したことは、彼が本書を弁護するために書いた『トーランド氏の弁明、宗教委員会によって自著の焚書が決議された前日に、アイルランドの下院議員宛に書かれた書簡』（一六九七年、ロンドン）の次の一節にも示されている。「彼が法王教に激しい反感を抱くようになったのは十六歳になっていない頃であり、それは以来ずっと変わることはなかったし、そしてこれからも神の加護によって変わることはないであろう。」（同書、一六頁）

〔四〕 検討と探究。十六世紀のルターやカルヴァンに始まる宗教改革以来、プロテスタンティズムは伝承と権威を絶対視するローマ・カトリック教会に対し、「聖書のみ」を信仰の規準とし、検討と探究を信仰の核に据えた。

〔五〕 法王教。ローマ・カトリック教会のカトリシズムの蔑称。

〔六〕 宗教会議。ローマ・カトリック教会では全世界教会会議または公会議と呼ばれ、プロテスタント教会では総会議または大会議などと呼ばれる。

〔七〕 東方教会。東方正教会、ギリシア正教会、正教会などの名でも知られる。

〔八〕 西方教会。古代におけるラテン系（ローマ、上部イタリア、北アフリカ、イスパニア、ガリア、ゲルマニア、ブリタニア）の諸教会を指す。最初期には東西両教会は交流していたが、ディオクレティアヌス帝、コンスタンティヌス帝の時代に首都がローマから東方に遷ったため西方教会は漸次独立し、さらにローマ帝国が東西に分離したことで（三九五年）、教会は数百年をかけて徐々に分離し、十一世紀には完全分離に至った。

〔九〕 アリオス派。アリオス（二五〇頃―三三六頃）とその一派によって唱えられた古代教会の異端派。キリストは神から生まれたゆえに神と同一実体でも永遠でもないと主張して、その神性を否定し、三位一体説を奉じるアレクサンドリアの主教アレクサンドロスと争った。その説はニカイア宗教会議で断罪され（三二五年）、キリストと神の同質がニカイア信条に採択されアリオス主義は封じられた。

〔一〇〕 法王教徒の無謬説。ローマ・カトリック教会において教理や教規の決定権威として教皇に至上権を認める説。

〔一一〕 律法学者。ユダヤ教の律法を解説し教えることを専門とした人々。

〔一二〕 カバラ的諸説。カバラとはユダヤ教で仲間の徒にだけ代々受け継がれた神秘的な聖書解釈法。

〔一三〕 教父。古代キリスト教会（一般に福音宣教から六世紀頃まで）の著名な著作家。特に、さまざまな異端を排除しながら正統神学が台頭し始める二世紀以後の教父を指す。トーランドは古代教会の一世紀までを原始キリスト教の時代と考え、以後の教父たちの時代と区別しているようである。第三部、第37段落と第90段落を参照せよ。

〔一四〕 反キリスト。キリストの再臨の前に現れるとされているキリストとその王国に敵対する者。当時のプロテスタントは一般にローマ教皇を「反キリスト」とみなしていた。

〔一五〕 不法の秘密。この言葉は新約聖書「テサロニケ人への第二の手紙」、二章、七節にある。キリスト再臨の前に現れる悪の力、「反キリスト」を象徴する力のこと。

〔一六〕 聖書の比喩的解釈は古くから存在し、その代表はアレクサンドリアの神学者たち、特にオリゲネス（第三部、第43段落、および訳注、第三部の〔八五〕を参照せよ）である。宗教改革者たちは一般に、聖書本文から乖離する危険をはらんだ比喩的解釈に批判的であった。ここでは比喩的解釈の一つである「予型」論的解釈を批判している。旧約聖書と新約聖書の内的関連性を予想によって関連づける方法であり、旧約聖書の人物、行為、出来事、制度などを、新約聖書におけるキリストや教会に起こる事柄の預言とみなして解釈する方法である。たとえば、モーセが蛇を上げたのはキリストの高挙の「予型」であり、アダムはキリストの「予型」と解釈される。

〔一七〕『論破された神学体系』。この作品は刊行本あるいは草稿のいずれにおいても残っていない。

〔一八〕秘義。原語は mystery である。本訳書では、この語が秘せられた儀式を指す場合は「秘儀」、秘せられた教義を指す場合は「秘義」と訳した。一般にはこの語は、ローマ・カトリック教会では「神秘」、プロテスタント系教会では「奥義」とされている。本書では、異邦人、新約聖書、初期教父においてこの語がどのような意味を持っていたかが、第三部、第一章と第三章で検討されている。

〔一九〕トーランドは第一論考である『秘義なきキリスト教』において真の宗教は理性的で理解しうるものでなければならないという一般的原理を証明し、第二論考でその原理に従って秘義とみなされている事柄を個別に説明し、第三論考でキリスト教が啓示宗教であることを証明する計画を述べている。この点に関して、彼は後の弁護論で、第二論考、第三論考を第一論考と一緒に発表しなかったことが、大きな誤解を生んだ原因であると弁解している。（『トーランド氏の自己弁護書簡』、一六九七年、P・マクギネス、A・ハリソン、R・カーニ編『秘義なきキリスト教』、一九九七年、一四三―一四四頁）だが、第二論考と第三論考は刊行本あるいは草稿のいずれにおいても残っていない。

〔二〇〕分離派。所属教会の一致を破る分離を唱える者であり、教理上での分離を意味する異端とは区別されている。

〔二二〕「私はパウロにも、ケパにも、アポロにもつかず」は、「はっきり言うと、あなたがたがそれぞれ、〈わたしはパウロにつく〉〈わたしはアポロに〉〈わたしはケパに〉〈わたしはキリストに〉と言い合っていることである」からの言葉である。「コリント人への第一の手紙」、一章、一二節を参照せよ。

問題の提起

〔一〕イギリスでの一六九〇年代の反三位一体論争のことを念頭においていると思われる。この論争への言及は本文六三頁、九五頁に見られる。訳注、第三部の〔九一〕を参照せよ。三位一体の教理をめぐって、ソッツィーニ主義者（ユニテリアン）と三位一体論者のあいだでほぼ十年にわたって論争された。訳注、第二部の〔六〕を参照せよ。

〔二〕訳注〔一〕で述べた反三位一体論争において、三位一体擁護陣営内のカンタベリー大主教ティロットソン、ウスター主教スティリングフリートらは、三位一体の教理を理解しえない秘義として容認すべきであると唱えた。スティリングフリートの秘義弁護論は以下の訳注を参照せよ。第一部の〔一〕、〔一二〕、第三部の〔一九〕、〔二三〕、〔二五〕、〔三〇〕。

スティリングフリート、エドワード（一六三五―一六九九）。一六八九年ウスター主教に就任して以来、大主教ティロットソンと共に非国教徒とりわけ長老派との和解やローマ・カトリック教会論駁に努め、神学的には自由主義を唱えた。三位一体論擁護のためジョン・ロックとも論争した。

〔三〕古代教父。訳注、序文の〔一三〕を参照せよ。

〔四〕全世界宗教会議。ローマ・カトリック教会の公会議を指す。訳注、序文の〔六〕を参照せよ。

〔五〕一人の人間。法王を指す。ローマ・カトリック教徒の中でも、「公会議」を上位に置く者と「法王」を上位に置く者がいる。

〔六〕　ローマ・カトリック教徒を指す。

第一部　理性について

〔一〕　以下の第一章「理性でないもの」、第二章「理性はどこに存するか」という表題と構成はジョン・ロック『人間知性論』（一六九〇年）の第四巻、第一七章「理知について」の第一節「理知ということばの多様な意味表示」、第二節「推理（ないし理知すること）の存するところ」に酷似しているだけでなく、以下の第一部「理性について」全体はジョン・ロック『人間知性論』の基本的あるいは部分的理解と言える。宗教への理性の適用が危険視される状況下で、キリスト教の教理には理性に反したり、理性を超えたりするものは存在しないことを証明するための基盤として、理性概念をロックの哲学的援用によって明確にしようとしている。

このようなトーランドの試みは、反三位一体論争が展開されている十七世紀九〇年代にあって、ユニテリアンに与するものと考えられた。スティリングフリートは『三位一体の教理の弁護論。聖書、古さ、理性によって反論する近年のソッツィーニ派に答える。三位一体の異なる解釈と現在のソッツィーニ派論争の動向に関する序文を付して』（ロンドン、一六九七年）の最終章を第一〇章「理性の点からの三位一体への反論に答える」と題して、教理に関する論議ではなく、理性を問題にした論議に対して反論を展開する。その冒頭で（二三〇頁）、彼はユニテリアンからの二つの異議を提示する。第一は「この教理（三位一体）は秘義であり、それゆえに理性を超えているのだから、そのような事を信じるよう義務づけることはできない」、第二は「理性を超えた、そのような信仰上の秘義を許容すれば、どんな不条理な教理に対しても歯止めをかけることができなくなり、そのような教理を同一の理由で受け入れることになる」である。第一の異議に対して、第一項目「理性〔という言葉〕で私たちが理解すること」、第二項目「理性を超えた教理が信じるべき事柄として提出されたとき、これを拒絶するどんな根拠が理性にあるのか」が立てられ、第一項目ではトーランドの『秘義なきキリスト教』第一部の「理性について」が検討され、第二項目ではトーランドの論拠が反論される。スティリングフリートの次の言葉は、この論争におけるユニテリアンとトーランドの位置関係を示唆するものと言える。「一、理性〔という言葉〕で私たちが理解すること。私はユニテリアンが、理性を自分たちの信じるべきことの規準と規範にしている者が当然やるべきであったようなやり方で、理性の本性と限界を説明しているのを見たことがない。だが、彼らも時には明晰判明な知覚について、時には自然的観念について、時には本有的概念について語ってはいる。ところが最近ある著者がこのような事態を改善しようと努めて、この問題を明確にすることを引き受けている。」(二三一頁)「ある著者」とはトーランドであり、この直後に『秘義なきキリスト教』第一部の「理性について」からの抜粋(頁も明示されている)とそれへの反駁が続く。このように、スティリングフリートにとって、トーランドは三位一体の教理について争うユニテリアン宗徒とは区別されているが、理性を規準とした宗教を掲げる彼らを側面から援護する者であるとみなされているようだ。ロックとの比較に際して、*An Essay Concerning Human Understanding*, edited by Peter H. Nidditch, Oxford, 1975 を参照したが、本訳注でのロックの引用には、『人間知性論』(一)、(二)、(三)、(四)、岩波文庫、大槻春彦訳を使わせていただいた。

〔二〕 以下の第2段落、第3段落はロック『人間知性論』、第四巻、第一七章「理知について」、第一節「理知ということばの多様な意味表示」の記述に対応する。ロックは、理性が「真の明晰な原理」、あるいは「そうした原理からの明晰公正な演繹」、あるいは「原因とくに究極因」などの意味で用いられるが、自分が考察の対象とするのはこれらすべてと違う意味の理性であって、「人間が獣と区別されると想定され、明白に人間が獣をはるかに凌ぐ点である機能」としての理性であると述べている。

〔三〕 ギニー金貨。ギニアから輸入された金を用いて発行された英国金貨。

〔四〕　ロックは、思考の対象となる観念は生まれつき心に捺印されているとする生得論を避けて、生まれたとき心は白紙の状態で観念は少しもないと想定した。いっさいの観念は経験から、すなわち外的事物の知覚による感覚と、心のいろいろな作用による内省から得られ、こうして得られた観念のみが推論と知識の材料となると説いた。（ロック『人間知性論』、第二巻、第一章、第二節から第四節）

〔五〕　トーランドが厳密に理性と考えるものについては、第7段落を参照せよ。

〔六〕　魂はまったく受動的である。ロックは単純観念の受容では知性は受動的であると説いた。「すなわち、心は外部対象によって感官を通じて心に作られる印銘にせよ、これを内省するとき心自身の作用によって作られる印銘にせよ、そうした印銘を受けとるように仕組まれているということである。」（ロック『人間知性論』、第二巻、第一章、第二四節）「私たちを取り囲む物体が諸器官をさまざまに感発するとき、心は印銘をいや応なしに受けとって、この印銘に結びついた観念の知覚を避けることはできないのである。」（ロック『人間知性論』、第二巻、第一章、第二五節）

〔七〕　ロックは、知識は観念のみにかかわるものであり、観念の「結合・一致あるいは不一致・背馳の知覚」であると説いた。（ロック『人間知性論』、第四巻、第一章、第一節、第二節）

〔八〕　この箇所はロックの直観的真知の説明に対応する。「心は時には二つの観念の一致あるいは不一致を直接にその観念自身で、他のどんな観念の介在もなしに知覚する。で、これを直観的真知と呼んでよいと、私は思う。というのは、この直観的真知では、心は真理を証明ないし検討する苦労をせず、目が光を知覚するように、ただその方へ向けられるだけで、真理を知覚するのである。たとえば、白は黒でないとか、円は三角形でないとか、三は二より多くて、一たす二に等しいとか、心は知覚する。」（ロック『人間知性論』、第四巻、第二章、第一節）

〔九〕　原語 reason が reasoning（推理・推論）の意味に用いられているときは、「理性〔または推理〕」と表記したり、あるいは単に、「推理」、「推論」などと訳した。

〔一〇〕この箇所はロックの直観的真知の説明に対応する。「直観的真知は、いっさいの疑惑を越えて絶対確実であり、吟味を必要としないし、すこしも吟味できない。……こうした真理の発見とそれへの同意には、推論機能は使われず、推理は必要でなく、それらよりすぐれた高い程度の明証によって真理は知られる。」(ロック『人間知性論』、第四巻、第一七章、第一四節)

〔一一〕この箇所はロックの以下の記述に対応する。「理知推論の主要な働きは、二つの観念相互の一致あるいは不一致を第三の観念の介在によって見いだすことである。〔たとえば〕二軒の家をいっしょにもってきて、その等しさを並置によって測定することはできないが、ヤードで二軒の家が同じ長さだと見いだす人間のようである。」(ロック『人間知性論』、第四巻、第一七章、第一八節)

〔一二〕この箇所はロックの以下の記述に対応する。「そこで、この場合、心が観念の直接比較、いわば並置によって、いいかえれば観念を互いに当てることによって、一致あるいは不一致を知覚するように、観念をいっしょにできないとき、心はやむをえず、他の(場合に応じて一つあるいはそれ以上の)観念の介在によって、その探し求める一致あるいは不一致を発見するのであり、これが私たちの**推理**と呼ぶものである。」(ロック『人間知性論』、第四巻、第二章、第二節)

訳注、第一部の〔一〕で述べたように、スティリングフリートは『三位一体の教理の弁護論』でトーランドの理性概念を要約して見せるが、トーランドの第一部「理性について」第3段落から始めて第7段落のこの箇所「それ〔理性〕は疑わしかったり曖昧であったりする何らかの事柄を明白に知られているものと比較することで、その事柄の確実性を見いだす魂の持つ機能と定義してよいだろう」の引用をもって終える。この要約された理性概念に続けて、以下のような反論が述べられている。「これが理性の説明として世に差しだされたものである。だが、それがいかにいい加減で満足のいかないものかを示すために、私が考えてほしいのは次のことである。すなわち、この学説は私たちが心の中で確実性を主張する事柄については何であろうと、それについて明晰判明な観念を持たねばならず、そしてこの確実性に到達するための唯一の方法は、これらの観念を比較することによってである、と想定していることなのだ。この学説は、私たちがそのような明晰判明な観念を持つことができないときは、信仰や理性からいっさいの確実性を排除するものである。だが、私たちが明晰判明な観念を持つことができなくても確信しうることが多数存在するならば、私たちの観念があまりにも不完全で曖昧なためその観念によって判断を下せないならば、私たちが十分な中間観念を見つけることができないならば、この学説は確実性の手段あるいは理性の基盤にはなりえない。」（二三二―二三三頁）この反論の論旨は、明晰判明な観念を持てなくても確信できることが多数存在するのだから、この学説は確実性の手段にはなりえず、秘義を否定する論拠にはならない、というものであろう。

〔一三〕この箇所はロックの以下の記述に対応する。「ところで、論証的真知で理知〔ないし推理〕が作る各段階には、理知が論拠として使う次の中間観念〔と各段階の二つの観念のそれぞれ〕との間に理知の探す一致あるいは不一致の直観的真知がある。」（ロック『人間知性論』、第四巻、第二章、第一節）

〔一四〕ロックは、物体における一次性質のかさ、形、運動、数は物体に実在するが、二次性質の色、音、味などは物体のうちには実在せず、感知できない分子が感官へ作用することで引き起こされる観念であると説いた。（ロック『人間知性論』、第二巻、第八章、第一五節）この箇所の二次性質の「痛み」と「吐き気」の例はロックの以下に見られる。「火や雪の諸部分の特定のかさ・数・形・運動は、だれかの感官が火や雪を知覚すると否とにかかわらず、火や雪に真実にある。したがって、それらの物体に実在するから、実在的性質と呼んでよい。が、明るさ、熱さ、白さ、冷たさは火や雪になく、その点は、吐き気や痛みがマナにないのと同じだ。」（ロック『人間知性論』、第二巻、第八章、第一七節）

〔一五〕邦訳聖書の対応箇所を参考として以下に掲げる。「しかし、民の間に、にせ預言者が起ったことがあるが、それと同じく、あなたがたの間にも、にせ教師が現れるであろう。彼らは、滅びに至らせる異端をひそかに持ち込み、自分たちをあがなって下さった主を否定して、すみやかな滅亡を自分の身に招いている。」（「ペテロの第二の手紙」、二章、一節）

第二部　福音の教理は理性に反するものではない

〔一〕 共通概念。ストア哲学のコイナイ・エンノイアイの訳語で、各人に自然的に共通に備わる、万人が同意する観念とされる。第三部、第43段落、原注＊2を参照せよ。

〔二〕 実体変化説。聖餐論の一つで、聖餐におけるパン・ぶどう酒とキリストの体・血との関係を規定するローマ・カトリック教会の教義。聖餐のパンとぶどう酒は、その偶有性は存続するが、その実体は変化してキリストの体と血に化するとする説。聖餐は象徴か実体かという問題は中世初期においても論争されたが、第四ラテラノ宗教会議（一二一五年）で実体変化説は教義として公認され、対抗宗教改革の一環としてトリエント宗教会議（一五四五—一五六三年）で、聖別後のパンとぶどう酒がキリストの体へ実体的に変化すること、さらにキリストの体とともに全キリストがそこに存在するという説がローマ・カトリック教会で改めてはっきりと教義化された。

〔三〕 東方からの汚物。「東方」は東方教会のことであろう。

〔四〕 ルター派の共在説。聖餐論の一つで、実体変化説にも、象徴説にも対立する中間の立場。聖餐におけるキリストの体・血とパン・ぶどう酒との関係を規定するのに用いられ、それら二つの実体が「同時に」、「共に」存在すると解して、パンとぶどう酒はその実体を保持したまま、それとともにキリストの体と血が実在するとする。これに対し、スイスの改革者ツヴィングリはパンとぶどう酒はキリストの体と血を象徴する記号にすぎないと象徴説を唱えて譲らず、宗教改革時のマールブルク会談（一五二九年）で両者はこの聖餐論条項についてだけ一致することができず、プロテスタント教会の教派分裂の原因となった。両者の調停はカルヴァンによって試みられ、カルヴァン派とツヴィングリ派は了解に達したが（一五四九年）、ルター派は両派と決定的に疎隔した。

〔五〕遍在説。聖餐論争においてルターが共在説と関連させて唱えたキリスト論。キリストの身体はキリストと神との人格的結合であるゆえ、超自然的存在様式を持ち、非空間的・超自然的奇蹟として世界に遍在するとする。これによって、キリストの体と血は聖餐の中に現実に存在するとする実在論を主張した。

〔六〕ソッツィーニ派。イタリアの宗教改革者レリオ・ソッツィーニ（一五二五―一五六二）とその甥ファウスト・ソッツィーニ（一五三九―一六〇四）を開祖とする反三位一体派で、彼らは聖書を理性と事物の本性とに一致するよう解釈すべきであるとする理性主義を唱えた。教理については神の絶対的唯一性を説いて、キリストは神の息子・使者・被造物であり、神そのものではないとして、正統派の三位一体論を否認した。また、神＝キリストが人類の罪を背負って神に赦しを求めた、という正統派の贖罪論と真っ向から対立し異端とされた。ポーランドのラコフを活動拠点としたが、十七世紀半ばには本拠地の破壊と迫害によってポーランドの運動は壊滅した。その後、オランダで自由主義的プロテスタントのあいだに浸透し、イギリスでは共和制時代に「ユニテリアン主義の祖」として知られるジョン・ビドル（一六一六―一六六二）によって広められ、ユニテリアンは十七世紀九〇年代ほぼ十年にわたって国教会内部に反三位一体論争を起こした。

〔七〕アリオス派。訳注、序文の〔九〕を参照せよ。

〔八〕「崇高なる被造物神〔キリスト〕へは神的崇拝が可能である」。ソッツィーニ派やアリオス派はキリストの神性を否定し人性を主張しているにもかかわらず、「神的崇拝が可能である」とする彼らの非合理的見解をトーランドは批判しているのであろう。

〔九〕「三位一体条項に関する他宗派の馬鹿げた考え」。一つの例として、一六九〇年代の反三位一体論争で唱えられた三神論的三一論が挙げられる。この説は三一論擁護陣営からも異端的として拒否された。訳注、序文の〔一〕を参照せよ。

〔一〇〕邦訳聖書の対応箇所を参考として以下に掲げる。「人間のいましめを教として教え、無意味にわたしを拝んでいる。」(「マタイによる福音書」、一五章、九節)

〔一一〕ローマ・カトリック教会は地獄界のほかに、煉獄界、父祖リンボ界、幼児リンボ界を設けている。煉獄は小罪の償いを果たすまで霊魂が苦しみを受けて浄化される所であり一般のキリスト者がその対象とされる。幼児リンボは未受洗の幼児を対象とし、彼らへの罰は至福直観(次注〔一二〕を参照せよ)を断たれることにあり、断罪された罪人が被る感覚に与えられる苦悩ではないとされる。一般にプロテスタントは煉獄、リンボの教理を非聖書的として拒否しているが、聖公会は煉獄を認めている。

〔一二〕神の直視。天国の祝福にあずかる福者のみが神の栄光と真実を見ることができる。現世では神をはっきりと見ることはできないが、天国において福者は神を直視して、神について明晰で直観的な知識を得るとされ、この至福直観に至ることが人間の最高の救いであるとされる。

〔一三〕「理にかなった礼拝」はトーランドの聖書引用と欽定訳聖書にある reasonable service をそのまま訳した。邦訳聖書では「霊的な礼拝」となっている。訳注〔一五〕を参照せよ。

〔一四〕邦訳聖書の対応箇所を参考として以下に掲げる。「それと同様に、もしあなたがたが異言ではっきりしない言葉を語れば、どうしてその語ることがわかるだろうか。それでは、空《くう》にむかって語っていることになる。」(「コリント人への第一の手紙」、一四章、九節)

〔一五〕邦訳聖書の対応箇所を参考として以下に掲げる。「兄弟たちよ。そういうわけで、神のあわれみによってあなたがたに勧める。あなたがたのからだを、神に喜ばれる、生きた、聖なる供え物としてささげなさい。それが、あなたがたのなすべき霊的な礼拝である。」(「ローマ人への手紙」、一二章、一節)

〔一六〕　邦訳聖書の対応箇所を参考として以下に掲げる。「異言を語る者は、人にむかって語るのではなく、神にむかって語るのである。それはだれにもわからない。彼はただ、霊によって奥義〔秘義〕を語っているだけである。」（「コリント人への第一の手紙」、一四章、二節）
〔一七〕　トーランドの聖書引用をそのまま訳した。邦訳聖書の対応箇所を参考として以下に掲げる。「もしその言葉の意味がわからないなら、語っている人にとっては、わたしは異国人であり、語っている人も、わたしにとっては異国人である。」（「コリント人への第一の手紙」、一四章、一一節）
〔一八〕　実体変化。訳注、第二部の〔二〕を参照せよ。
〔一九〕　邦訳聖書の対応箇所を参考として以下に掲げる。「それでも、ご自分のことをあかししないでおられたわけではない。すなわち、あなたがたのために天から雨を降らせ、実りの季節を与え、食物と喜びとで、あなたがたの心を満たすなど、いろいろのめぐみをお与えになっているのである。」（「使徒行伝」、一四章、一七節）
〔二〇〕　邦訳聖書の対応箇所を参考として以下に掲げる。「彼は言った、〈主はわが岩、わが城、わたしを救う者〉、」（「サムエル記下」、二二章、二節）
〔二一〕　邦訳聖書の対応箇所を参考として以下に掲げる。「しかし、わたしは虫であって、人ではない。人にそしられ、民に侮られる。」（「詩篇」、二二篇、六節）
〔二二〕　邦訳聖書の対応箇所を参考として以下に掲げる。「〈神は人のように偽ることはなく、また人の子のように悔いることもない。言ったことで、行わないことがあろうか、語ったことで、しとげないことがあろうか〉。」（「民数記」、二三章、一九節）
〔二三〕　黙従的信仰。ローマ・カトリック教会における信仰概念の一つで、信仰内容を理解しないで受け入れる信仰を指し、内容を明瞭に認識している状態を表す明示的信仰と対を成す。

〔二四〕 邦訳聖書の対応箇所を参考として以下に掲げる。「こうして、わたしたちはもはや子供ではないので、だまし惑わす策略により、人々の悪巧みによって起る様々な教の風に吹きまわされたり、もてあそばれたりすることがなく、」（「エペソ人への手紙」、四章、一四節）

〔二五〕 トーランドの聖書引用をそのまま訳した。邦訳聖書の対応箇所を参考として以下に掲げる。「そこで、わたしは主にあっておごそかに勧める。あなたがたは今後、異邦人がむなしい心で歩いているように歩いてはならない。彼らの知力は暗くなり、その内なる無知と心の硬化とにより、神のいのちから遠く離れ、」（「エペソ人への手紙」、四章、一七節、一八節）

〔二六〕 第二部、第4段落を参照せよ。

〔二七〕 イエスが湖を渡った箇所への言及であろうか。

〔二八〕 邦訳聖書の対応箇所を参考として以下に掲げる。「〈わたしは、あなたを立てて多くの国民の父とした〉と書いてあるとおりである。彼はこの神、すなわち、死人を生かし、無から有を呼び出される神を信じたのである。」（「ローマ人への手紙」、四章、一七節）

〔二九〕 神を指す。次の第15段落を参照せよ。

〔三〇〕 原注に「申命記」、一三章、一節から三節とあるが、正確には五節の冒頭文も含まれる。邦訳聖書の対応箇所を参考として以下に掲げる。「〈あなたがたのうちに預言者または夢みる者が起って、しるしや奇跡を示し、あなたに告げるそのしるしや奇跡が実現して、あなたがこれまで知らなかった《ほかの神々に、われわれは従い仕えよう》と言っても、あなたはその預言者または夢みる者の言葉に聞き従ってはならない。あなたがたの神、主はあなたがたが心をつくし、精神をつくして、あなたがたの神、主を愛するか、どうかを知ろうと、このようにあなたがたを試みられるからである。……その預言者または夢みる者を殺さなければならない〉。」（「申命記」、一三章、一節から三節、五節）

〔三一〕　トーランドの聖書引用をそのまま訳した。邦訳聖書の対応箇所を参考として以下に掲げる。「〈あなたは心のうちに《われわれは、その言葉が主の言われたものでないと、どうして知り得ようか》と言うであろう。もし預言者があって、主の名によって語っても、その言葉が成就せず、またその事が起らない時は、それは主が語られた言葉ではなく、その預言者がほしいままに語ったのである。その預言者を恐れるに及ばない〉。」（「申命記」、一八章、二一節、二二節）

〔三二〕　邦訳聖書の対応箇所を参考として以下に掲げる。「《見よ、あなたのおじシャルムの子ハナメルがあなたの所に来て言う、「アナトテにあるわたしの畑を買いなさい。それは、これを買い取り、あがなう権利があなたにあるから」と》。はたして主の言葉のように、わたしのいとこであるハナメルが監視の庭のうちにいるわたしの所へ来て言った、《ベニヤミンの地のアナトテにあるわたしの畑を買ってください。所有するのも、あがなうのも、あなたの権利なのです。買い取ってあなたの物にしてください。これが主の言葉であるのをわたしは知っていました》。〉」（「エレミヤ書」、三二章、七節、八節）ただし、最後の文「これが主の言葉であるのをわたしは知っていました」は邦訳ではハナメルの言葉とされているが、トーランドはエレミヤの言葉と解し、「その時、わたしはこれが主の言葉であると知った」と読んだと思われる。本文に、「実際に従兄弟が売買契約をしにやって来るまでは、それが主の言葉であるとの判断をエレミヤは下さなかった」とあるからである。本文にあるエレミヤの挿話については聖書がそのまま引用されているのではなく要約であるが、欽定訳聖書（新約聖書・旧約聖書ともに直接話法を表示する記号は使われていない）では、この箇所は Then I knew that this was the word of the Lord. となっている。

〔三三〕　邦訳聖書の対応箇所を参考として以下に掲げる。「そこでマリヤは御使に言った、〈どうして、そんな事があり得ましょうか。わたしにはまだ夫がありませんのに〉。御使が答えて言った、〈聖霊があなたに臨み、いと高き者の力があなたをおおうでしょう。それゆえに、生まれ出る子は聖なるものであり、神の子と、と

なえられるでしょう。」（「ルカによる福音書」、一章、三四節、三五節）

〔三四〕 邦訳聖書の対応箇所を参考として以下に掲げる。「そこでマリヤが言った、〈わたしは主のはしためです。お言葉どおりこの身に成りますように〉。そして御使は彼女から離れて行った。」（「ルカによる福音書」、一章、三八節）

〔三五〕 原注には一四節とあるが、対応する箇所は一五節なので訂正した。邦訳聖書の対応箇所を参考として以下に掲げる。「にせ預言者を警戒せよ。彼らは、羊の衣を着てあなたがたのところに来るが、その内側は強欲なおおかみである。」（「マタイによる福音書」、七章、一五節）

〔三六〕 邦訳聖書の対応箇所を参考として以下に掲げる。「悪人と詐欺師とは人を惑わし人に惑わされて、悪から悪へと落ちていく。」（「テモテへの第二の手紙」、三章、一三節）

〔三七〕 邦訳聖書の対応箇所を参考として以下に掲げる。「実は、法に服さない者、空論に走る者、人の心を惑わす者が多くおり、とくに、割礼のある者の中に多い。」（「テトスへの手紙」、一章、一〇節）

〔三八〕 邦訳聖書の対応箇所を参考として以下に掲げる。「愛する者たちよ。すべての霊を信じることはしないで、それらの霊が神から出たものであるかどうか、ためしなさい。多くのにせ預言者が世に出てきているからである。」（「ヨハネの第一の手紙」、四章、一節）

〔三九〕 「知性を持たない馬やラバ」の「知性」はトーランドの聖書引用と欽定訳聖書にある understanding をそのまま訳した。邦訳聖書では「あなたはさとりのない馬のようであってはならない。また騾馬のようであってはならない。」（「詩篇」、三二篇、九節）となっている。

〔四〇〕 トーランドの聖書引用をそのまま訳した。邦訳聖書の対応箇所を参考として以下に掲げる。「そこで、あなたがたの歩きかたによく注意して、賢くない者のようにではなく、賢い者のように歩き、」（「エペソ人への手紙」、五章、一五節）

〔四一〕 トーランドの聖書引用をそのまま訳した。邦訳聖書の対応箇所を参考として以下に掲げる。「賢明なあなたがたに訴える。わたしの言うことを、自ら判断してみるがよい。」(「コリント人への第一の手紙」、一〇章、一五節)

〔四二〕 邦訳聖書の対応箇所を参考として以下に掲げる。「だから、兄弟たちよ。たといわたしがあなたがたの所に行って異言を語るとしても、啓示か知識か預言か教かを語らなければ、あなたがたに、なんの役に立つだろうか。」(「コリント人への第一の手紙」、一四章、六節)

〔四三〕 「それがまさしく神からのものであるならば」は、「序文」、xviii 頁の「三部構成のうちの第一部である以下の論考では、……新約聖書は神からのものであると想定されている」を参照せよ。

〔四四〕 「隠された」は、トーランドの聖書引用と欽定訳聖書にある hidden をそのまま訳した。邦訳聖書では、「むずかしい」となっている。訳注〔四九〕を参照せよ。

〔四五〕 異邦人 (gentile)。キリスト教においては、普通ユダヤ人以外の諸民族を指す。ユダヤ人は神の選民であるという自覚のもとに、律法遵守と唯一神ヤハウェの信仰によって、多神教や偶像を信仰する異邦の諸民族を蔑視・排除していた。しかし、使徒パウロによる大規模な異邦人伝道によって、異邦人キリスト教徒は増大した。

〔四六〕 予型については訳注、序文の〔一六〕を参照せよ。

〔四七〕 ニコデモ。パリサイ人でユダヤ人の指導者。キリストが神から来た教師であると確信し、議会で彼を法的に弁護した。

〔四八〕 「奇蹟」は、トーランドの聖書引用と欽定訳聖書にある miracles をそのまま訳した。邦訳聖書では「しるし」となっている。訳注〔五〇〕を参照せよ。

〔四九〕 トーランドの聖書引用は一一節と一四節からの部分的な引用であり、そのまま訳した。邦訳聖書の対応箇所を参考として以下に掲げる。「〈わたしが、きょう、あなたに命じるこの戒めは、むずかしいものではなく、また遠いものでもない。……この言葉はあなたに、はなはだ近くあってあなたの口にあり、またあなたの心にあるから、あなたはこれを行うことができる〉。」(「申命記」、三〇章、一一節、一四節)

〔五〇〕 邦訳聖書の対応箇所を参考として以下に掲げる。「この人が夜イエスのもとにきて言った、〈先生、わたしたちはあなたが神からこられた教師であることを知っています。神がご一緒でないなら、あなたがなさっておられるようなしるしは、だれにもできはしません〉。」(「ヨハネによる福音書」、三章、二節)

〔五一〕 邦訳聖書の対応箇所を参考として以下に掲げる。「そこで、あるパリサイ人たちが言った、〈その人は神からきた人ではない。安息日を守っていないのだから〉。しかし、ほかの人々は言った、〈罪のある人が、どうしてそのようなしるしを行うことができようか〉。そして彼らの間に分争が生じた。」(「ヨハネによる福音書」、九章、一六節)

〔五二〕 邦訳聖書の対応箇所を参考として以下に掲げる。「他の人々は言った、〈それは悪霊に取りつかれた者の言葉ではない。悪霊は盲人の目をあけることができようか〉。」(「ヨハネによる福音書」、一〇章、二一節)

〔五三〕 「不思議」は、トーランドの聖書引用にある wonders をそのまま訳した。欽定訳聖書には miracles とある。邦訳聖書では、「しるし」となっている。訳注〔五五〕を参照せよ。

〔五四〕 「奇蹟」は、トーランドの聖書引用と欽定訳聖書にある miracles をそのまま訳した。邦訳聖書では、「しるし」となっている。訳注〔五六〕を参照せよ。

〔五五〕 トーランドの聖書引用をそのまま訳した。邦訳聖書の対応箇所を参考として以下に掲げる。「しかし、群衆の中の多くの者が、イエスを信じて言った、〈キリストがきても、この人が行ったよりも多くのしるしを行うだろうか〉。」(「ヨハネによる福音書」、七章、三一節)

〔五六〕 トーランドの聖書引用をそのまま訳した。邦訳聖書の対応箇所を参考として以下に掲げる。「過越の祭の間、イエスがエルサレムに滞在しておられたとき、多くの人々は、その行われたしるしを見て、イエスの名を信じた。」（「ヨハネによる福音書」、二章、二三節）

〔五七〕 聖書引用中にある「——すなわち、すべての人の理性に訴える——」はトーランドによる挿入である。

〔五八〕 「さらに神も、さまざまな奇蹟により、また神御自身の意志に従い」はトーランドの聖書引用をそのまま訳した。邦訳聖書では「さらに神も、しるしと不思議とさまざまな力あるわざとにより、また、御旨に従い」（「ヘブル人への手紙」、二章、四節）となっている。

〔五九〕 邦訳聖書の対応箇所を参考として以下に掲げる。「ただ、心の中でキリストを主とあがめなさい。また、あなたがたのうちにある望みについて説明を求める人には、いつでも弁明のできる用意をしていなさい。」（「ペテロの第一の手紙」、三章、一五節）

〔六〇〕 クセノフォン（前四三〇頃—前三五四頃）。ギリシアの軍人・歴史家。アテナイの人。ソクラテスの弟子。小アジアに赴き（前四〇一年）、小アジアの総督キュロスが兄ペルシア王の王位を奪うため多数のペルシア兵やギリシア傭兵をひきいて戦った遠征に加わった。『キュロスの遠征（アナバシス）』は彼の著作中もっとも有名。彼の文体は明晰なアッティカ文体で知られている。

〔六一〕 不合理な仮説。福音に理解できない秘義が隠されている、というような仮説。

〔六二〕 『タルムード』。ヘブライ語で、教訓の意。ユダヤ教でモーセの成文律法に対して、まだ成文化されずに十数世紀にわたって口伝された習慣律を律法学者たちが集大成したもの。本文たるミシュナー（農業、祭り、婚姻、損傷、祭儀、潔めなどに関する法）、その注釈たるゲマラの二部から成り、広くユダヤ民族の社会生活を物語る。これらの口伝律法はモーセがシナイで律法と同時に口授されたものとされ、「モーセ五書」に次ぐ重要性を与えられた。

〔六三〕 ボウ教会。ロンドンのイースト・エンド地区にある。

〔六四〕　トーランドの聖書引用をそのまま訳した。聖書引用中にある「（すなわち心）」、「（すなわち確信）」、「（すなわち効力）」はトーランドによる挿入である。邦訳聖書の対応箇所を参考として以下に掲げる。「そして、わたしの言葉もわたしの宣教も、巧みな知恵の言葉によらないで、霊と力との証明によったのである。」（「コリント人への第一の手紙」、二章、四節）

〔六五〕　トーランドの聖書引用をそのまま訳した。邦訳聖書の対応箇所を参考として以下に掲げる。「生れながらの人は、神の御霊の賜物を受けいれない。それは彼には愚かなものだからである。また、御霊によって判断されるべきであるから、彼はそれを理解することができない。」（「コリント人への第一の手紙」、二章、一四節）

〔六六〕「（すなわち）」はトーランドによる挿入である。

〔六七〕　レビ族。イスラエルの十二部族の一つで、ヤコブの子レビの子孫。旧約聖書ではことに祭司族として注目される。

〔六八〕　トーランドの聖書引用をそのまま訳した。邦訳聖書の対応箇所を参考として以下に掲げる。「〈主の御霊がわたしに宿っている。貧しい人々に福音を宣べ伝えさせるために、わたしを聖別してくださったからである。主はわたしをつかわして、囚人が解放され、盲人の目が開かれることを告げ知らせ、打ちひしがれている者に自由を得させ〉、」（「ルカによる福音書」、四章、一八節）

〔六九〕　ダビデ。『詩篇』はダビデの作とされていた。

〔七〇〕「詩篇」、一九篇、七節から九節。

〔七一〕「詩篇」、一一九篇、九九節、一〇〇節。

〔七二〕「詩篇」、一一九篇、一〇五節。

〔七三〕「序文」、xviii 頁、および訳注、序文の〔一九〕を参照せよ。

〔七四〕　一般にキリスト教の教義では、人間に与えられていた本来の理性は原罪により壊廃したと言われる。
〔七五〕　第一部、第一章「理性でないもの」、第4段落の冒頭を参照せよ。
〔七六〕　聖書引用中にある「(すなわち肉体)」、「(すなわち理性)」はトーランドによる挿入である。
〔七七〕　「自然のままの人」は、トーランドの引用と欽定訳聖書にある natural man をそのまま訳した。邦訳聖書については、次注〔七八〕を参照せよ。原注＊1で言及された「ヤコブの手紙」三章、一五節と「ユダの手紙」一九節の当該箇所は、欽定訳聖書では sensual (肉欲的)、邦訳聖書では「肉に属するもの」となっている。
〔七八〕　邦訳聖書の対応箇所を参考として以下に掲げる。「生れながらの人は、神の御霊の賜物を受けいれない。それは彼には愚かなものだからである。また、御霊によって判断されるべきであるから、彼はそれを理解することができない。」(「コリント人への第一の手紙」、二章、一四節)
〔七九〕　邦訳聖書の対応箇所を参考として以下に掲げる。「なぜなら、肉に従う者は肉のことを思い、霊に従う者は霊のことを思うからである。……なぜなら、肉の思いは神に敵するからである。すなわち、それは神の律法に従わず、否、従い得ないのである。」(「ローマ人への手紙」、八章、五節、七節)
〔八〇〕　トーランドの聖書引用をそのまま訳した。邦訳聖書の対応箇所を参考として以下に掲げる。「こういうわけで、わたしたちは、このような多くの証人に雲のように囲まれているのであるから、いっさいの重荷と、からみつく罪とをかなぐり捨てて、わたしたちの参加すべき競走を、耐え忍んで走りぬこうではないか。」(「ヘブル人への手紙」、一二章、一節)
〔八一〕　邦訳聖書の対応箇所を参考として以下に掲げる。「わたしの肢体には別の律法があって、わたしの心の法則に対して戦いをいどみ、そして、肢体に存在する罪の法則の中に、わたしをとりこにしているのを見る。」(「ローマ人への手紙」、七章、二三節)

〔八二〕　邦訳聖書の対応箇所を参考として以下に掲げる。「そこで、善をしようと欲しているわたしに、悪がはいり込んでいるという法則があるのを見る。」（「ローマ人への手紙」、七章、二一節）

〔八三〕　邦訳聖書の対応箇所を参考として以下に掲げる。「わたしが地上のことを語っているのに、あなたがたが信じないならば、天上のことを語った場合、どうしてそれを信じるだろうか。」（「ヨハネによる福音書」、三章、一二節）

〔八四〕　邦訳聖書の対応箇所を参考として以下に掲げる。「しかし、信じたことのない者を、どうして呼び求めることがあろうか。聞いたことのない者を、どうして信じることがあろうか。宣べ伝える者がいなくては、どうして聞くことがあろうか。」（「ローマ人への手紙」、一〇章、一四節）

〔八五〕　トーランドの聖書引用をそのまま訳した。邦訳聖書の対応箇所を参考として以下に掲げる。「エチオピヤびとはその皮膚を変えることができようか。ひょうはその斑点を変えることができようか。もしそれができるならば、悪に慣れたあなたがたも、善を行うことができる。」（「エレミヤ書」、一三章、二三節）

〔八六〕　自由意志。人間は善悪を選択できる自由意志を持った、道徳的責任を負うべき存在であると考えるのが自由意志論者の伝統的な考え方である。しかし、第**34**段落の原注４にあるように、人間の自由意志と神の全能性とをいかに両立させるかが、古来より神学的な大問題であった。

〔八七〕　ローマ・カトリック教会の権威原理のことであろうか。

〔八八〕　「それが神の言葉であるならば」は、「序文」、xviii 頁の「三部構成のうちの第一部である以下の論考では、……新約聖書は神からのものであると想定されている」を参照せよ。

〔八九〕　天地創造はアリストテレスの説と対立。キリスト教では神の全能的意志による世界創造を考える。一方、アリストテレスの自然論では、質料が目的としての形相に向かって可能性から現実性への発展をたどり、世界は永遠不滅であって、滅びることも生じることもない。

アリストテレス（前三八四―前三二二）。ギリシアの哲学者、マケドニアの南方カルキディケ半島のスタゲイロスの生まれ。十七歳の頃アテナイのプラトン主催の学園アカデメイアで学び始め、約二十年間そこにとどまった。その後、少年アレクサンドロス（後の大王）の家庭教師を三年勤めた。前三三五年にアテナイの神域の森リュケイオンに学園を創設し、屋根つきの歩廊（ペリパトス）で教えたので、そこからペリパトス学派と呼ばれた。彼の学説は論理学、自然科学、心理学、形而上学、神学、倫理学、政治学、芸術学の諸領域に及び、後世に多大な影響を与えた。

〔九〇〕 霊魂不滅はエピクロスの仮説と対立。エピクロスはデモクリトスの原子論に依拠して、人間の魂や神を含めた万物はみな原子とその運動に由来するとする。魂を構成する原子は死によって散逸し、感覚作用は終止するとした。

エピクロス（前三四二―前二七一）。ギリシアの哲学者、サモス島生まれで、アテナイで学校を創立（前三一〇年頃）、同地で生涯隠棲する。真の幸福は迷妄や死の恐怖から解放された無動・平静の精神状態にあるとし、この自由な精神状態を「快楽」ととらえて人生の目的とした。

〔九一〕 邦訳聖書の対応箇所を参考として以下に掲げる。「まず次のことを知るべきである。終りの時にあざける者たちが、あざけりながら出てきて、自分の欲情のままに生活し、」（「ペテロの第二の手紙」、三章、三節）

〔九二〕 邦訳聖書の対応箇所を参考として以下に掲げる。「しかし、この人々は自分が知りもしないことをそしり、また、分別のない動物のように、ただ本能的な知識にあやまられて、自らの滅亡を招いている。」（「ユダの手紙」、一〇節）

〔九三〕 トーランドの聖書引用をそのまま訳した。邦訳聖書の対応箇所を参考として以下に掲げる。「もしわたしたちの福音がおおわれているなら、滅びる者どもにとっておおわれているのである。彼らの場合、この世の神が不信の者たちの思いをくらませて、神のかたちであるキリストの栄光の福音の輝きを、見えなくしているのである。」(「コリント人への第二の手紙」、四章、三節、四節)

第三部　福音には秘義的なもの、または理性を超えるものは存在しない

〔一〕　秘義。訳注、序文の〔一八〕を参照せよ。

〔二〕　異邦人。訳注、第二部の〔四五〕を参照せよ。

〔三〕　「ローマ人への手紙」、一章、二二節、二三節、二五節からの引用である。聖書引用中にある「創造者と同じく」はトーランドの引用をそのまま訳した。「(時にはそれ以上に)」はトーランドによる挿入である。邦訳聖書の二五節を参考として以下に掲げる。「彼らは神の真理を変えて虚偽とし、創造者の代りに被造物を拝み、これに仕えたのである。」

〔四〕　ウェルギリウス(前七〇—前一九)。正式名はプブリウス・ウェルギリウス・マロ。ローマ皇帝アウグストゥス時代の第一級詩人。マントゥア(現マントヴァ)の人。著作には『詩選』(別名『牧歌』)、『農事詩』(全四巻)、ローマ建国を歌った未完の『アエネーイス』(全一二巻)がある。『詩選』第四歌における救世主の誕生の預言は後にキリスト教徒によってキリストと解されたことで有名である。

〔五〕　カリマコス(前三〇五頃—前二四〇頃)。ギリシアの詩人・学者。キュレネの人。アレクサンドリアで学び、そこの図書館長として、主要文学作品の文学史である『目録』が代表的著作であるが今は残っていない。詩人としても『讃歌』六篇、小叙事詩『ヘカレ』や多数の警句の作品があり、ローマの詩人たち、特にオウィディウスに多大の影響を与えた。

〔六〕　入信式を授ける。原語は initiate である。

〔七〕　ディアゴラス(前五世紀後半)。ギリシアの詩人。メロスの生まれ。アテナイでディオニュソスの讃歌や

抒情詩を作った。無神論者として神々をそしったかどで死刑を宣告されたが、逃れた。

〔八〕 アドニス。人間の近親相姦により生まれた美少年。二人の女神アプロディテとペルセポネに愛され、一年の三分の一ずつを各女神のもとで、残る三分の一を自分の好きな所で暮らすこととなった。シリアとキュプロス島にアドニス崇拝の中心があり、春に彼の蘇りを祝う祭礼アドニアが行われた。

〔九〕 ディオニュソスの大秘儀。ディオニュソスあるいはバッコスは酒と陶酔・解放の神。後期ギリシア世界最大の神。ギリシアの神々の中でもっとも新しく、外来神であった。その祭儀では、主として女たちによる宗教的狂乱を伴った。

〔一〇〕 プラトン（前四二七―前三四七）。ギリシアの哲学者。アテナイの名門の生まれ。ソクラテスの弟子で、師を中心にした対話篇を多数公表した。アテナイ郊外に開いた学園アカデメイアで青年たちを教育し、アリストテレスら多数の弟子を育てた。感覚によって捉えられ生成・変化・消滅する現象界に対し、純粋な思惟によって認識される永遠不滅のイデア界を真の実在世界とするイデア論を展開した。彼の思想は新プラトン派に受け継がれ、彼らを通じてキリスト教世界に多大な影響を及ぼした。

〔一一〕 オウィディウス（前四三―後一七）。正式名はプブリウス・オウィディウス・ソナ。ローマの詩人。スルモの生まれ。『恋愛詩集』、『愛の技術』などで艶物作家として名を成したが、後八年、卑猥な著作とある不明な罪のためアウグストゥス帝によって黒海沿岸のトミスに追放された。その他、神話に題材をとった『転身物語』、未完の『行事暦』（暦にゆかりある祭礼、宗教的儀式、伝説、歴史などを述べたもの）、追放の地から罰の緩和を請う『悲嘆の詩』などがある。

〔一二〕 アリステイデス、プブリオス・アイリオス（一一七または一二九―一八九）。ギリシアのソフィスト。小アジアのミュシア出身。エジプト、ローマを訪れたが、病身のため生地で生涯を送り、弁論文を五五篇、弁論術について二書が伝わる。夢の中で医神アスクレピオスが彼に与えた啓示について叙述した『聖なる教え』(全六巻)が有名である。

〔一三〕 エポプト。秘義をすべて完全に伝授された者という意味。第三部、第88段落を参照せよ。

〔一四〕 サモトラケ(島)。エーゲ海の小島。この島を中心にして、プリュギアの豊穣神であるカベイロスたちを崇拝する秘儀が行われた。

〔一五〕 エレウシス。アッティカのエレウシス。エレウシスの秘儀は大地母神デメテルが誘拐された娘ペルセポネの帰還を記念して行われた。毎年秋の祭礼では、娘の失踪と再発見の物語が音楽と舞踏つきで、デメテルの秘儀の入信者たちによって演じられた。

〔一六〕 アリストパネス(前四四五頃―前三八五頃)。ギリシア喜劇の最大の作者。アテナイ人。彼の成人期はスパルタとの三十年に及ぶペロポネソス戦争の時期と重なる。約四十篇の作品を執筆し、そのうち十一篇が現存し、ディオニュシア祭やレナイア祭で上演されたものもある。デマゴーグ、ソフィストへの風刺や攻撃、和平への願いなどを扱った作品がある。

〔一七〕 カトゥルス、ガーユス・ウァレリウス(前八四頃―前五四頃)。ローマの抒情詩人。ヴェローナの富家の生まれ。ローマの文人サークルの中で活動した。引用文は一一六歌から成る『詩集』の頂点と言われる第六四歌、すなわち四〇八行から成る小叙事詩「ペレウスとテティスの結婚」からである。

〔一八〕 第三部、第1段落を参照せよ。

〔一九〕 スティリングフリートは「先人が初め術策や迷信から導入した事柄を……主張するだろう」を引用した後で次のように反論している。「もっぱら聖職者の術策と秘義を暴くのに学識と理性を利用するたぐいの者たちのあらゆる侮辱や嘲りにもかかわらず、キリスト教の教理を完全に確信するがゆえに、それを思い切って告白し弁護する人たちが今なおいると思う。自分たちの理解を超えていると認める、信仰上のいくつかの教理に同意すると告白する人たちが今なおいるとすれば、そのような人たちにどんな強力な道理や相手に打ち負かされない論証を持ち出せようか。」（『三位一体の教理の弁護論。聖書、古さ、理性によって反論する近年のソッツィーニ派に答える。三位一体の異なる解釈と現在のソッツィーニ派論争の動向に関する序文を付して』、ロンドン、一六九七年、第一〇章、「理性の点からの三位一体への反論に答える」、二六四頁）この反論は、スティリングフリート自身が「自分たちの理解を超えていると認める、信仰上のいくつかの教理に同意すると告白する人たち」に属す秘義擁護論者であることを明かすものである。トーランドはこの種の秘義擁護論者の「屁理屈の決まり文句」を次章で論駁している。

〔二〇〕第三部、第1段落を参照せよ。

〔二一〕第三部、第三章で扱われる主題である。

〔二二〕第三部、第二章を指す。

〔二三〕スティリングフリートは「あるものに関して十分な観念を、……神秘となるからである」を引用した後で次のように反論している。「この意味は、私たちはいかなる事物についても十分な観念を持つことができないということにほかならないではないか。にもかかわらず、彼〔トーランド〕によれば、私たちの理性はすべて私たちの観念に依存するので、私たちの明晰判明な観念は彼によって理性の唯一の基盤とされている。私たちの単純観念はすべて私たちのうちに感覚を生みだす事物の力による結果にすぎないから、十分であると述べられる。だが、これは、単純観念が私たちの知覚に関してのみ十分であるということであって、事物に関して十分であることは証明していない。実体に関しては、それについての私たちの観念は不十分であると述べられる。つまり、私たちはいかなる事物についても真の知識や理解を得られないが、信仰の事柄もその他の事柄と同じように理解できるかもしれない、なぜなら実は私たちは何も理解できないのだから、ということである。」（『三位一体の教理の弁護論』、二六六—二六七頁）この反論の論旨は、「十分な観念」を持ちえないなら、明晰判明な観念は持ちえず、それを基盤にした理性は存立しえない、にもかかわらず信仰も自然も理解できると言うのは詭弁にすぎない、というものであろう。

〔二四〕 ガレノス（一二九頃―一九九）。ギリシアの医学者。ペルガモンの人。一六九年にローマ皇帝マルクス・アウレリウスに招かれて、ローマに定住した。医学の科学的な基礎を築き、種々の動物解剖によって人体の構造を研究し、実験生理学の端緒をも開いた。哲学、論理学でも業績を残した。

〔二五〕 スティリングフリートはこの段落すべてを引用した後で、以下のように反論している。「これらのご親切な言葉が誰に対して向けられたものかを言い当てるのは容易なことだ。たわいのないことを言う、馬鹿なことを言う、強情やさらにたちの悪い気質からなどの言葉は、たいそう慎み深い丁重な表現ではなかろうか。だが、私たちにある程度は知りうるが、かなりの程度は知りえないような事物をその名称〔神秘〕で呼ぶことが、どうして神秘について馬鹿なことを言うと言えるのか。このような事物が自然における実在する神秘であるなら、信仰における事柄に対してなぜ同じ用語を使用してはいけないのか。」（『三位一体の教理の弁護論』、二七二頁）スティリングフリートの反論の主旨は、自然のうちに理解しえない神秘が実在するのだから、信仰においても理解しえないことを秘義（神秘）と呼ぶのは正当である、というものであろう。彼がこの段落を自分に向けられたものと判断したのは、「草の一本一本」も神秘であるとする自説が述べられているからであろう。スティリングフリートは一六九一年四月七日の説教「キリスト教信仰の秘義の証明」において、「私たちは草一本さえまったく理解していない」と言明したことが、ユニテリアンのスティリングフリート論駁の文書に記されている。（〔スティーヴン・ナイ〕『三位一体の教理の解釈についての考察』、一六九四年、四頁）

〔二六〕 第二論考。「序文」、xviii頁および序文、訳注〔一九〕を参照せよ。

〔二七〕 「現代のあるすぐれた哲学者」はロックを指す。唯名的本質の定義と太陽の例はロックの以下の記述を参照せよ。「それゆえ、実体一般の隠れた深奥の本性がなんであろうと、個々別個な種の実体について私たちのもつ観念はすべて、……単純観念のいろいろな集成にほかならない。私たちが個々の種の実体を私たち自身に表象するのは、単純観念のこうした集成によるのであって、それ以外のどんな事物にもよらない。こういうのだけを私たちは、たとえば人間・馬・太陽・水・鉄という個々の実体の種の名前によって他人に意味表示するのである。……たとえば太陽の観念といえば、輝き、熱く、まるく、絶えず規則的に運動し、私たちから一定の距離にあるという、いろいろな単純観念や、おそらく他のある単純観念、すなわち、太陽について思考し論議する者がその太陽と呼ぶ事物のうちにある可感的性質・観念・特性を観察するさいこれまで多かれ少なかれ明確であったような、他のある単純観念や、そうした単純観念の集団のほかに、なにがあるか。」（ロック『人間知性論』、第二巻、第二三章、第六節）

〔二八〕　実在的本質の定義はロックの以下の記述を参照せよ。「第一、本質は、ある事物をその事物とさせる事物の在り方そのものとされることができよう。こうして、事物の発見できる諸性質がもとづく実在の内的な、ただし一般に実体では知られない構造は、その事物の本質と呼べよう。」（ロック『人間知性論』、第三巻、第三章、第一五節）

〔二九〕「主体」は実体を指す。この箇所はロックの以下の記述に対応する。「それゆえ、馬や石など、形体的実体のある特定の種について語ったり考えたりするとき、それら馬や石のどちらについても私たちのもつ観念は、馬あるいは石と呼ばれる事物に合一すると日ごろ見いだされているような可感的性質のいくつかの単純観念の複合体ないし集合体にすぎないが、しかも、それらの性質が単独もしくは相互のうちに存立するようすを想念できないので、私たちは、それらの性質がある共通主体のうちに存在し、この主体によって支えられていると想念する。この支えを私たちは実体という名まえで示表するが、私たちがある支えと想定する事物の明晰あるいは判明な観念は、絶対確実に私たちにないのである。」（ロック『人間知性論』、第二巻、第二三章、第四節）

〔三〇〕　スティリングフリートは「すぐれた論証者というよりむしろ大読書家という賛辞のほうが似合う連中」という揶揄が自分に向けられたと察して、トーランドを含めた反三位一体論者を「あなたがた御立派な論証者」（『三位一体の教理の弁護論』、二七二頁）と呼んでやりかえし、彼らについて以下のように評している。「しかし、キリスト教信仰の秘義を攻撃するさいに、観念〔という用語〕や哲学の新用語を本当に理解せず生半可にかじっただけの者たちほど大胆な者はいない。これらの観念〔という用語〕はこういう者たちにとってはいくつかある仲間内の用語の一つにすぎないからだ。彼らは類や種〔論理学の概念〕、隠れた性質、実体的形相についても、それらが流行遅れの用語でないなら、論じたてることだろう。

だが、用語を取り替えても人の知性を改善したり変えたりはできず、ただ話し方が変わるだけである。下手な博打打ちが新しいカードを手に入れたからといって、その勝負を少しでもうまくさばけるわけでもないのである。」（前掲書、二七三頁）スティリングフリートにとって、トーランドはロックの経験論の核心をなす観念という新用語を振りかざして、一刀両断に信仰の秘義を切り捨てようとする「下手な博打打ち」にすぎなかったが、経験論自体が彼にとっていかに脅威であったかは三年間にわたるロックとの論争が物語っている。なぜなら、ロックの新思想を宗教に適用したトーランドは、明晰判明な観念が得られなければ理性による確実性が得られないとして秘義を哲学的に「無」であると主張し、また実体の観念は持ちえないというロックの説を用いて秘義擁護論者の逃げ場を断ち秘義の防護壁を攻撃したからである。

〔三一〕　この箇所はロックの以下の記述に対応する。「してみれば、だれにもわかるように、物質の形体的実体の観念は、精神的実体すなわち精神〔ないし霊〕の観念と同じように私たちの想念・認知から遠いのであり、それゆえ、私たちが精神の実体の思念をなにももたないところから、精神の非存在を結論できないことは、同じ〔物質の実体の思念をもたない〕理由で物体の存在を否定できないのと同じである。なぜなら、物質の実体の明晰判明な観念を私たちがもたないことを理由に物体がないと断言することは、精神の実体の明晰判明な観念をもたないことを理由に精神はないと言うのと同じように理知に合うからである。」（ロック『人間知性論』、第二巻、第二三章、第五節）（訳語を一部変更させていただいた箇所がある。）

〔三二〕 ロックは神についても、その観念は他の観念と同じやり方で得ていると説いている。「なぜなら〔神という〕測り知れない至高な存有者について私たちのもつ観念を検討すれば見いだされようが、私たちは、この観念を〔他の観念と〕同じやり方でもつのであり、神ならびに〔身体と〕別な諸霊について私たちのもつ複雑観念は、私たちが内省から受けとる単純観念から作られるのである。たとえば私たちは、自分自身のうちに実地経験するところから、存在と持続や知識と力能や快と幸福やその他ある方がないよりよいいくつかの性質と力能の観念をえてしまっている。そこで、至高な存有者に私たちのできるかぎりもっとも適した観念を形成しようとしたとき、上述の観念のどれも無限の観念で拡大し、それからそれらの観念をいっしょに合わせて、神の私たちの複雑観念を作る。」（ロック『人間知性論』、第二巻、第二三章、第三三節）

〔三三〕 古代教父を指す。本章、第40段落から第44段落を参照せよ。

〔三四〕 「より特殊な意味で呼ばれているもの」とはモーセの律法のもとにあって、まだキリストによる啓示がなかった頃のユダヤ人は福音を不完全にしか知らなかったことを指す。本章、第27段落を参照せよ。

〔三五〕 邦訳聖書の対応箇所を参考として以下に掲げる。「いったい、人間の思いは、その内にある人間の霊以外に、だれが知っていようか。それと同じように神の思いも、神の御霊以外には、知るものはない。」（「コリント人への第一の手紙」、二章、一一節）

〔三六〕 転生説。魂の転生、死後における裁きと賞罰などと関連させた魂についての説。転生説は死後の霊魂が不滅であることを前提とし、プラトンの『パイドン』では死んだ人たちの魂は裁きを受けて、普通に生きてきたと判定された人たちは定められた期間アルケシアスの湖にとどまり、現世での生き方に類似した動物に生まれ変わるために後にそこから送り出される。大きな罪を犯した者たちはタルタロス（奈落）へ投げ込まれ二度とそこから出ることはできない。敬虔に生きたと判定された者たちは大地の上の高き所に住むようになる。とりわけ、哲学によって魂を浄化した者はまったく肉体なしに幸福に生きるとされる。このような魂の受肉や、人間の死後の応報賞罰や、輪廻転生などの考え方の大体の輪郭はいずれも来世論的教義を中心にしたオルペウス教のものと認められている。

〔三七〕 ケベス（テバイの）。プラトンの『パイドン』に登場する対話者の一人。テバイの出身で、ピュタゴラス派の学徒。『クリトン』では、ソクラテスの脱獄のための金を用意してテバイからやって来たとされている。『人生の肖像画（ピナックス）』は残存する唯一の作品で、一六八九年にジャック・グロノビウスがアムステルダムで出版し、その後各国語訳で出版された。

〔三八〕 ソーマ〈肉体〉はセーマ〈墓〉。このような考え方はプラトンの諸作品の中に見られる。『クラテュロス』（『プラトン全集2』、岩波書店、五六頁）、『パイドロス』（『プラトン全集5』、一九〇頁）、『ゴルギアス』（『プラトン全集9』、一四〇頁）を参照せよ。

〔三九〕 邦訳聖書の対応箇所を参考として以下に掲げる。「〈だれが主の思いを知って、彼を教えることができようか〉。しかし、わたしたちはキリストの思いを持っている。」（「コリント人への第一の手紙」、二章、一六節）

〔四〇〕 邦訳聖書の対応箇所を参考として以下に掲げる。「このようなわけで、ひとりの人によって、罪がこの世にはいり、また罪によって死がはいってきたように、こうして、すべての人が罪を犯したので、死が全人類にはいり込んだのである。」（「ローマ人への手紙」、五章、一二節）

〔四一〕 本章、第23段落における二つの分類を参照せよ。秘義と呼ばれている福音の教理は、一般的な意味でそう呼ばれているものと、特殊な意味でそう呼ばれているものとに分類されている。

〔四二〕 神に選ばれた民。イスラエル民族、ユダヤ人のこと。イスラエルは神ヤハウェに選ばれて「聖なる民」

また「宝の民」とされた。（「申命記」、七章、六節）

〔四三〕　予型。訳注、序文の〔一六〕を参照せよ。

〔四四〕　邦訳聖書の対応箇所を参考として以下に掲げる。「いったい、律法はきたるべき良いことの影をやどすにすぎず、そのものの真のかたちをそなえているものではないから、年ごとに引きつづきささげられる同じようないけにえによっても、みまえに近づいて来る者たちを、全うすることはできないのである。」（「ヘブル人への手紙」、一〇章、一節）

〔四五〕　トーランドの聖書引用をそのまま訳した。邦訳聖書の対応箇所を参考として以下に掲げる。「こうした望みをいだいているので、わたしたちは思いきって大胆に語り、そしてモーセが、消え去っていくものの最後をイスラエルの子らに見られまいとして、顔におおいをかけたようなことはしない。」（「コリント人への第二の手紙」、三章、一二節、一三節）

〔四六〕　邦訳聖書の対応箇所を参考として以下に掲げる。「実際、彼らの思いは鈍くなっていた。今日に至るまで、彼らが古い契約を朗読する場合、その同じおおいが取り去られないままで残っている。それは、キリストにあってはじめて取り除かれるのである。」（「コリント人への第二の手紙」、三章、一四節）

〔四七〕　トーランドの聖書引用をそのまま訳した。邦訳聖書の対応箇所を参考として以下に掲げる。「願わくは、わたしの福音とイエス・キリストの宣教とにより、かつ、長き世々にわたって、隠されていたが、今やあらわされ、預言の書をとおして、永遠の神の命令に従い、信仰の従順に至らせるために、もろもろの国人に告げ知らされた奥義の啓示によって、あなたがたを力づけることのできるかた、」（「ローマ人への手紙」、一六章、二五節、二六節）

〔四八〕　トーランドの勘違いであろうか、第7段落には彼の主張に該当するものは見当たらない。

〔四九〕　異邦人については訳注、第二部の〔四五〕を参照せよ。以下の第31段落冒頭も参照せよ。

〔五〇〕　アリストテレスの秘伝的論議。トーランドの『テトラダイマス（四論集）』（一七二〇年）の第二論文「クリドフォラス、または公開哲学と秘教哲学について」。すなわち、古代人の対外的教理と内部教理、一方は大衆の偏見と既成宗教に合わせた公開の一般向け教理、他方は有能な思慮深い少数者に教えられる偽装ぬきの真の真理を秘めた内密の秘伝の教理について」には、アリストテレスの秘教哲学として自然の観想と弁証法的論議が挙げられ、公開哲学として修辞学、弁論術、政治学が挙げられている。（第五節、七四―七五頁）

〔五一〕　ピュタゴラスの秘教的教理。トーランドの『テトラダイマス（四論集）』（一七二〇年）の第二論文「クリドフォラス、または公開哲学と秘教哲学について」には、ピュタゴラスの弟子には秘教的教理を明快に伝授される者（または数学者）と、通俗的なこと以外は曖昧な謎めいた教えしか説かれない部外者（または聴講生）とに分かれていた、とある。（第四節、七二―七三頁）

ピュタゴラス（前五三〇頃）。ギリシアの哲学者、数学者、宗教家。サモス島の人。四十歳頃ポリュクラテスの専制政治を逃れて、南イタリアのクロトンに二十年間定住し、特殊な戒律に基づく宗教的なピュタゴラス教団を形成した。そこではオルペウス教の説く霊魂の不滅と輪廻の教理を中心に置いて魂の浄化と禁欲をめざし、その手段として魂を鎮める音楽と万物の根本原理を教える数学の研究に励んだ。この教団は密儀宗教であったので、彼自身は何も書き残さず、その教えは弟子たちの伝承による。紀元前一世紀から紀元後二世紀にかけての新ピュタゴラス学派の興隆によってキリスト教に大きな影響を及ぼした。

〔五二〕　本章、第24段落、原注＊1を参照せよ。

〔五三〕　聖書引用中にある「または分け与える者、すなわち、神が啓示してくださった教理を説き広める者――」はトーランドによる挿入である。

〔五四〕　脱字であろうか、テキストでは九節となっているが、正しくは一九節なので訂正した。

〔五五〕「神の、父の、キリストの秘義を知るに至るためである」は、トーランドの聖書引用と欽定訳聖書をそのまま訳した。邦訳聖書では「神の奥義なるキリストを知るに至るためである」となっている。

〔五六〕「神は肉において現れ」は、トーランドの聖書引用と欽定訳聖書をそのまま訳した。邦訳聖書では「キリストは肉にて現れ」となっている。

〔五七〕邦訳聖書の対応箇所を参考として以下に掲げる。「また、あなたがたの益になることは、公衆の前でも、また家々でも、すべてあますところなく話して聞かせ、また教え、……神のみ旨を皆あますところなく、あなたがたに伝えておいたからである。」(「使徒行伝」、二〇章、二〇節、二七節)

〔五八〕第一節は聖書引用中に引用されていない。第一節は「こういうわけで、あなたがた異邦人のためにキリスト・イエスの囚人となっているこのパウロ――」である。

〔五九〕「神の中に」は、トーランドの聖書引用をそのまま訳した。邦訳聖書では「万物の造り主である神の中に」となっている。

〔六〇〕「神はすべてのものを」は、トーランドの聖書引用をそのまま訳した。邦訳聖書では「神は天にあるもの地にあるものを、ことごとく」となっている。

〔六一〕「最後の日」。一般に復活の教理では、世界の終末に神がキリストをとおして人類の罪を審判し、神の義と聖の支配を実現し、それによって、死の克服と永遠の生命がもたらされる救いが完成するとされている。

〔六二〕聖書引用中にある「(あなたがたに秘密を打ち明けよう)」および「(すなわち死ぬのではない)」はトーランドによる挿入である。トーランドの引用「死人はよみがえらされ」は、欽定訳聖書では「死人は朽ちない者によみがえらされ」となっている。「……」によってトーランドが明示する省略以外にも省略があるので、邦訳聖書の対応箇所を参考として以下に掲げる。「ここで、あなたがたに奥義を告げよう。わたしたちすべては、眠り続けるのではない。終りのラッパの響きと共に、またたく間に、一瞬にして変えられる。というのは、ラッパが響いて、死人は朽ちない者によみがえらされ、わたしたちは変えられるのである。」（「コリント人への第一の手紙」、一五章、五一節、五二節）

〔六三〕 邦訳聖書の対応箇所を参考として以下に掲げる。「〈それゆえに、人は父母を離れてその妻と結ばれ、ふたりの者は一体となるべきである〉。この奥義は大きい。それは、キリストと教会とをさしている。」（「エペソ人への手紙」、五章、三一節、三二節）

〔六四〕 反キリストについては訳注、序文の〔一四〕を参照せよ。

〔六五〕 「……」はトーランドによる四節、五節の省略である。邦訳聖書の対応箇所を参考として以下に掲げる。「彼は、すべて神と呼ばれたり拝まれたりするものに反抗して立ち上がり、自ら神の宮に座して、自分は神だと宣言する。わたしがまだあなたがたの所にいた時、これらの事をくり返して言ったのを思い出さないのか。」

〔六六〕 邦訳聖書の対応箇所を参考として以下に掲げる。「もし彼らの捨てられたことが世の和解となったとすれば、彼らの受けいれられることは、死人の中から生き返ることではないか。」（「ローマ人への手紙」、一一章、一五節）

〔六七〕 新約聖書の対応箇所を参考として以下に掲げる。「そこで言われた、〈あなたがたには、神の国の奥義を知ることが許されているが、ほかの人たちには、見ても見えず、聞いても悟られないために、譬《たとえ》で話すのである〉。」（「ルカによる福音書」、八章、一〇節）

〔六八〕 前注〔六七〕を参照せよ。

〔六九〕 聖書引用中にある「（すなわちアジアにおける）」はトーランドによる挿入である。

〔七〇〕 「それは〈奥義〔秘義〕、大いなるバビロン……〉というのであった」は、トーランドの聖書引用と欽定訳聖書をそのまま訳した。邦訳聖書では「それは奥義であって、〈大いなるバビロン……〉というのであった」となっている。引用に省略があるので、新約聖書の対応箇所を参考として以下に掲げる。「その額には、一つの名がしるされていた。それは奥義であって、〈大いなるバビロン、淫婦どもと地の憎むべきものらとの母〉というのであった。……すると、御使はわたしに言った、〈なぜそんなに驚くのか。この女の奥義と、女を乗せている七つの頭と十の角のある獣の奥義とを、話してあげよう〉。」（「ヨハネの黙示録」、一七章、五節、七節）

〔七一〕　この段落は直前の段落番号と重複して「34」となっている。すなわち、「34」、「34」、「36」と番号づけされているので、「35」と訂正した。

〔七二〕　この第35段落の教区民と博士との対話から当時の世相が窺える。この博士は「盲いた傲慢で肉的な理性」に反対する説教をたびたび行い、名誉革命後一六八九年の寛容法によって「信教の自由」が定められたため、「教会が命じるとおりでなく、自分自身の分別に従って信じる」ことが認められたことに不満を抱く国教会聖職者であろう。ユニテリアンを除くプロテスタント非国教徒に一定程度の信教の自由（礼拝の自由）を認めた寛容法は、理性と寛容を重視した広教主義的聖職者とは対照的に、排他的・権威主義的な国教会主義を主張する者たちにとっては国教会の弱体化を招くものとして敬遠された。この「博士」は後者に属すると言える。

〔七三〕　原始キリスト教会。トーランドは古代キリスト教会（一般に福音宣教から六世紀頃まで）における最初期の福音宣教から一世紀までを原始キリスト教会の時代とし、二世紀以後を古代教父の時代と考えているようである。第三部、第90段落を参照せよ。

〔七四〕　フォントネル、ベルナール・ル・ボヴィエ・ド（一六五七―一七五七）。フランスの作家、思想家。ルアンの生まれ。コルネイユの甥。『新篇死者の対話』（一六八三年）で文名をあげ、『世界の複数性についての対話』（一六八六年）でデカルトの天文学を上流人士向けに解説し、『神託史』（一六八七年）で異教的な神託・預言・迷信を批判し、合理的・実証的精神の思想家として名声を博し、「新旧論争」では権威をたたき進歩を讃える近代派に与して『古代人と近代人についての余談』（一六八八年）を著した。科学アカデミーの会員、さらに常任書記に就任。十八世紀啓蒙思想の最大の先駆者の一人とされている。

〔七五〕 ペロー、シャルル（一六二八―一七〇三）。フランスの作家。パリの生まれ。一六八七年にアカデミーで朗読した「ルイ大王の時代」が新旧論争の発端となり、近代派としてボワローらの古代派と論戦し、『古代人と近代人の比較論』（四巻）を著した。一方、「赤ずきんちゃん」を含む『童話集』（一六九七年）によって不朽の名を残している。

〔七六〕 「問題の提起」の第2段落、第3段落などを参照せよ。

〔七七〕 クレメンス（アレクサンドリアの）（一五〇頃―二一五頃）。正式名はティトス・フラウィオス・ケレメス。古代ギリシア教父の一人。二十歳頃キリスト教に入信し、アレクサンドリアのパンタイノスの教理教師学校に学び後にそこを主催（二〇〇年頃）し、アレクサンドリア学派の実質上の創始者とみなされる。彼はギリシア哲学を「福音への準備」としてキリスト教信仰の論拠として用い、キリスト教神学の基盤を固める一助を果たした。そのような意図は、いわゆる三部作『ギリシア人への勧め』、『教育者』、『ストロマテイス』（原題は『真なる哲学による覚知に基づいた覚書』）に説かれている。二〇二年に開始したセプティミウス・セウェルス帝のキリスト教迫害によってカイサリアに逃れ同地で没したらしい。

〔七八〕 第三章表題にある「古代キリスト教徒」を指す。ここでは具体的に二、三世紀の教父をとりあげている。

〔七九〕 殉教者ユスティノス（一〇〇頃―一六五頃）。古代キリスト教弁証家。パレスチナの異教徒の子として生まれる。自ら伝えるところによればストア学派、ペリパトス学派、ピュタゴラス学派、プラトン学派などを遍歴した後、キリスト教を確実な哲学として確信して回心し、以後哲学者の衣（パリウム）を着てキリスト教を説いて回った。だが、キュニコス学派との論争を機に「キリスト者」のゆえをもって弟子と共に処刑された。ヘブライ的啓示信仰とギリシア思想の融合に努め、キリスト教弁証論に貢献した。『ユダヤ人トリュフォンとの対話』はユダヤ人に向けられた最古のキリスト教弁証論である。

〔八〇〕 ヨシュア。モーセの後継者で「ヨシュア記」の中心人物の名。ヨシュアとはエホシュアの短縮形で、「ヤハウェは救い」の意であるところからイエスの予型とされた。

〔八一〕 邦訳聖書の対応箇所を原注に示された前後を含めて参考として以下に掲げる。「ときにアマレクがきて、イスラエルとレピデムで戦った。モーセはヨシュアに言った、〈われわれのために人を選び、出てアマレクと戦いなさい。わたしはあす神のつえを手に取って、丘の頂に立つであろう〉。ヨシュアはモーセが彼に言ったようにし、アマレクと戦った。モーセとアロンおよびホルは丘の頂に登った。モーセが手を上げているとイスラエルは勝ち、手を下げるとアマレクが勝った。しかしモーセの手が重くなったので、アロンとホルが石を取って、モーセの足もとに置くと、彼はその上に座した。そしてひとりはこちらに、ひとりはあちらにいて、モーセの手をささえたので、彼の手は日没までさがらなかった。ヨシュアは、つるぎにかけてアマレクとその民を打ち敗った。」（「出エジプト記」、一七章、八節から一三節）

〔八二〕 テルトゥリアヌス（一五〇または一六〇—二二〇頃）。カルタゴ出身の三世紀最大の教父。一般に、「不合理なるゆえにわれ信ず」という句は彼に帰されているが、真偽は確かでない。法律、修辞学、ギリシア古典など最高の教育を受け、ローマで法律家となった後、キリスト教に改宗（一九五年頃）。代表的著作としては、『護教論』、『キリストの肉体について』、『マルキオン反駁』、『霊魂論』などがある。西方教会で最初に三位一体論を唱えた。

〔八三〕 サモトラケ。訳注、第三部の〔一四〕を参照せよ。

〔八四〕 エレウシス。訳注、第三部の〔一五〕を参照せよ。

〔八五〕 オリゲネス（一八五頃—二五四頃）。ギリシア教父、クレメンスの後を継ぐアレクサンドリア学派の代表的神学者。教理教師学校では一般学、哲学を経てから聖書の理解へと指導した。著作は教義学『諸原理について』、キリスト教弁護論『ケルソス駁論』があるが、大部分は旧約聖書の原文批評、聖書注釈などの聖書学的著作である。聖書本文の三重の意味を説いて比喩的解釈を行ったが、キリストの従属説、万物が救われる救済論などが異端の嫌疑を招いた。

〔八六〕 旧約聖書「エゼキエル書」はエゼキエルが見た幻視を語っている。

〔八七〕 共通概念。訳注、第二部の〔一一〕を参照せよ。

〔八八〕 エピクロス。訳注、第二部の〔九〇〕を参照せよ。

〔八九〕 アカデメイア派。プラトン学派の総称。一般にこの学派は古・中・新の三期に区分される。

〔九〇〕 隠れた性質。物質のうちにあるが、その性質を知ることも説明することもできないとされる性質を指し、アリストテレス主義者によって用いられた概念である。

〔九一〕 一六九〇年代の英国国教会内部での反三位一体論争における、秘義弁護論者への言及と思われる。

〔九二〕 邦訳聖書の対応箇所を参考として以下に掲げる。「なぜなら、この世の知恵は、神の前では愚かなものだからである。〈神は、知者たちをその悪知恵によって捕える〉と書いてあり、」(「コリント人への第一の手紙」、三章、一九節)

〔九三〕 事実的信仰、一時的信仰、義化する信仰。いずれも神学用語。事実的信仰とは、キリストの恩恵を実際に逃すことのない信仰。一時的信仰とは、神の真理を一時的に深く理解はするが、後に不信仰へ至る信仰。義化する信仰とは、人々がキリストの恩恵によって義とされるさいに、その基礎となるあるいはその手段となる信仰。

〔九四〕 デカルトのコギトを皮肉っている。

〔九五〕 キケロの殺害。キケロ、マルクス・トゥリウス(前一〇六―前四三)。ローマ共和制末期の政治家、雄弁家、文人、哲学者。カエサルの独裁によって隠退後、反目していたマルクス・アントニウスの刺客に殺害された。『神々の本性について』、『卜占について』、『トゥスクルム論議』などの著作が有名。

〔九六〕 征服王ウィリアム。ウィリアム一世（一〇二七―一〇八七）。ノルマン王朝の創始者、イングランド王（一〇六六―一〇八七）。

〔九七〕 歴史上の史実の真偽に対するトーランドの懐疑は彼の著作の原動力の一つとも言える。「アティリウス・レグルスの捏造された最期」（一六九四年）（『ジョン・トーランド小論集』、ピエール・デ・メゾー編、第二巻、一七二六年、二八―四七頁）では非業の最期をとげたとされるローマの執政官レグルスの話は史実ではないと主張し、ジョルダーノ・ブルーノの火刑は目撃者の書簡を証拠にして史実であると確定している（一七〇九年）（前掲書、第一巻、三〇四―三一五頁）。伝承への懐疑が新約聖書に向けられたとき、既存の外典と偽典への懐疑となり（『アミュントール、またはミルトン評伝弁護』、一六九九年）、既成キリスト教に向けられたとき、本書における三位一体を核とする秘義批判に始まり明確な唯一神を奉じた原始キリスト教へ遡及していったと考えられる（『ナザレ派、またはユダヤ人・異邦人・マホメット教徒のキリスト教』、一七一八年）。

〔九八〕 ブリクトリ。意味のない、作られた言葉。十七世紀以来神学論争などで使われ、ジャン・ルクレール『存在論』（一六九二年）などにも見られるが、ニコラ・マールブランシュ『形而上学と宗教に関する対話』（一六八八年）の以下の使用例は、本文の文脈から見ると興味深い。「私たちが神の実体それ自体を見ることができることを私は否定しない。私たちがその実体それ自体を見るとは、それを表象するいかなる有限なものを介して見るのではないという意味である。しかし、その実体の単純性に到達できるとか、その完全性を見いだすことができるという意味で、見るのではない。有限なものは無限なものを表象することはできないことにあなたは同意しているのだから、もし無限なものを見るとすれば、無限なものそれ自体を見ることとしかできないのは明らかだ。だが、それを見ることは確かなことである。というのは、見ないとするならば、神あるいは無限な存在がいるのかどうかを私にたずねるさいに、自分にわからない用語を含む命題によって、馬鹿げた質問をしていることになろう。それは、ブリクトリ、すなわちあなたが何であるかを知らないあるものが存在しているかどうかを私にたずねるようなものである。」(同書、対話二、第七節、テオドールの発言)

〔九九〕 トーランドの聖書引用をそのまま訳した。邦訳聖書の対応箇所を参考として以下に掲げる。「信仰がなくては、神に喜ばれることはできない。なぜなら、神に来る者は、神のいますことと、ご自身を求める者に報いて下さることとを、必ず信じるはずだからである。」(「ヘブル人への手紙」、一一章、六節)

〔一〇〇〕 邦訳聖書の対応箇所を参考として以下に掲げる。「しかし、信じたことのない者を、どうして呼び求めることがあろうか。聞いたことのない者を、どうして信じることがあろうか。宣べ伝える者がいなくては、どうして聞くことがあろうか。」(「ローマ人への手紙」、一〇章、一四節)

〔一〇一〕 邦訳聖書の対応箇所を参考として以下に掲げる。「したがって、信仰は聞くことによるのであり、聞くことはキリストの言葉から来るのである。」(「ローマ人への手紙」、一〇章、一七節)

〔一〇二〕 「ヘブル人への手紙」、一一章、一節の信仰の定義に続いて、アベル、エノク、ノア、アブラハム、サラの例が挙げられている。

〔一〇三〕 族長たち。モーセ以前のイスラエルの先祖のこと。前注〔一〇二〕を参照せよ。

〔一〇四〕 「確言」は、トーランドの聖書引用にある demonstration をそのまま訳した。直前のトーランド自身の文言「信仰を予断、意見、憶測ではなく、確信あるいは確言と定義している」の中の「確言」と同じである。欽定訳聖書では evidence とあり、邦訳聖書では「確認」となっている。

〔一〇五〕 トーランドの聖書引用をそのまま訳した。邦訳聖書の対応箇所を参考として以下に掲げる。「これらの人はみな、信仰をいだいて死んだ。まだ約束のものは受けていなかったが、はるかにそれを望み見て喜び、そして、地上では旅人であり寄留者であることを、自ら言いあらわした。」(「ヘブル人への手紙」、一一章、一三節)

〔一〇六〕 邦訳聖書の対応箇所を参考として以下に掲げる。「イエスは、また人々に語ってこう言われた、〈わたしは世の光である。わたしに従って来る者は、やみのうちを歩くことがなく、命の光をもつであろう〉。」(「ヨハネによる福音書」、八章、一二節)、「〈わたしは、この世にいる間は、世の光である〉。」(「ヨハネによる福音書」、九章、五節)

〔一〇七〕 トーランドは「異邦人の光」と呼ばれたのはキリストであると解しているが、新約聖書ではキリストの命を受けて宣教しているパウロかバルナバを指すようである。邦訳聖書の対応箇所を参考として以下に掲げる。「〈主はわたしたちに、こう命じておられる、《わたしは、あなたを立てて異邦人の光とした。あなたが地の果までも救いをもたらすためである》〉。」(「使徒行伝」、一三章、四七節)

〔一〇八〕 邦訳聖書の対応箇所を参考として以下に掲げる。「どうか、わたしたちの主イエス・キリストの神、栄光の父が、知恵と啓示との霊をあなたがたに賜わって神を認めさせ、」(「エペソ人への手紙」、一章、一七節)

〔一〇九〕 邦訳聖書の対応箇所を参考として以下に掲げる。「あなたがたの心の目を明らかにして下さるように、そして、あなたがたが神に召されていだいている望みがどんなものであるか、聖徒たちがつぐべき神の国がいかに栄光に富んだものであるか、」(「エペソ人への手紙」、一章、一八節)

〔一一〇〕 邦訳聖書の対応箇所を参考として以下に掲げる。「また、ある人は、この日がかの日よりも大事であると考え、ほかの人はどの日も同じだと考える。各自はそれぞれ心の中で、確信を持っておるべきである。」(「ローマ人への手紙」、一四章、五節)

〔一一一〕「創世記」、一七章、一七節、一九節を参照せよ。「アブラハムはひれ伏して笑い、心の中で言った、〈百歳の者にどうして子が生れよう。サラはまた九十歳にもなって、どうして産むことができようか〉。……神は言われた、〈いや、あなたの妻サラはあなたに男の子を産むでしょう。名をイサクと名づけなさい。わたしは彼と契約を立てて、後の子孫のために永遠の契約としよう〉。」

〔一一二〕「推論した」は、トーランドの聖書引用にある reasoning をそのまま訳した。欽定訳聖書では accounting とあり、邦訳聖書では「信じていた」となっている。次注〔一一三〕を参照せよ。

〔一一三〕トーランドの聖書引用をそのまま訳した。邦訳聖書の対応箇所を参考として以下に掲げる。「信仰によって、アブラハムは、試錬を受けたとき、イサクをささげた。すなわち、約束を受けていた彼が、そのひとり子をささげたのである。この子については、〈イサクから出る者が、あなたの子孫と呼ばれるであろう〉と言われていたのであった。彼は、神が死人の中から人をよみがえらせる力がある、と信じていたのである。だから彼は、いわば、イサクを生きかえして渡されたわけである。」（「ヘブル人への手紙」、一一章、一七節から一九節）

〔一一四〕邦訳聖書の対応箇所を参考として以下に掲げる。「このようにして、ひとりの死んだと同様な人から、天の星のように、海べの数えがたい砂のように、おびただしい人が生れてきたのである。」（「ヘブル人への手紙」、一一章、一二節）

〔一一五〕トーランドの聖書引用をそのまま訳した。邦訳聖書の対応箇所を参考として以下に掲げる。「すなわち、およそ百歳となって、彼自身のからだが死んだ状態であり、また、サラの胎が不妊であるのを認めながらも、なお彼の信仰は弱らなかった。彼は、神の約束を不信仰のゆえに疑うようなことはせず、かえって信仰によって強められ、栄光を神に帰し、神はその約束されたことを、また成就することができると確信した。」（「ローマ人への手紙」、四章、一九節から二一節）

〔一一六〕　トーランドの聖書引用をそのまま訳した。邦訳聖書の対応箇所を参考として以下に掲げる。「〈彼を知っている〉と言いながら、その戒めを守らない者は、偽り者であって、真理はその人のうちにない。……〈彼におる〉と言う者は、彼が歩かれたように、その人自身も歩くべきである。」（「ヨハネの第一の手紙」、二章、四節、六節）

〔一一七〕　邦訳聖書の対応箇所を参考として以下に掲げる。「こうして、わたしたちはもはや子供ではないので、だまし惑わす策略により、人々の悪巧みによって起る様々な教の風に吹きまわされたり、もてあそばれたりすることがなく、」（「エペソ人への手紙」、四章、一四節）

〔一一八〕　邦訳聖書の対応箇所を参考として以下に掲げる。「あなたがたに乳を飲ませて、堅い食物は与えなかった。食べる力が、まだあなたがたになかったからである。今になってもその力がない。」（「コリント人への第一の手紙」、三章、二節）

〔一一九〕　邦訳聖書の対応箇所を参考として以下に掲げる。「あなたがたは、久しい以前からすでに教師となっているはずなのに、もう一度神の言の初歩を、人から手ほどきしてもらわねばならない始末である。あなたがたは堅い食物ではなく、乳を必要としている。すべて乳を飲んでいる者は、幼な子なのだから、義の言葉を味わうことができない。しかし、堅い食物は、善悪を見わける感覚を実際に働かせて訓練された成人のとるべきものである。」（「ヘブル人への手紙」、五章、一二節から一四節）

〔一二〇〕　第二部、第4段落の冒頭を参照せよ。

〔一二一〕　邦訳聖書の対応箇所を参考として以下に掲げる。「信じてバプテスマを受ける者は救われる。しかし、不信仰の者は罪に定められる。」（「マルコによる福音書」、一六章、一六節）

〔一二二〕　ソモノコドム。第二版の原注に「シャム人の神」とある。当時、旅行記などで東アジア諸民族の神と伝えられていた。釈迦、仏陀と同一と考えられていた。

〔一二三〕　邦訳聖書の対応箇所を参考として以下に掲げる。「ただ、心の中でキリストを主とあがめなさい。また、あなたがたのうちにある望みについて説明を求める人には、いつでも弁明のできる用意をしていなさい。」（「ペテロの第一の手紙」、三章、一五節）

〔一二四〕　原文は「第二部」となっているが、正しくは「第三部」であるので訂正した。第三部、第二章「あるものに関して、その特性すべてについて十分な観念を持たない、またその本質についてまったく観念を持たないことを理由に、そのものを神秘と呼ぶべきではない」を参照せよ。

〔一二五〕　邦訳聖書の対応箇所を参考として以下に掲げる。「彼らは女に言った、〈わたしたちが信じるのは、もうあなたが話してくれたからではない。自分自身で親しく聞いて、この人こそまことに世の救主であることが、わかったからである〉。」（「ヨハネによる福音書」、四章、四二節）

〔一二六〕　邦訳聖書の対応箇所を参考として以下に掲げる。「わたしは、主イエスにあって知りかつ確信している。それ自体、汚れているものは一つもない。ただ、それが汚れていると考える人にだけ、汚れているのである。」（「ローマ人への手紙」、一四章、一四節）

〔一二七〕　邦訳聖書の対応箇所を参考として以下に掲げる。「だから、愛する兄弟たちよ。堅く立って動かされず、いつも全力を注いで主のわざに励みなさい。主にあっては、あなたがたの労苦がむだになることはないと、あなたがたは知っているからである。」（「コリント人への第一の手紙」、一五章、五八節）

〔一二八〕　第一部、第三章「情報を得る手段について」、第9段落から第11段落を参照せよ。

〔一二九〕　第一部、第四章「確信の基盤について」と第二部、第二章「この議論にかかわる啓示の権威について」、第11段落を参照せよ。

〔一三〇〕　邦訳聖書の対応箇所を参考として以下に掲げる。「〈このように、ダビデ自身がキリストを主と呼んでいる。それなら、どうしてキリストはダビデの子であろうか〉。大ぜいの群衆は、喜んでイエスに耳を傾

けていた。」（「マルコによる福音書」、一二章、三七節）

〔一三一〕　原文には「ペテロへの第一の手紙」とあるが誤植であろう。「ペテロの第一の手紙」に訂正した。

〔一三二〕　マリアの処女性。ローマ・カトリック教会ではマリアが処女のままに受胎し、出産し、出産後も処女であったと三段階の処女性を表明している。このようなマリア崇拝に対し、一般にプロテスタント教会はマリアに特別な地位を与えることを拒否した。

〔一三三〕　ローマ・カトリック教会の「聖人伝説」を念頭においているのだろう。聖人伝の中では、ヴォラギネのヤコブス（一二三〇頃―一二九八頃）の『黄金伝説（諸聖人の生涯）』がもっとも有名であった。聖人伝説には、たとえば、使徒ペテロが獄につながれていた鎖やイエスが磔になった十字架にまつわる奇蹟、あるいは首をはねられ、胴体は一方の川岸から、首はもう一方の岸から川に投げ込まれたある聖人の胴体と首が五十年後に発見され自然に付いたとか、ある聖人が杖を地面に突き立てるとその杖は木のように葉を茂らせ花を咲かせたとか、ある聖人たちは舌を切られた後でも話すことができたとか、死後も腐ることなく支えがなくても一人で立っている、などの話が語られている。

〔一三四〕　バラモン教。当時インドの宗教と考えられていた。仏教以前からバラモン（僧侶・司祭階級）を中心に行われた民族宗教。

〔一三五〕　邦訳聖書の対応箇所、「使徒行伝」、一四章、八節から一二節および一五節を参考として以下に掲げる。「ところが、ルステラに足のきかない人が、すわっていた。彼は生れながらの足なえで、歩いた経験が全くなかった。この人がパウロの語るのを聞いていたが、パウロは彼をじっと見て、いやされるほどの信仰が彼にあるのを認め、大声で〈自分の足で、まっすぐに立ちなさい〉と言った。すると彼は踊り上がって歩き出した。群衆はパウロのしたことを見て、声を張りあげ、ルカオニヤの地方語で、〈神々が人間の姿をとって、わたしたちのところにお下りになったのだ〉と叫んだ。彼らはバルナバをゼウスと呼び、パウロはおもに語る人なので、彼をヘルメスと呼んだ。……〔パウロとバルナバは〕言った、〈皆さん、なぜこんな事をするのか。わたしたちとても、あなたがたと同じような人間である。そして、あなたがたがこのような愚にもつかぬものを捨てて、天と地と海と、その中のすべてのものをお造りになった生ける神に立ち帰るようにと、福音を説いているものである〉。」

〔一三六〕 プロテスタントのことであろう。

〔一三七〕 実体変化。訳注、第二部の〔二〕を参照せよ。

〔一三八〕 聖人伝説については訳注〔一三三〕を参照せよ。ローマ・カトリック教会では六世紀以降、聖人崇敬が信仰の一要素となり、諸聖人の伝記的伝説がさかんに読まれたが、宗教改革者たちは聖書的根拠なしとして排除した。しかし、ローマ・カトリック側の動向として、フランドルのイエズス会士（いわゆるボランディスト）がより学問的な『聖人伝集』を一六四三年に一月の部（教会暦に従って編纂されているため）を皮切りに以降延々と出版し、一七七〇年には一〇月の部まで刊行がなされた。本書の第二版で「彼らの聖人伝説に書かれているような」が削除されているのはこのあたりの事情と関係があろうか。異文（36）を参照せよ。

〔一三九〕「問題の提起」の第**7**段落を参照せよ。

〔一四〇〕 レビ族。訳注、第二部の〔六七〕を参照せよ。

〔一四一〕 ユダヤ人キリスト教徒を指す。キリスト教初期において異邦人キリスト教徒と区別される。キリストを救い主と認めて改宗したが、同時にユダヤ教の律法を救いの必要条件として遵守する者たちを指す。彼らはエルサレムの神殿を中心とする律法生活を営み、祭儀に参加し、依然としてユダヤ教から分離していなかった。一方、パウロは異邦人伝道において、救いの条件に律法の遵守を含めず、イエス・キリストへの信仰のみで必要かつ十分として異邦人キリスト教徒の拡大に成功した。

〔一四二〕　トーランドの聖書引用をそのまま訳した。邦訳聖書の対応箇所を参考として以下に掲げる。「キリストは、すべて信じる者に義を得させるために、律法の終りとなられたのである。」(「ローマ人への手紙」、一〇章、四節)

〔一四三〕　邦訳聖書の対応箇所を参考として以下に掲げる。「わたしが律法や預言者を廃するためにきた、と思ってはならない。廃するためではなく、成就するためにきたのである。」(「マタイによる福音書」、五章、一七節)

〔一四四〕　改宗した異邦人。異邦人キリスト教徒を指す。訳注、第二部の〔四五〕「異邦人」を参照せよ。

〔一四五〕　神の霊的恩恵の物質的な表現形態とみなされるサクラメント(ローマ・カトリック教会では秘跡、プロテスタント教会では主に礼典または聖礼典と呼ばれる)として、ローマ・カトリック教会は洗礼、堅信、聖餐、告解、終油、叙階、結婚の七つを定めていたが、プロテスタント教会は宗教改革でこれを批判し、聖書に基づく礼典は洗礼と聖餐のみとした。しかし、聖餐論においてプロテスタント教会は一致できず、それが分裂の原因となった。訳注、第二部の〔四〕「ルター派の共在説」を参照せよ。

〔一四六〕　ケレス。ローマの古い豊穣の女神。その祭りは春に行われ、大地女神の祭りと密接な関係を持つと言われる。

〔一四七〕　ローマ帝国でのキリスト教公認はコスタンティヌス一世(在位三〇六―三三七)、国教化はテオドシウス一世(在位三七九―三九五)の時である。コスタンティヌス一世はミラノ勅令によってキリスト教を公認し(三一三年)、キリスト教を帝国の守護神とし帝国統一の基礎とした。そのため、教会の一致に関与し、ニカイア宗教会議を開いて三位一体を説くアタナシオス主義を正統とし、父と子の異質を説くアリオス主義を異端として論争が収拾された(三二五年)。また、キリスト教迫害時代に没収された教会財産の返還、聖職者の公禄免除、教会への寄進、各地に壮麗な教会堂の建立などによってキリスト教への優遇策がとられた。

しかし、彼の受洗は臨終時であり、公認以後も「太陽神」崇拝を抱いていた。テオドシウス一世は皇帝就任まもなくキリスト教に帰依し（三八〇年）、異教の祭礼・供犠を禁じ（三九二年）、オリンピア競技を停止させ、神殿財産を没収して、キリスト教を国教にした。彼もキリスト教を統一し正統派をもって国教とする帝国の建設をめざした。

〔一四八〕ストラ。ストールのこと。祭服の一部で、聖職者が首の周りにかける細長い帯状のもの。ローマ・カトリック教会では司教と司祭は首の周りに、助祭は左肩からたすき状にかける。

〔一四九〕ミトラ。司教（主教）冠。西方教会における司教（主教）・大修院長などの公式の冠。宗教改革後の英国国教会ではジョージ三世（在位一七六〇―一八二〇）の頃までは戴冠式以外はめったに用いられなかった。

〔一五〇〕断食のまねごと。レント、四旬節、受難節（ローマ・カトリック教会）、大斎節（聖公会）などと呼ばれ、荒野のキリストを記念し断食や節食、改悛を行う。本来は復活日前の四十日間の断食であり、その起源は二世紀にさかのぼり、復活日前夜に洗礼を受ける志願者が断食、祈禱して準備したことに由来する。

〔一五一〕アプレイウス、ルキウス（一二三頃―？）。ローマの作家。アフリカのマダウロスの生まれ。哲学や魔術に興味を持ち、プラトン哲学についての不正確な解説がある。未亡人との結婚に財産問題が絡んで魔術師の疑いをかけられ『弁明』を著した。この作品は地方都市の生活、迷信に満ちた時代相、魔術の流行などの有力な資料とされる。魔術への興味からろばの姿になったルキウスという男が冒険や苦労の末に、イシス女神の恵みで人間にもどる『黄金のろば』は名高い。

〔一五二〕オウィディウス。訳注、第三部の〔一一〕を参照せよ。

〔一五三〕アルノビウス（三三〇年頃没）。キリスト教護教論者。北アフリカのヌミディアの生まれで、修辞学を教えた。『異教の民に』（全七巻）は迫害に対するキリスト教の弁明と異教攻撃の書であるが、キリスト教の教義はほとんど含まれず、むしろ当時のローマ領アフリカ諸都市の異教思想や祭儀の網羅的な記述と非難を特徴とする。彼は霊魂の可死性を主張している。

〔一五四〕 ティブルス、アルビウス（前四八頃―後一九頃）。ローマの詩人。ホラティウスやオウィディウスの友人で、政治家ウァレリウス・メッサラ・コルウィヌスの庇護を受けた。『詩集』には少年マラトゥスやデリアとネメシスと呼ばれる二人の女性への愛が歌われている。悲恋の後、田舎に隠棲した。

〔一五五〕 クリュソストモス、ヨアンネス（三四七頃―四〇七）。コンスタンティノポリス総主教、四世紀の代表的教父、聖書解釈学者、聖人。東方教会ではもっとも尊敬されている教父。アンティオキアで聖職につき（三八六年）、説教の巧みさから後世クリュソストモス（黄金の口）と呼ばれた。聖書解釈は、アレクサンドリア派の比喩的・思弁的解釈を斥け、アンティオキア派の伝統に従い、字句どおりの解釈を主張した。説教の形で行われた旧約・新約の釈義が主著としてまとめられている。「聖餐博士」と呼ばれるほど聖餐を重要視した。晩年、コンスタンティノポリス総主教に在任中（三九八―四〇四）、アレクサンドリア教会とアンティオキア教会の激しい抗争に巻き込まれ、不当な異端告発により二度にわたって追放された。

〔一五六〕 バシレイオス（カッパドキアの）（三三〇頃―三七九）。「カッパドキア三教父」の一人、聖人。カイサリアの主教に任ぜられ（三七〇年）、異端反駁の論争と修道生活の生涯を送った。多数の書簡のほかに、『エウノミオス駁論』（三巻）、『聖霊論』、オリゲネスの原文を含む抜粋集『フィロカリア』などがある。教理では半アリオス主義とニカイア信条との和解に尽力し、彼の死後開かれたコンスタンティノポリス宗教会議（三八一年）でのアリオス派論争の事実上の終結は彼の功績とされる。

〔一五七〕 シュネシオス（キュレネーの）（三七〇または三七五―四一四頃）。プトレマイスの主教、新プラトン主義哲学者。エジプトのキュレネー（リビア）に生まれ、アレクサンドリアで新プラトン主義哲学者ヒュパティアに師事した。キリスト教への改宗後（四〇九年）、プトレマイスの主教に選任されたが（四一〇年）、その後も魂の先在、世界の永遠性などの異教的信念を保持したようである。彼の著作はすべて改宗以前のものである。コンスタンティノポリスの宮廷に使節として派遣されたさいの生活を記した政治的小冊子『摂理について』、皇帝の理想像についての演説『統治について』、ソフィストを皮肉った『禿頭礼賛』などがある。なお、彼の師匠ヒュパティアはキリスト教徒圧迫の嫌疑をかけられ暴徒によって殺害された（四一五年）。この事件に関して当時のアレクサンドリア総主教キュリロス（三七六―四四四）は非難された。トーランドはヒュパティアについて『テトラダイマス（四論集）』（一七二〇年）で第三論文「ヒュパティア、または麗しき、有徳なる、学識高き、立派な淑女の物語。一般に聖人キュリロスと呼ばれるが、その名に値しない総主教キュリロスの高慢、対抗心、残忍性を満たすため、彼女はアレクサンドリアの僧侶たちによって八つ裂きにされた」と題した小論を書いている。

〔一五八〕　助祭。ローマ・カトリック教会の位階の一つ。司祭に次ぐ位階であり、説教、洗礼式、結婚式、聖堂区の運営などにおいて司祭を補佐する。

〔一五九〕　「悔い改めた者」とは、一度信仰を放棄して再入信する人や復帰した異端者を指すのであろう。

〔一六〇〕　サクラメント。訳注、第三部の〔一四五〕を参照せよ。

〔一六一〕　ピュタゴラス。訳注、第三部の〔五一〕を参照せよ。トーランドの『テトラダイマス（四論集）』（一七二〇年）の第二論文「クリドフォラス、または公開哲学と秘教哲学について」には、ピュタゴラスの弟子のうち秘教的教理を伝授される者にはそのための準備期間が五年あるいは二年設けられ、彼らは教理を部外者に教えることを禁じられ、その禁を破った者が追放された例が挙げられている。（七二―七三頁）

〔一六二〕　オリュンピオドロス〔アレクサンドリアの〕。六世紀初頭の新プラトン主義者。五二九年東ローマ皇帝ユスティニアヌス一世による異教的学芸の抑圧以後も、アレクサンドリアでギリシア古典哲学を教えた。著作にはプラトンの『パイドン』、『ゴルギアス』、『アルキビアデス』の注解、アリストテレス哲学の紹介や注解がある。

〔一六三〕 洗礼。信徒になるための儀式で、洗礼準備教育（カテケシス）を受けた洗礼志願者が受ける儀式。全身を水に浸すか（浸礼）、頭上に水を注ぐことを中心としたが、時とともに儀式が発達した。テルトゥリアヌスによれば、準備の断食と徹夜の祈り、罪の告白、浸礼、按手、塗油などから成っていたことが知られる。（テルトゥリアヌス『洗礼について』、平凡社、上智大学中世思想研究所編訳・監修『中世思想原典集成四、初期ラテン教父』、四〇—六八頁、佐藤吉昭訳）

〔一六四〕 十字のしるし。洗礼を授ける者は、水に入った受洗者の頭上に右手と左手を交差させて、両手で十字を形作って手を置いたことを示す。（前注〔一六三〕のテルトゥリアヌス『洗礼について』、五〇頁）

〔一六五〕 執り行われる時期。洗礼式の執行は二—四世紀頃には復活日と聖霊降臨日に限って行われた。（前注〔一六三〕のテルトゥリアヌス『洗礼について』、六六頁）

〔一六六〕 悪魔祓い。悪魔を祈りや呪文で追い払うこと。洗礼の前には三回行われた。

〔一六七〕 悪魔絶縁。洗礼前に行われる悪魔祓いのことで、悪魔を息で吹き消すしぐさである。受洗礼者が悪魔と絶縁することを示すため行ったが、後には司祭が代わりに行った。

〔一六八〕 きわめて純粋な諸宗教改革。十六世紀の「宗教改革」のことではない。

〔一六九〕 副助祭。ローマ・カトリック教会の位階の一つで、助祭の補佐役。助祭については訳注、第三部の〔一五八〕を参照せよ。

〔一七〇〕 読師。ローマ・カトリック教会の位階の一つ。副助祭の役割を部分的に果たす。ミサなどにおいて、聖書の選定された箇所を朗読するために任命される。

〔一七一〕 首座大司教。ローマ・カトリック教会の位階の一つ。一地方のすべての司教、大司教の上位に立つある大司教の名称。

〔一七二〕 属司教。ローマ・カトリック教会の位階の一つ。名義上の司教位しか持たないため、他の司教の教区において務めを行う司教の名称。

〔一七三〕 教会参事会会長。ローマ・カトリック教会の位階の一つ。大聖堂の霊的・物的問題の処理にあたる機構の長の名称。

〔一七四〕 教会参事会尚書。ローマ・カトリック教会の位階の一つ。教会参事会の印を預かり、参事会秘書局長と言える。

〔一七五〕 「マタイによる福音書」、二〇章、一節の以下の章句を利用したのであろう。「天国は、ある家の主人が、自分のぶどう園に労働者を雇うために、夜が明けると同時に、出かけて行くようなものである。」

結論

〔一〕 「序文」、xviii-xix 頁を参照。

〔二〕 エイレナイオス（一三〇頃―二〇〇頃）。小アジアのスミルナ出身。リヨンの主教。主著は『異端反駁』（五巻）と『使徒たちの使信の説明』。ヘレニズム世界で大きな影響力を持っていたグノーシス主義各派を徹底的に反駁し、新約諸文書・使徒伝承・先行教父からキリスト教の神観と救済史観を展開した。

〔三〕 エピファニオス（サラミスの）（三一五頃―四〇三）。パレスチナに生まれ、郷里で二十年近く修道院の形成に努めた後、キプロス島のサラミスの主教となる（三六七年）。ニカイア信条を規準に正統教理を堅持し、教会史上の八十に及ぶ異端を攻撃した『全異端反駁論』が有名である。

〔四〕 邦訳聖書の対応箇所を参考として以下に掲げる。「ただ、わたしはこの事は認めます。わたしは、彼らが異端だとしている道にしたがって、わたしたちの先祖の神に仕え、律法の教えるところ、また預言者の書に書いてあることを、ことごとく信じ、」（「使徒行伝」、二四章、一四節）

（五）　理神論者。一般にイギリス思想史においては、十七、八世紀のジョン・トーランド、アンソニー・コリンズ（一六七六—一七二九）、マシュー・ティンダル（一六五七—一七三三）などが代表的な理神論者とされ、理性に反する超自然的な諸要素を宗教から除去しようとして、キリスト教批判を展開したと考えられている。しかし、ここでトーランドが用いる「理神論者」という言葉は、このような後世における意味とは直接かかわりがなく、キリスト教を否定する一部の者という否定的レッテルにすぎない。

（六）　自由思想家。イギリス思想史においてはコリンズの『自由思想論』（一七一三年）によって、宗教について自由に考え、啓示宗教に対して批判的・独立的立場を表明する者たち（フリー・シンカー）を指すようになる。しかし、ここでトーランドが用いる「自由思想家《リベルタン》」という言葉は、前注の「理神論者」と同じく、このような後世における意味とは直接かかわりがなく、多分に神を否定するような実生活を送る人々、放蕩者などという意味である。

解説

三井礼子

はしがき

本解説はジョン・トーランドの作品『秘義なきキリスト教』を対象としている。しかし、思想家ジョン・トーランドについて日本ではまだ十分知られているとは言えないので、「I　ジョン・トーランドの前半生と作品」と題して、『秘義なきキリスト教』（一六九六年）出版を経て一七〇三年までの期間を記述した。この年代下限は彼の次の主要作品である『セリーナへの手紙』（一七〇四年）が出版されるまでの期間として、便宜的に区分したにすぎない。それ以後のトーランドの半生については、彼の他の著作を翻訳する機会を得たときに書き加えたいと思う。「II　『秘義なきキリスト教』の時代背景」はこの著作の成立に直接かかわる論争とそれに関連した彼の活動に焦点をあてた。補遺として、トーランドの全生涯における主要出版書を年代順に列記しておいた。

目次

I　ジョン・トーランドの前半生と作品

アイルランドからスコットランドへ（一六七〇—一六九〇年）

ジョン・トーランド（一六七〇—一七二二）は一六七〇年一一月三〇日、アイルランド島最北端に位置するイニショウエン半島東部（おそらくクロンメニ教区）で生まれたと思われる。出生についての確かな情報はない。(1) ローマ・カトリック教会の司祭の私生児と言う者もいれば、アイルランド史上数百年にわたる記録がある名家の出自であると証する者もいた。(2) 出生は定かでないが、彼がローマ・カトリック教徒の親族によって養育されたことは、彼自身が「私は幼少時にひどい迷信と偶像崇拝のもとで育てられた」（本書、「序文」、x頁）と語ることから明らかであろう。プロテスタントに改宗した時期については、「彼

〔解説者注：トーランド〕が法王教に激しい反感を抱くようになったのは十六歳になっていない頃であり、それは以来ずっと変わることはなかった(3)」とトーランドは記している。またその改宗は英国国教会へではなく非国教への改宗であったことは、以下の彼自身による弁明に示されている。「非国教徒の礼拝が実に簡素で、彼らの教会規律（あまりに若かったためはっきりと理解できなかった）が公正に思われたので、彼〔解説者注：トーランド〕がそれに並外れた好意を抱いたのは、ちょうど彼が、宗教の名を借りその外見を装って人々をこれまで隷属させてきた、もっとも尊大で専制的な支配の耐えがたいくびきから解放されたばかりの頃であったことだけは否定するつもりはない(4)」と彼は述べている。

イニショウエン半島東部のフォイル入江沿いに位置するレッドキャスル（ロンドンデリ近郊）で初等・中等教育を受けた後、一六八七年スコットランドのグラスゴー・カレッジ（現在のグラスゴー大学）に進学する。翌年奨学生に指名され、聖職志願者として神学、哲学、ラテン語、ギリシア語の基礎的教育を受けた(5)。グラスゴー・カレッジに三年間滞在した後、一六九〇年ウィリアム三世がアイルランドのボイン川の戦いでジェイムズ二世軍に勝利を収める前日（六月三〇日）、エディンバラ大学で文学修士の資格を取得した。その後、グラスゴーにもどって短期間滞在した後、この地を去ってイングランドへと南下の旅を続ける。その際に、グラスゴーの行政官から「誠実なプロテスタントかつ忠実な臣民(6)」であることを証した推薦状を与えられる。

トーランドが故国アイルランドを去って、おそらく海路でスコットランドへやって来てグラスゴー・カレッジで学業に励み、エディンバラ大学で文学修士号を取得した期間は一六八七年から一六九〇年である。この時期はスコットランドもアイルランド同様、名誉革命前後の動乱期にあった。スコットランドは長老主義教会を国教としていたが、チャールズ二世は王政復古後イングランドと同君連合の関係にもどっていたこの国に、イングランド国教会の主教制を強制的に導入したことで長老派の反乱を招き、それ以後主教派と長老派の対立が続いた。しかし一六八七年のジェイムズ二世（スコットランド王ジェイムズ七世）が発した「信仰自由宣言」は、ローマ・カトリック教徒容認を意図したものであったが、これまで弾圧下にあった長老派にも勢力拡大の好機をもたらし、主教派を圧倒するまでになった。国王が突然逃亡すると、一六八九年、仮議会は臣民の権利と主教制の廃止を求める「権利要求」を採択し、その翌日にウィリアムとメアリのスコットランド王位が宣言された。スコットランドにおける名誉革命はイングランドによって押しつけられた国王交替にすぎず、ハイランド地方はその後もジャコバイト勢力の温床としてイングランドとスコットランドの統治者を悩ませることになった。教会制度については一六九〇年には長老派教会を国教会（カーク）とする法律が成立し、十六世紀末に存在していたスコットランド型長老主義教会が復興した。

スコットランドからロンドン、ライデンへ（一六九〇―一六九三年）

このような政治的・宗教的動乱期のスコットランドからロンドンにやって来ると、トーランドは非国教徒のサークルに加わり、ほどなくして裕福な寡婦の所有する礼拝堂付き牧師となったと思われる。この頃トーランドは、リチャード・バクスター（一六一五―一六九一）の死後ロンドンで長老派の著名な指導者となったダニエル・ウィリアムズ（一六四三頃―一七一六）と面識を持ち、ウィリアムズの著作『福音の真理の提示と立証』（一六九二年、第二版）とその主張を支持して、彼を擁護した。ウィリアムズは非国教徒内における長老派と独立派（会衆派）の同盟を推進してきた人物であり、当時実現したばかりの脆弱な同盟関係が脅かされ始めたので、同盟に反対する反律法主義者（アンティノミアニスト）の主張を反駁して、同盟の崩壊を阻止しようと努めた。このいわゆる反律法主義論争は、一六四三年、独立派の急進的カルヴァン主義者トバイアス・クリスプ博士（一六〇〇―一六四三）が唱えた説に端を発し、非国教徒のあいだで激しい論争を巻き起こした。永遠の神慮によって救済に選ばれた者は、個人の信仰や悔い改め以前にこの神慮のみによって神に義と認められるのであるから、人間の側からのいかなる働きかけも必要とはされない、とクリスプは主張した。このような説を唱える反律法主義者は、法王教徒やソッツィーニ主義者よりはるかに危険であるとみなしたバクスターは、神慮は罪の悔い改めとキリストへの信仰を条件とすると主張して反駁した。一六九〇年にクリスプの説教集『キリストのみ高く掲げられる』（一六四三年、初版）が再刊されるやいなや、バクスターはかつての宿敵に対し、『聖書の福音を放縦者から守る』（一六九〇年）を出版して応酬し、翌年生涯を閉じた。バクスター亡き後、この論争を引き継いだ穏健派カルヴァン主義者ダニエル・ウィリアムズは『福音の真理の提示と立証』を出版して反駁に努めた。道徳律の遵守と宗教的義務の遂行は救済には関係しないと唱える反律法主義者の教えとは対照的に、ウィリアムズは救済には真の信心、心からの従順、良き業、忍耐が必要であり、それらがなければ救いは得られないと主張した。この論争は一六九八年まで続けられ、これによって長老派と独立派の同盟計画は決定的打撃を被り、同盟は空中分解に終わった。

トーランドはオランダのアルミニウス主義者ジャン・ル・クレールのもとにウィリアムズの本を送り、彼の雑誌『古今東西文庫 *Bibliothèque universelle et historique* 』にその要約を作って載せるように要請した。一六九二年、ル・クレールはその要請に応じて、トーランドが書いたこの論争の発端と経緯についての手紙を前書きとして添え（ル・クレールはトーランドのことを「神学生」として紹介している）(8)、ウィリアムズの本の要約を作ってこの雑誌に掲載した(7)。トーランドはその手紙において、一六九一年に成立したばかりの長老派と独立派（会衆派）の同盟組織である「提携した同胞」（いわゆる「ハッピー・ユニオン」）が反律法主義者からの反対によって分裂の危機に瀕している状況下で、ウィリアムズは分裂を食い止めるために彼らを論駁する著書を出版したのである、と事情を明らかにしている。この喧騒を巻き起こした論争は、ロックが『キリスト教の合理性』（一六九五年）を考案するさいの一要因にもなっている。ロックはこの論争を知ると、「義認の問題についてさらに厳密に徹底的に考察する」[9]ようになったことを『キリスト教の合理性の第二弁護』（一六九七年）において明らかにしている。さて、ウィリアムズはトーランドの支援に報いて、彼の将来に期待をかけながら、アルミニウス主義の牙城であるライデン大学とユトレヒト大学で彼が一六九二年秋から勉強できるよう手配している。勉学資金の給付は二回（一六九二年一二月と一六九三年六月）なされたが、両大学の学生名簿にトーランドの名前はない。イギリスから派遣された非国教徒の多くがそうであったように、おそらくトーランドも大学へ登録したり、通常の学業を続けたりすることはなかったのであろう。しかし、オランダで彼は「私の師」と呼ぶ聖書の歴史批評学者フリードリヒ・シュパンハイム（小）のほか、ベンジャミン・ファーリ（イギリス人商人でクエイカー派の大立者、ジョン・ロックの友人）、ジャン・ル・クレール、フィリップ・ファン・リンボルクなど大陸での自由主義的プロテスタンティズムの指導者たちと交流を持った。

ロンドン、オクスフォード（一六九三―一六九五年）

ライデンにおよそ二年滞在した後、一六九三年夏イングランドに帰国する。そのときル・クレールの本と、ロック宛のリンボルクの著作『異端審問の歴史』[10]（一六九二年）を携えていた。聖職への進路を放棄したらしいトーランドは数カ月のロンドン滞在後、一六九四年一月にはオクスフォードへ移っており、一六九五年の冬まで滞在する。オクスフォードへ到着後、トーランドは一六九四年五月四日付のA・Aと署名された匿名の手紙で彼の言動について警告を受けている。「オクスフォードでのあなたの評判は、有能でたいへんな学識者だが、信心はほとんどないというものです。[11]」その手紙は、コーヒーハウスやクラブで不敬な才子相手に敬意や賞賛を得ようとするのはさもしい卑しむべきことで、思慮分別ある人間のやるべきことではないと諭す内容である。これに対し、トーランドは彼への悪評は敵の悪意によるものであり、さまざまな嫌がらせに起因するものだ、と次のように説明している。トーランドがウィリアム三世の新政体を臆することなく賞賛すれば、ジャコバイトの連中は共和政時代の恐怖を持ちだして脅し、彼を「コモンウェルスマン[12]」という蔑称で呼んで中傷したり、教会の礼拝に行かないなどと嘘の情報をながしたり、トーランドが占いや透視力を馬鹿にすれば、今度は魔術師だと騒ぎたてる。またソッツィーニ主義者という自分への中傷をトーランドがからかって、「被造物である聖霊や崇高なる人間を崇めることができるくらいなら〔解説者注：聖霊を「被造物である聖霊」として、キリストを「崇高なる人間」として崇めることを主張したソッツィーニ派への皮肉〕、木でこしらえた神さまだろうとパンの神さま〔解説者注：パンとぶどう酒が実体変化してキリストの体と血になるとするローマ・カトリック教会への皮肉〕だろうと飲み込める[13]」と皮肉れば、彼らは自分のことを「危険な反三位一体論者」と言いたて異端の烙印を押す始末である、とトーランドは弁明している。コーヒーハウスやクラブでこのような会話をしている頃、彼はまた『秘義なきキリスト教』の主旨と出版意図を公言していた。一六九四年五月三〇日付の手紙で、先の匿名の同一人物は「噂では、私たちの宗教には秘義というようなものは存在せず、宗教におけるあらゆるものが私たちの知性に従属することを示す目的で、あなたは一篇の著作を出版するようだと言われています[14]」と述べ、そのようなトーランドの趣旨に反対している。このように中傷や警告や反対を受ける一方で、トーランドはオクスフォードで学識ある人々との会話に興じ、大学図書館を利用する機会に恵まれた。八月にはそのような会話をきっかけに「アティリウス・レグルスの捏造された最期、または非業の最期をとげたとされるローマ執政官マルクス・アティリウス・レグルスの話が作り話であることを証明する論考」[15]（一六九四年）を友人に宛てて書いている。デ・メゾーが言うように[16]、この作品には一般に受け入れられている説に異議を唱えるトーランドの気質が示されている。トーランドは「この話がそうだったように、少しも疑われることのなかった話が他にも数多く存在しており、そのような話は真実として人に勧められるような根拠も見込みもまったくないことは確実なことです[17]」と語っている。

ロンドン（一六九五―一六九六年）

一六九五年の冬にはトーランドはロンドンへ移る。L・Pという偽名で『エッセイ二論。オクスフォードからロンドンの貴人に宛てた書簡。第一は天地創造、大洪水、人間の居住に関するいくつかの誤りについて。第二は伝説と作り話の起源、伸展、滅亡について』（一六九五年）を出版する。これはトマス・バーネットとジョン・ウッドワードとのあいだで論争があった創世記の大洪水に関する地史学的な解釈をテーマにしたものである。トーランドはバーネットが『地球の聖なる歴史』（一六八一―一六八九年）で展開した化石に関する解釈および創世記の記述に関する近代的説明の試みを弁護している。またこの作品には、トーランドが最晩年に出版した「クリドフォラス、または公開哲学と秘教哲学について」（『テトラダイマス（四論集）』（一七二〇年）の第二論文）において示されている二種類の神学の区別がみられ、また『パンテイスティコン』（ラテン語版、一七二〇年、英訳版、一七五一年）における唯物論的宇宙論も示唆されている。

一六九五年の春に出版検閲法が失効すると、翌年トーランドは『秘義なきキリスト教』（一六九六年）を刊行した。オクスフォードでの風評と悪口から逃れて、より自由なロンドンで彼が公表したこの著作は匿名出版であった。彼は同年の夏までには、この第一版に多少の増補を加え、実名、および発行者と発行所を明記した第二版を出版した。出版後『秘義なきキリスト教』への反駁書は相次いだ。反駁書の題名からは、トーランドの主張がそれと正反対の主張によって論駁されている場合と、当時反三位一体を唱えて正統派と論戦していた、ソッツィーニ派（またはユニテリアン派）の主張と関連づけられて反駁されている場合があることがわかる。たとえば、いくつか例を挙げてみれば、前者の例としてトマス・ビーコンズオールの『キリスト教信仰。福音には理性に反するものはないが、理性を超えた教理はあるのであり、必要であるゆえ信じるよう命じられているこれらの教理が秘義と呼ばれることは適切であることを主張し証明する。〈秘義なきキリスト教〉と題した本に答える。……』（一六九六年）、トマス・ベヴァリによる『キリスト教はおおいなる秘義。最近の論文〈秘義なきキリスト教〉すなわちキリスト教は理性を超えず、理性に反さない、に答える。それに反対して、キリスト教は純粋な状態における被造物の理性を超え、堕落・頽廃した状態の人間理性に反するのであり、それゆえ本来の意味で秘義であることを主張する』（一六九六年）などは、トーランドが説得しようと努めた見解の持ち主からの反論であり、その意味でこれらはトーランドの想定内の反論であろう。一方、後者の例として、ウスター主教エドワード・スティリングフリートは『三位一体の教理の弁護論。聖書、古さ、理性によって反論する近年のソッツィーニ派に答える。三位一体の異なる解釈と現在のソッツィーニ派論争の動向に関する序文を付して』（一六九七年）の第一〇章「理性の点からの三位一体への反論に答える」で、トーランドの『秘義なきキリスト教』の第一部「理性について」の主張を検討・反駁している。（スティリングフリートの反論に関しては、解説後段の「1

イングランドにおける反三位一体論争 ③ トーランドの秘義批判」(本書、二四七頁以下)を参照していただきたい。)またジーン・ゲイルハードも『冒瀆的なソッツィーニ派の異端説を反証し論駁する。……それとともに『秘義なきキリスト教』という最近の本を批判する』(一六九七年)の第一一章においてトーランドの主張を批判している。トーランドの『秘義なきキリスト教』への反対はこのような反駁書で収まるどころか、ほぼ出版と同時に、この著作はミドルセックスの大陪審〔解説者注:起訴陪審とも呼ばれ、一般市民から選ばれた陪審員が起訴するか否かを決定する機関〕によって、告発された〔解説者注:検察官の起訴状が提出されないのに、大陪審が独自に起訴状を作成して告発したことを意味する〕。デ・メゾーによれば、「このような大陪審による告発の実際の効力は、このようにその本を世間に公表することによって、自分たちに禁じられているものをのぞき見ようとする生まれつき人間に備わる好奇心をそそって、本の売り上げを伸ばす程度の影響しか持ちえなかった」[18]。

年内にベルナルド・ダヴァンザーティの『鋳貨論』(アカデミーにおける一五八八年の講演)をイタリア語から英訳して出版した(一六九六年)。国内では貨幣改鋳法に対する不満が高まり、それに代わるいくつかの方法が提案されていたときであった。

アイルランドでの大陪審の告発と下院による焚書と逮捕・起訴決議(一六九七年)

一六九七年三月末にはトーランドはアイルランドにもどっている。そこで彼を待っていたのは説教壇、陪審団、出版界からの非難であった。九月にはアイルランド下院は、『秘義なきキリスト教』を異端的として断罪し絞首刑執行人による焚書、および著者トーランドは法務長官によって逮捕・起訴されることを可決した。起訴の決定直後、彼はイングランドへ引き返し、ロンドンへもどると、アイルランドで自分が受けた一連の措置への抗議と弁明を、『トーランド氏の弁明、宗教委員会によって自著の焚書が決議された前日に、アイルランドの下院議員宛に書かれた書簡。前書きに同書簡を書くに至った経緯を添える』(一六九七年)(本書の内容は「書簡を書くに至った経緯」と「トーランド氏のアイルランド下院議員宛の書簡、ダブリン、一六九七年九月三日」から成る)と題して出版した。以下は『トーランド氏の弁明』からの記述である。

彼はアイルランドに到着するやいなや、自分が説教壇から激しく攻撃されていることを知った。人々は彼のことも彼の本についても知らなかったので、当初はこのような攻撃は人々を驚かした。しかし、攻撃は説教壇からアイルランド大陪審における告発へと進展する。アイルランド大陪審での告発を容易にするために、前年イングランドのミドルセックスでの大陪審による起訴状が人目をひく表題を付けられて、ダブリンで印刷され街頭で配布された。こうしてトーランドはアイルランド大陪審でも告発された。大陪審による審議は彼の著作における個々の章句に基づくものではなく、ほとんどの陪審員はその著作を読んだこともないし、著作を読んだ陪審員は内容がわからないと告白した。それでもダブリンの市裁判官は、控訴院裁判官〔解説者注:原語はLord Justice〕が到着すると、「教会をどんな敵からも、とりわけトーランド主義者から守ってほしいと要請した。……こうしてトーランド氏は公的な場において、このときこの町にいた王国の貴族、上流人士の前で異端教導者とされ、彼の本はほとんどなかった」のに人々から狩りたてられることになり、また、これを口実に敵は彼の知人全員をトーランド主義者と呼んだ[19]とトーランドは語る。

デ・メゾーは、トーランドのこのような記述を、アイルランドのウィリアム・モリヌークスが友人ジョン・ロックに宛てた書簡の記述と照合しながら、事件の経緯を検証している。モリヌークスは一六九七年四月六日付の手紙で、トーランドに会って話をしたが、彼は「率直な自由思想家であり優秀な学者」だと評した後で、彼に対する不穏な空気が日増しに増大し、聖職者は彼に対して警戒心を強め、先週の日曜日には高位聖職者が説教壇から彼を攻撃していたと心配している[20]。五月二七日付の手紙では、このようなトーランドへの反発は彼の意見に起因するというより、むしろ自分の意見をコーヒーハウスや公衆の場で主張したり論議したりする、無分別で不適切なやり方に起因すると述べて、彼の「虚栄心」を非難している[21]。ただし、デ・メゾーも指摘するように、トーランド自身は『トーランド氏の弁明』で、自分は何度挑発されても、自分の意見を公衆の場で話すようなことはなかったと言明している[22]。モリヌークスの七月二〇日付の手紙は、トーランドに対する大陪審の告発をとりあげ、次のように述べている。有害な著作と著者に対するミドルセックス（イングランド）大陪審での告発は、アイルランドの多くの人々を、数人の高位聖職者さえをもたいへん驚かせ、そのようなやり方は世俗の法廷を宗教教理の審判者にしようとする危険な試みとみなされた、ところが当地アイルランドでも同じことが起こり、しかも陪審員の誰一人として彼の著作を読んでいないことは確かなのだ、とモリヌークスは語る。注目すべきは、モリヌークスがこの告発の「主な扇動者」はアイルランドの非国教徒であると語り、彼らの中にはリチャード・バクスターを支持する長老派がいることが示唆されていることである[23]。モリヌークスは、トーランドを反駁したダブリンのトリニティ・カレッジのシニアー・フェロー、ピーター・ブラウン（一六六四?―一七三五）の著書『秘義なきキリスト教と題した本、および啓示と秘義に反対して理性と明証性を唱える人々すべてに対して答える書簡』（一六九七年）をロックに送るとともに、この本についてコメントを述べている。一つはブラウンがトーランドに浴びせる悪態と侮辱的な呼び名はひどいものだという非難であり、もう一つは「世俗の為政者の支援を頼んで、トーランドを世俗の処罰に」かけようとする執拗な訴えは、許しがたい「殺意を含んだ議論」だという激しい糾弾である。

トーランド自身も『トーランド氏の弁明』において、ブラウンの反論は自分を「危険で唾棄すべき人物とするために」[24]考案されたさまざまな策の一つであると主張している。ブラウンの反論と、それに対するトーランドの再反論は、両者の宗教的・政治的見解の相違の一端をうかがわせるものである。第一にブラウンは、トーランドが「啓示宗教すべてに敵対する執念深い敵」であり、「一セクトの頭目」であり、「彼の目的はマホメット同様の悪名高いペテン師」[25]になることだと言って、トーランドへの敵愾心を煽り立てる。さらに、ブラウンは彼への対策を講じるよう「世俗の為政者に公然と求めている」[26]。世俗の権力への引き渡しは激情にかられてのことではなく、「キリスト教徒の誰もが自分の宗教に対して持つにふさわしい熱意」[27]によるとブラウンは主張するが、それに対しトーランドは、「そのような殺意ある熱意は真のキリスト教から生じない」と断言し、そのような振る舞いは異端審問官が異端として断罪する人々を世俗の権力に引き渡すとき、彼らを殺したり、かたわにしたりすることは不本意であるように見せかける偽善とまったく変わらないと抗議する。第二にブラウンは、トーランドの身柄の拘束を「世俗の為政者」に公然と訴えたのは、彼が「統治にとって危険」[28]であるからであり、この場合政治権力が「良心」に干渉するのは適切であると主張する。また、トーランドがその著作で述べた「統治者は民のために設けられている」(本書、「序文」、xv頁)という説は「反乱の教え」[29]であり、「この種の著作家は私たちの宗教にとっても、私たちの統治にとっても敵」であると述べる。これに対し、トーランドはこの説はけっして「反乱の教え」ではないと再反論する。ジェイムズ二世の退位は、この原理に則った、彼は人民の敵であるという判断に基づくのであり、「普遍的な平和と自由の復活者」であるウィリアム三世は、人民によって最高権力を授けられ、その権力を彼らの市民的権利と宗教的権利を守るために行使しているのであると反論して、ウィリアム三世の統治がこの原理の実現であることをトーランドは強調している。このように宗教の守護者を自任してトーランド反駁に一役買ったブラウンは、その後一七一〇年にコーク主教となるが、トーランドは「彼が主教になれたのは私のおかげだ(30)」とよく皮肉を言っていた、とデ・メゾーは伝えている。

大陪審での告発とこのような反駁文書による攻撃の後で、トーランドは予測しなかった事態に直面した。アイルランド下院による断罪であった。トーランドは「自著がもたらすであろういろいろな結果や、すでに経験した自著への敵対についてさえいくらかは予見していたが、（説教壇、出版界、陪審団の後で）アイルランド下院からも同じように非難を受けるとは考えもしなかった(31)」と驚きを隠さない。トーランドにとって、議会は「この上なくすぐれた政体」であり、その構成要素である下院は「国民の幸福を求めるありとあらゆる権利を持つものであり、下院がそのような事柄について管轄権を握っていることは国民にとって多大な幸福を意味する(32)」ものであった。トーランドの著作に最後の鉄鎚を下すかのように、何人かの人がこの問題を議会に提出することを決めた。この問題は議会に持ち込まれ、八月一四日下院の宗教委員会において、『秘義なきキリスト教』の審議が動議として提出され、審議が命じられた。八月二八日、宗教委員会ではこの議事の妥当性についてかなり議論がなされ、「この種の事柄に干渉するのは適切でもないし妥当でもない(33)」とする反対意見が、家柄、資質、財産において申し分ない数人からなされたが却下された。九月四日、数人の有志はトーランドへの反論に応答した後で、トーランド自身が望んでいるように、本人の口からその真意と意図を聞くように彼を召喚すべきことを訴えたが、これも拒否されたため、その朝トーランドから預かった一通の手紙（『トーランド氏の弁明』の中の「トーランド氏のアイルランド下院議員宛の書簡、ダブリン、一六九七年九月三日」）を提出して、これを読みあげるよう求めた。しかし宗教委員会はこの提案も即座に却下して次のような決議を行い、九月九日下院はその決議に同意した。「キリスト教とアイルランド国教会と相容れないいくつかの教理を含む(34)」彼の本は絞首刑執行人の手によって公衆の面前で焼き捨てられること、著者トーランドは法務長官によって逮捕・起訴されることが可決された。焚書は九月一一日国会議事堂の門前と市庁舎前の公道で執行された。その委員会では、著者自身の火刑とか、著者に自分が書いた本を焼かせるとか、焼かれた本の灰を自分の足で踏みにじらせるために下院の前で焚書を執行すべきとか、さまざまな意見がだされた。最後に、トーランドは、焚書は「法王教徒の異端審問官が初めて導入し、彼らは火刑を決定された著者が逮捕できないときに、その本を焚書に処した[35]」無益な習慣であり、あらゆる学問と発見を阻害するものであると批判している。

アイルランドでの大陪審による告発と下院による逮捕・起訴の決議という一連の出来事の背景として、サリヴァンは政治的策動があったことを指摘している[36]。サリヴァンは、トーランドがアイルランドに行ったのは、アイルランド大法官として新たに指名されたジョン・メシュイン John Methuen（一六五〇？―一七〇六）に、おそらく秘書として仕官するためであったが、トーランドへの迫害はメシュインの敵対者たちによる策動であったと考えられる、と示唆している。メシュインは一六九七年一月に大法官に指名されたが、アイルランド到着は六月の任命式のさいであった。モリヌークスやアイルランド愛国主義者として知られる当時デリ主教であったウィリアム・キング（一六五〇―一七二九）などは、このイングランド人任命に対して激しい嫌悪を露わにしたようであるが、その背後には毛織物貿易の現状、アイルランド駐留のイギリス軍の維持費、リメリック条約の第二条で保障されていたアイルランド人の信仰の自由と土地所有権をイングランド政府が廃棄したことなどへの不満があった。しかし、最後の不満に関しては、プロテスタントがローマ・カトリック教徒の権利を擁護するという信じがたい矛盾を含むことになるので、彼らの不満の矛先は実際には、一六九五年以後アイルランド議会を支配したホイッグ派閥に向けられていたのであろう。頑強なホイッグである大法官を攻撃する手段として、彼の敵対者たちは、大法官を頼ってアイルランドにやって来て、物議をかもしているトーランドを槍玉に挙げることを好都合と考えたように思われる。デリ主教キングは一六九七年一〇月にカンタベリー大主教トマス・テニソンに宛てた書簡で、アイルランド議会によるローマ・カトリック教徒への厳しい弾圧政策（先にモリヌークスが大陪審によるトーランドの告発に関して「世俗の法廷を宗教教理の審判者にしようとする危険な試み」であると指摘したように、この弾圧政策はキング主教にとっても世俗権力による宗教への関与と思われた）に注意を喚起するとともに、トーランドを起訴した者たちの本当の意図は、トーランドを支援する数人の大物に反対することにあった、と述べている。(37)

下院においてトーランドの逮捕・起訴が決議された二日後の九月一一日付（一六九七年）のモリヌークスの手紙(38)には同一の決議内容が記され、またトーランドの経済的貧窮が語られている。人々はトーランドとのかかわりを避けて食卓に招く者もいなくなり、彼が聞いたところによると、トーランドは手持ちの金も使い果たして、半クラウン貨幣を貸してくれる人がいればそれを借り、かつら、衣服、宿代に当てていた、という。議会による決議の後、アイルランドから逃れたトーランドがどこに向かったか誰も知らないとモリヌークスは結んでいる。

アイルランドでトーランドに下された起訴可決に賛辞を呈する英国国教会神学者がいた。ロバート・サウス博士はアイルランド議会がとった措置に感激して、『十二説教集』第三巻（一六九八年）の献辞でダブリン大主教に感謝の意を表した。サウスはイングランドでの反三位一体論争に言及して、自分がシャーロック博士の三神論的三位一体論を異端として論駁するのにかまけ、不信仰者を取り逃がしたイングランドの怠慢を弁解した後、トーランドについて以下のように述べている。「キリスト教の秘義に対する冒瀆的な否定、およびキリスト教聖職者全体に対する我慢のならぬ激しい敵意で悪名をはせた、あるマホメット教徒のキリスト教徒[39]（最近では目新しくはないが）」がアイルランドに隠れ家を求めてやって来ると、アイルランド議会は「火刑用のまき束の助けを借りずに、王国中を熱く燃えたたせて彼に対抗したので、彼はその熱さにたえきれず即座に追い出された[40]」と述べて、議会の栄誉を讃えている。

ロンドン、ハノーファー（一六九七―一七〇三年）

下院での逮捕・起訴の決議直後、トーランドはアイルランドでの逮捕を逃れロンドンにもどるとすぐに、アイルランドで被った大陪審による告発と議会による焚書と起訴決議という一連の不当な弾圧に抗議するために、『トーランド氏の弁明、宗教委員会によって自著の焚書が決議された前日に、アイルランドの下院議員宛に書かれた書簡。前書きに同書簡を書くに至った経緯を添える』（一六九七年）と題した弁明書を出版した。この後、一七〇四年の『セリーナへの手紙』が出版されるまでのトーランドの主要な出版活動は、以下に見るように時事的な政治的著作・パンフレットの出版、およびピューリタン革命時の共和主義者たちの諸著作の編集刊行である。すでに述べたように、ロンドンのコーヒーハウスやクラブでのトーランドの言動から、彼は世襲原則ではなく議会承認による王位継承を主張したホイッグを支持していたことがわかる。さらに、ジャコバイトから「コモンウェルスマン」というあだ名をつけられていたことから、とりわけホイッグ内の少数派である旧ホイッグを支持していたらしいことがうかがえる。コモンウェルスマンと呼ばれた旧ホイッグは、ロバート・モールズワース、第三代シャフツベリ伯などを中心に議会権限の保護強化、国王＝行政府権力の縮小、宗教的寛容の拡張などの改革をさらに推し進めようとする人々の集まりであり、「ジャント」と呼ばれたホイッグ内多数派である中堅指導者層の下に集まる、行政府寄りのメンバーとは政治的信条が異なっていた。

一六九七年ライスワイク条約によってアウグスブルク同盟戦争が終結すると、翌年ウィリアム三世は議会に内密で、ルイ十四世とのあいだで将来のスペイン領土分割についての条約を結び、その一方で再度の対仏戦争に備えて平時の兵力維持を議会に要請した。これに対して議会は国王の秘密外交を非難し、議会の存立を脅かす絶対主義の再来を警戒して、兵力の大幅な削減を主張して譲らず、反常備軍キャンペーンをくりひろげた。

一六九七年、トーランドはジョン・トレンチャードやウォルター・モイルと共同で、常備軍解散を主張するパンフレットを書き、翌一六九八年『民兵改革案、または海外列強を妨げ抑止し、かつ国民の自由を危険にさらすことなく国内の永続的平穏を維持できる、常設の陸上部隊をイングランドに配備する容易な計画』によってこの主張を展開した。彼とシャフツベリ伯の合作とされる『雇われ議会の危険』(一六九八年)では、宮廷や政府の買収による不正な選挙を防止し、私利私欲を廃した公共合意に基づく自由な議会の成立を訴えている。このような時事的な政治パンフレット・著作を執筆すると同時に、彼は共和主義者たちの著作を名誉革命後の時代に復活させることに精力を注いだ。主要な編集・出版の仕事として、二点が挙げられる。一つは「ジョン・ミルトン評伝」(41)を付した『ジョン・ミルトンの歴史書・政治書・雑録から成る全集』全三巻、アムステルダム、一六九八年(第一巻、第二巻は英語著作、第三巻はラテン語著作)である。(42)亡命ユグノーとしてオランダで『歴史批評辞典』を出版していたピエール・ベールは、第二版(一七〇二年)で「ミルトン」の項目を訂正・増補するさいに、この評伝を参照した。英語が読めなかったベールはトーランドの「ジョン・ミルトン評伝」のラテン語抜粋を作らせて、それをもとにミルトン作品の抜粋を含むかなり長い補遺を追加した。

トーランドは「ジョン・ミルトン評伝」でミルトンの『偶像破壊者』について記述するさいに、ミルトンがこの著作で反駁の対象とした『王の像』に関して、自らの政治的信条を傾けて、その著者の究明に精力的に取りくんだ。『王の像』の著者はチャールズ一世とされていたが、このことについて当時激しい論争が行われており、トーランドはチャールズ一世の著作であることを否定する人々に与してその議論を展開し、また彼自身のコモンウェルスマンとしての立場からその見解を強固に主張した。（この著作の持つ政治的意味とコモンウェルスマンとしてのトーランドの主張との関連については、解説後段の「2　名誉革命後の共和主義　②「ジョン・ミルトン評伝」──国王の神授権打破」（本書、二九七頁以下）を参照していただきたい。）『王の像』が国教会聖職者ジョン・ゴードン（一六〇五─一六六二）による偽作であることを詳細に検証した後で、トーランドは以下のように述べた。

「これらすべてのこと〔解説者注：『王の像』の偽造の経緯〕がこの四十年のあいだに、素晴らしい学問と教養の時代であり、両方の党派が互いの行動を厳密に見張っていた時代であるのにいかにして起こったのかを、また国家情勢や宗教情勢における大きな変革がこの本の威信によってある程度引き起こされたことをもよく考えてみれば、初期の時代にキリストや、使徒や、他の偉大な人々の名を冠したあれほど数多くの偽書がいかにして広められ認可されたかは、もはや私には不思議でも何でもない。その時代にはそれらの偽書を信じさせることがきわめて重要であり、ペテンが至るところで横行しすぎていて互いに非難し合うこともできないほどだった──それでも彼らはよく非難し合った。商業は今ほど広く行われてはおらず、地球上は迷信の闇で完全におおわれていた。時代の隔たりや、関係者の死亡や、本当の情報を与えてくれそうな他の古文書が消滅しているために、偽造であることがいまだに明らかにされていないものが数点あるのではないかと私は幾分疑っている。(43)」

この一節はオフスプリング・ブラコール（当時は国王礼拝堂付き牧師、後にアン女王によってエクセター主教となる）によって、一月三〇日の説教（チャールズ一世の処刑日にあたるこの日は、彼を殉教者として記念する日とされ、説教が行われた）で非難された。彼は『王の像』をチャールズ一世の著作であることをトーランドが否定したことに激しく抗議し、またトーランドが「偽造であることがいまだに明らかにされていないもの」として疑いを表明したのは新約聖書の諸書についてであると解して非難した。トーランドは第一に偽書に関するブラコールの誤解を反駁するため、第二に『王の像』をチャールズ一世の著作と主張するワグスタッフ氏の小冊子（一六九三年）を反駁するため、一六九九年『アミュントール、またはミルトン評伝弁護』を出版した。トーランドはブラコールの誤解に対して、「初期にはきわめて多数の偽書がキリストや、使徒や、他の偉大な人々の作と言われたが、そのうちの一部はいまだに本物と認められ、他のものは偽造と認められていると私は言ったが、どちらの主張に関しても私が新約聖書の中の書を意味していると想定することは誤りである」[44]と抗議した。トーランドはキリストや、使徒の名を冠した偽書とは新約聖書の諸書を指しているのではないことを明らかにするため、「教父および他の古代作家が事実どおりに、あるいは偽って、キリストや、使徒や、他の偉大な人々の作として伝えた書のカタログ」を二二頁にわたって列挙した[45]。さらに、トーランドはまだ一般に偽書であるとはみなされていないが、彼自身は本物とは考えられない偽書として意味していたのは、「バルナバの手紙」、「ヘルマスの牧者」、「ポリュカルポスの手紙」、「クレメンスの第一の手紙」、「イグナティオスの七つの手紙」の五つの書であると明らかにし、これらは一般にローマ・カトリック教会やほとんどのプロテスタント教会において受け入れられているものであるが、とりわけ英国国教会はそれらの弁護において際立っている[46]、と指摘し問題視している。トーランドが挙げたこれら五書は当時の聖書批評学において注目され始めた、今日では「使徒教父」文書と呼ばれる多様な文書の一部である。「使徒教父」は、一世紀末から二世紀前半における、新約正典に収められなかった、使徒後の異邦キリスト教会における文書の執筆者を指す。この名称は一六七二年のコトリエ（J. B. Cotelier）による『使徒時代の教父、すなわち使徒時代に有力であった聖教父たちの著作集』にさかのぼり、その後一六九〇年にイッティギウス（Ittigius）（トーマス・イッティヒ）は『ギリシア・ラテン使徒教父文庫』を出版している。これら五つの文書を偽書とみなすトーランドは、当時のローマ・カトリック教会やプロテスタント教会で「正典としてではないが、使徒的であるとして[47]」受け入れられていることに異議を唱えたのである。トーランドは新約聖書の正典の歴史が偏見にとらわれずに書かれるべきことを訴え、聖職者によってその仕事がなされることを期待しているが、もしそれが果たされないのであれば、「私自身がその仕事を引き受けても彼らの職務を侵害することにはならないと思うし、自分がそれを書くのであれば、それはもっとも公平な歴史となるであろうことを請け合う[48]」と述べて、新約聖書正典の歴史を執筆する意図を示唆している。

一七〇〇年、トーランドは共和主義者の編集・出版のもう一つの仕事として、「ジェイムズ・ハリントン評伝」を付した『ジェイムズ・ハリントンのオシアーナおよびその他の諸著作』を刊行した。また同年、トーランドは『クリトー、雄弁の力についての詩』を匿名出版した。トーランドはこの小冊子の編者と称して、この詩の著者はトーランド氏であり、詩の中でトーランド氏は〈迷信的でない〉という意味を表すアデイシダエモンという名の人物と解される、と語っている[49]。人々に真理を教える「雄弁の力」について、クリトーがアデイシダエモンにたずねると、アデイシダエモンはその力を借りて真理を伝える仕事を自分が引き受け、あらゆる重要で驚くべき事柄をできる限り、宗教的事柄に関してさえも、クリトーに教えるという展開である。この小冊子は聖職者と思われる人物から、アデイシダエモンはそこで言われているように「迷信なき者」というより、むしろ「神も悪魔も恐れぬ者」[50]である、として反駁された。この著作でアデイシダエモンが宇宙と神に関して語ることは、後の諸著作『アデイシダエモン（迷信なき人）』（一七〇九年）、「クリドフォラス、または公開哲学と秘教哲学について」（『テトラダイマス（四論集）』、第二論文、一七二〇年）、『パンテイスティコン』（一七二〇年）などで展開される彼の自然哲学的・宗教的主張の先行形態とみなせる。

一七〇一年の初め『党派による権謀術数、とりわけ宗教、政治、議会、裁判、内閣において、党派が人々全般に、とりわけ国王に、あらゆる外交に、また平時や戦時のわが国の信用と貿易に及ぼす悪影響について』を匿名出版し、国王に捧げている。この匿名書の第一章でトーランドは、「党派による権謀術数」はステュアート朝の治世に始まり、代々継承者によって巧妙に活用されるようになり、ついにはチャールズ一世自らが王座と命を奪われる破滅を招いた。しかし、この忌まわしいやり方はチャールズ二世のもとで完成の域にまで達したので、この権謀術数が彼の治世に及ぼしたもっともひどい結果と今日まで残存している影響を明らかにしようと思う、とこの著作のテーマを述べている。

一七〇一年六月、王位をプロテスタントの家系に限定した王位継承法が成立した。これはウィリアム三世の次の国王と目されていたアン（ジェイムズ二世の次女）の後を継ぐ将来の国王に、ドイツのハノーヴァー選帝侯妃ソフィアを指名し、彼女の継承者もプロテスタントであることに限定した王位継承法である。この法にはまた、「臣民の権利と自由」を保障する規定ももられた。トーランドは王位継承法を擁護して『自由イングランド、またはイングランド王位の限定と継承の説明と宣言。国王陛下の勅語、議会の審議、国民の願望、我々の宗教の安全、我々の国体の本質、ヨーロッパの均衡、人間の権利に基づく』（一七〇一年）を出版した。ニューカッスル公爵への献辞にあるように、トーランドは第一に国民に「法王教と専制権力」からの解放が将来にわたって保障されることを確信させ、第二に国内外の人々に今回の「議会の審議」が「正義の原理と良き統治の目的」にかなうものであることを示し、第三にハノーヴァー選帝侯家に「彼らの称号の真の本質と彼らが継承することになる統治機構」を説明することを目的とした。マクルズフィールド伯は国王の命を受けてこの継承法を携えてハノーヴァーに赴くが、トーランドは『自由イングランド』の出版によってロバート・ハーリの信任を得て同行を許可された。トーランドは選帝侯妃に『自由イングランド』を贈呈した。彼は五、六週間滞在し、帰国の際に選帝侯妃から彼の著作への返礼として金のメダルをいくつか贈られ、さらに選帝侯妃、選帝侯、皇太子、娘のプロイセン王妃の油絵の肖像画を拝受した。

一七〇二年、トーランドは『自由の擁護、またはトーランド氏の自己弁護』でイングランド議会下院に対し、『秘義なきキリスト教』と、コモンウェルスマンとに対する非難に関して弁明書を書いた。彼は『秘義なきキリスト教』は二十五歳の若書きであることを強調し、以後この本はけっして出版しないと断言しながらも、自分の主張の弁護に努めた。『自由の擁護、またはトーランド氏の自己弁護』におけるコモンウェルスマンとしての弁明については、解説後段の「2　名誉革命後の共和主義　③『自由イングランド』――教会の神権打破」の最後（本書、三〇八頁以下）を参照していただきたい。

II　『秘義なきキリスト教』の時代背景

1　イングランドにおける反三位一体論争

反三位一体を唱えるアリオス主義、ソッツィーニ主義、ユニテリアン主義などはその教理に焦点があてられ神学思想においてのみとりあげられ、一般的な思想史において語られることはあまりなかった。だが、全ヨーロッパを視野に収めて前期啓蒙思想研究を著したポール・アザール[51]は、ローマ・カトリック教への「ノン・コンフォルミスム」を掲げたカルヴァン派やソッツィーニ派、そしてカルヴィニズムの正統信仰から断罪されたアルミニウス派の知的精神を十八世紀啓蒙の一要因として位置づけた。宗教改革の延長線上で伝統に従う「宗教派」とそれに反逆する「理性派」が人心の争奪戦をくりひろげた転換期を「ヨーロッパ意識の危機」の時代ととらえ、ヨーロッパにおける「啓蒙」の起点を十七世紀の八〇年代に引き下げ、それから三十五年間にわたる期間の大パノラマを一望に収めた画期的な研究である。そこには各国の文化相互の交流と浸透が哲学、宗教、文学から風俗、流行に至るまで重層的に描写されている。この研究は理性を重視した十八世紀啓蒙思想の視点を素朴に継承したものではあるが、この時期の全体的思想史研究として今なお古典と言えよう。

また、H・トレヴァー＝ローパー[52]はカルヴィニズムあるいはピューリタニズムが十八世紀啓蒙を先導したとする説に反対して、啓蒙の知的起源はカルヴァン派教会の支配を受け入れなかった「異端」、すなわちアルミニウス主義者、ソッツィーニ主義者にあると主張した。自由意志と寛容を説いたアルミニウス主義や批判的理性を宗教に適用したソッツィーニ主義はどちらもエラスムスの思想を継承した発展形態であると主張して、オランダ、イングランド、フランス、スイス、スコットランドにおける彼らの宗教的精神を跡づけている。これは小論文ではあるが示唆に富む見解がもられている。このような先駆的な研究によって、カルヴィニズム、アルミニウス主義、ソッツィーニ主義あるいはユニテリアン主義はもはやキリスト教会史としてだけではなく、十八世紀啓蒙との関連を視野に入れて論じられ、思想史における重要な一要素として考えられている。

トーランドの『秘義なきキリスト教』も、局所的な神学論争とも見えるイングランドにおける一六九〇年代の反三位一体論争を視野に入れて、ここでは論じてみたいと思う。本書に反三位一体論争に言及する箇所[53]もあるが、この著作のテーマである「秘義なきキリスト教」の主張、この主張への反論、さらに論争を封じる意図のもとになされた本書の構成などを検討してみれば、『秘義なきキリスト教』は、この論争において三位一体を秘義と主張し擁護論を展開した、三位一体論者を論駁する明白な意図をもって書かれたものであることがわかる。また、この論争におけるユニテリアン派の主張が、理神論を利するものとして正統派から批判された事情をここで再検討することは、ユニテリアン主義と理神論、さらには十八世紀啓蒙との関係に一条の光を投じるものともなろう。

① ユニテリアンの三神批判

ユニテリアンの前身であるソッツィーニ派[54]は、イタリアのレリオ・ソッツィーニ（一五二五―一五六二）とその甥ファウスト・ソッツィーニ（一五三九―一六〇四）を開祖とする急進的プロテスタント一派である。ソッツィーニ主義における主な二つの特徴は、徹底的な聖書主義と宗教における理性の権利の主張である。前者の特徴はローマ・カトリック教会に対して「聖書のみ」を掲げる他のプロテスタント諸派と共通するものであるが、後者の特徴は当時のプロテスタントにとっても異質の要素であった。聖書は聖霊から直接影響を受けて書かれたものであるが、啓示の真理を理解するには理性の導きが必ず必要である。聖書の啓示には超理性的なものもたくさん含まれているであろうが、この聖書解釈の方法に従えば非理性的なものは存在しない、正しい理性と神の真理は必ず一致すると主張した。宗教における真理の確定において理性を用いるというこの主張は、後の十七世紀におけるプロテスタント神学の展開に、たとえばフォークランド子爵ルーシャス・ケアリ（一六〇九または一六一〇―一六四三）を中心としたグレイト・テュ―のサークル、ウィリアム・チリングワース（一六〇二―一六四四）、ケンブリッジ・プラトン学派、ラティテューディナリアン、ジョン・ロック（一六三二―一七〇四）などに、多かれ少なかれ影響を及ぼすことになる。

ファウスト・ソッツィーニは宗教改革の原理である聖書の権威を受け入れる一方で、人文主義者の伝統から理性という要素をとりいれ、これらを用いてローマ・カトリック教会の教義に対して徹底的な攻撃を開始した。同時にこの攻撃はプロテスタント諸派との教理対立をも引き起こすことになる。第一は、三位一体の教理に関してである。三位一体の教理を支持するような箇所は聖書のどこにもなく、理性に照らしてみても納得できない。一実体に三位格が存在することは不可能であり、この教理は形而上学的迷妄にすぎない。このような難解な教えに人々の救済を依存させることは不条理である。したがって、神は一つであり、帰結としてキリストは人間である。第二は、キリストの人性と崇拝に関するものである。キリストは死を免れない人間であるが、神から与えられた彼の使命は教えと模範によって救いの道を示すことであったから、地上における神の代理人キリストはその使命ゆえに神聖性を与えられた。ファウスト・ソッツィーニはイエスの神格を否認はしたが、一方でキリストは神によって教会と世界を統治するよう定められた者として、神聖な崇拝はなされるべきであると主張した。彼は崇拝に区別を設け、キリストを心の中で崇拝する（adoratio）ことはキリスト教徒にとって必要なことであるが、口頭で（invocatio）キリストに祈願するかどうかは各自の判断にゆだねられるとした。異なるレベルの崇拝を設けてはいるが、「キリストへの神的崇拝」は維持した。ファウスト・ソッツィーニのこの立場は内部の急進・穏健両派の主張を斥けて、人間キリストへの崇拝を完全に否定することも完全に容認することも回避した中道的妥協であった。

このようなキリスト崇拝論は後に、三位一体論者スティリングフリートからは「被造物崇拝」とみなされ偶像崇拝であると非難され(55)、またトーランドは非合理であるとみなして本書、二〇頁で批判的に言及している。第三は、贖罪に関してであり、これはローマ・カトリック教義への決定的批判と言える。ローマ・カトリック教会のキリストによる罪の贖罪の教義（キリストが原罪を負った人間の代理としてその罪を贖うため犠牲となって十字架についたこと）は、罪を犯した個々人の悔い改めへの働きかけを無効にするものであると批判し、神による罪の赦しはキリストに負わされたような罰ではなく心の悔悛にあると主張した。そのため、キリストは人間と神のあいだを仲介する和解者であるより、むしろ神の教えを明かす預言者の役目に大きな重点がおかれることになる。第四は、予定説を徹底的に排除し、自由意志を力説することである。この点も他のプロテスタント諸派と衝突せざるをえない。ソッツィーニ派は自然的人間は潜在的に完全であるとする説を確信しているので、この立場から原罪の教理の否認まではわずか一歩を残すばかりだからである。彼らが示す新たなキリスト教とはキリストを介した神の救済の教えである。その教えを学び、それに従うことがキリスト者のなすべきすべてであるとする。第五は、典礼に関してである。彼らは聖餐について、ローマ・カトリック教会の説のみならずルター派、カルヴァン派の説を斥け、キリストの死を記念する祭式であると主張する点でツヴィングリの説に近い。また、洗礼は救済の必要条件ではないとする。第六は、宗教的寛容についてである。彼らは教会と国家を分離して考えるので、異端に対する追放、監禁、処刑という世俗による刑罰に反対する。その寛容の範囲は極端に広く、神とキリストを信じ従う者はみな真の教会の一員であり救いを得られるとした。

このような信条を持つソッツィーニ主義者はポーランドのラコウで活動し信徒を得ていったが、ローマ・カトリック教会の反宗教改革の波に襲われて、彼らは亡命を強いられ、イエズス会士の策動により学院や印刷所は破壊され、一六六〇年に当地のソッツィーニ主義は壊滅した。亡命者たちはドイツ、オランダ、イングランド、その他近隣諸国に逃れたが、オランダのアムステルダムとライデンは彼らにとって避難所となった。そこにはメノー派、コレギアント派、アルミニウス派など、彼らに共鳴しうる考えを持つ宗派が存在していたからである。十七世紀のオランダはヨーロッパで独特な位置を占めていた。そこは言論の自由と寛容の共和国であり、長老派や英国国教会からの分離主義者の教会が存在し、自由な出版と広く行き渡った教育を誇っていた。十七世紀を通じて、おそらくオランダは他のヨーロッパすべての国々を合わせた以上の本を出版したであろうと言われている。

イギリスでは共和政時代に「イギリスのユニテリアン主義の父」として知られるジョン・ビドル（一六一六―一六六二）によってソッツィーニ主義は精力的に広められた。それまでは彼らの本が密かに回覧され、その信条が知られる程度であった。ソッツィーニ主義はあまりにも過激な教理であったので、寛容の枠から除外されビドルは何度も投獄され、その最期は獄中であった。四十七歳の生涯を閉じるまでに一六四五年以後、通算してほぼ十年間を獄中で過ごした。彼は最初の信仰告白として『聖霊の神性に反対する、聖書からの十二の論証』（一六四七年）を出版し、三段論法によって聖霊の神性を否定した。それ以後、『三位一体に関する信仰告白』（一六四八年）、『エイレナイオス、殉教者ユスティノス、テルトゥリアヌス、ノヴァティアノス、テオフィロス、オリゲネス……の証言』（一六四八年）などを出版した。これら三著作は「ジョン・ビドル小伝」を付して、九〇年代の反三位一体論争時に出版された第一回目の論争文書集『唯一神の信仰』（一六九一年）に他のユニテリアンの論争文書とともに収録された。『三位一体に関する信仰告白』の序文で、ビドルは自らの主張を宗教改革の延長線上に位置づけ、ルターやカルヴァンはローマ・カトリック教会の偶像崇拝の汚染からキリスト教を浄化したが、まだ改革すべき三位一体が残されていると述べる。三位一体は聖書にも理性にも基づくものではないと主張する。

「なぜなら、第一に、この教理は三神を導入して、聖書であれほどたびたび説かれている神の唯一性を覆してしまうからである。この不合理を言いつくろうために、アタナシオスに賛同して、父は神、子は神、聖霊は神であるが、それでも三神が存在するのではなく、存在するのは一神であると言っても不十分である。というのは、それは、ペテロは使徒、ヤコブは使徒、ヨハネは使徒であるが、それでも三人の使徒が存在するのではなく、使徒は一人であると言うのと同じくらい不条理だと（自分の信仰に思いきって理性を用いるならば）気がつかない者がいるだろうか。」[56]

と三位一体を論駁する。ビドルの死後ユニテリアン主義の普及は新たな段階を迎える。

ビドルの精力的活動の後ユニテリアン主義は徐々にイングランド内に浸透し、一六七六年までにロンドンにユニテリアン派の集会所は少なくとも三カ所存在したと言われる。「ユニテリアン」という語がイングランドで初めて使用されたのは、一六七三年とされている。反三位一体論者ヘンリ・ヘッドワース（一六二六―一七〇五）はクエイカー教徒のウィリアム・ペン（一六四四―一七一八）との論争において出版した『論争の終結』（一六七三年）で、自分を含め反三位一体論者を「ユニテリアン」と記している。[57]一六七〇年代、八〇年代になると、ソッツィーニ主義者のあいだにさまざまな見解が見られるようになり、より急進的な見解（キリストへの「被造物崇拝」を否定したり、聖餐を軽視したりする立場）を表明する者もあれば、より現実的な見解のみに止める者もあって、多様化の傾向が進行する。こうした状況下、ソッツィーニ主義は英国国教会内部にも世俗人のあいだにも広範囲にわたって浸透していった。九〇年代の反三位一体論争は主に英国国教会内部での教理論争であった。ユニテリアン派の指導的な論客であったハートフォードシャーのリトル・ホーミードの教区牧師スティーヴン・ナイ（一六四八?—一七一九）（有名な独立派の牧師フィリップ・ナイの孫）、もうひとりの指導者として、クエイカー教徒のウィリアム・ペンとの論争で知られる世俗人ヘンリ・ヘッドワース、さらにこの派の経済的支柱でありキリスト教的博愛精神の実践者としても知られる商人トマス・ファーミン（一六三二—一六九七）を中心としたグループによってこの論戦は展開された。トマス・ファーミンは貧民救済や失業者救援対策を行い、ポーランドのソッツィーニ派、フランスのユグノー、アイルランドのプロテスタントなどの難民に対して寄金運動を行った。彼の友人には、ケンブリッジ・プラトン学派のベンジャミン・ウィチカット（一六〇九—一六八三）、チェスター主教ジョン・ウィルキンズ（一六一四—一六七二）、グロースター主教エドワード・ファウラー（一六三二—一七一七）、カンタベリー大主教ジョン・ティロットソン（一六三〇—一六九四）、ジョン・ロック（一六三二—一七〇四）などがいた。しかし、ユニテリアン主義の基本原理を成す「信仰の自由検討、合理主義、寛容」に共感する人々でさえ慎重な言動を余儀なくされていた。一六八九年の寛容法から反三位一体論者はローマ・カトリック教徒とともに除外されたからである。ユニテリアン派は礼拝集会を禁じられ、出版も禁止対象であった。ロック、ナイでさえユニテリアン派と容易に解釈されるような著作を公然と出版することはしなかった。実際の迫害をいくつか挙げてみれば、国教会聖職者でありオクスフォードのエグゼター・カレッジ学長であったアーサー・ビュアリ（一六二四—一七一三）は、『ありのままの福音』（一六九〇年）において、アリオス主義の見解のみならず、マホメットは背教者ではなく、キリスト教の真の福音である一神信仰を再び打ち立てるためにやって来た改革者であると主張して、ソッツィーニ主義と断罪され、五〇〇ポンドの罰金、著書の焚書、免職の処分を受けた。また、ウィリアム・

フリーク（一六六二―一七四四）は『三位一体の教理の簡潔明瞭な論駁』（一六九四年）を上下両院に送ったため、著作は絞首刑執行人の手によって焼かれ、当人は自説の撤回と罰金を科された。エディンバラ大学の学生トマス・エイケンヘッドはソッツィーニ主義的見解のため異端と断罪され、一六九七年に絞首刑に処された。

反三位一体論争はスティーヴン・ナイの『ユニテリアン派、またはソッツィーニ派小史』（一六八七年）をもって開始された。これはナイがファーミンに宛てた四通の書簡とそれらの書簡を読んだヘンリ・ヘッドワースによる賛同の書簡から成っており、『小史』というよりむしろ教理の陳述である。これに続く『アタナシオス信条についての短い注釈』（一六九〇年）は三一論の権威であるアタナシオス信条の徹底的な批判であった。その後、ユニテリアン派から次々と論争文書が出版され、それらはファーミンの資金援助のもと『唯一神の信仰』（一六九一年、ロンドン）、『第二論文集』（出版年なし）、『第三論文集』（一六九五年）と題して、通し頁なしの合本の体裁で出版された。それらの小論文すべてに著者名は明記されておらず（以下の記述において著者名が記されている場合は、後の研究によって確定されたものである）、出版地の表示がないものもある。ユニテリアン派の論争の主旨は以下のように述べられている。一般大衆は「三位ではあるが唯一なる神」、あるいは「父なる神、子なる神、聖霊なる神、これらはそれぞれに神であり、しかも唯一なる神である」と教えられても、この意味をどう考えてよいのかわからずに、唯一なる神という概念を完全に見失って、彼らにわかる「それぞれが神である三位」という「確実な三神論」のみを抱くようになるから、三位とか位格とかの用語を捨て、ふさわしい用語で語るべきである、と。(58)

この論争が始まると神、キリスト、聖霊の位格について「三イコール一」の弁護に努めた正統派のあいだに、三位一体の教理の解釈をめぐって混乱と対立が生みだされた。この論争における三一論者の主要な立場はおよそ三派に分けられるが、ユニテリアン派と教理論争に臨んだのは次の二派、実在三一論者と唯名三一論者である。論争の経過に従えば、正統派を自認するウィリアム・シャーロック（一六四一？―一七〇七）の反論『神聖なる三位一体と受肉の教理の弁護』（一六九〇年）は正統派を代弁するものとして当初歓迎された。彼は三位を実在する位格と考える実在三一論者に属し、三位がまったく同等で三つの個別の全能者であり、しかもそれらが一つの神であると主張した。しかし、翌年ユニテリアン派はこれを三神論と規定して、その解釈を異端的として斥けた。三一論者側はしばらく沈黙を守った後、一六九三年にロバート・サウス（一六三四―一七一六）は三一論者側からのシャーロック批判を展開すると同時に、新たな三一論解釈の構築に取りくんだ。サウスはシャーロックが三位を実在するものと考えたために陥った三神論を回避するため、三位を実在するものとは考えず、実在する位格は神のみとし、三位を神の三つの様態、属性、関係とする解釈を示した。さまざまな難点を残しながらも、最終的にユニテリアン派の側はこの解釈が実質的には神の位格しか認めていないと判断して、これを唯名三位一体論と名づけて、用語の使い方を別にすれば自派の解釈と一致すると結論を下した。一六九八年『ファーミン氏の宗教の説明』（匿名であるがおそらくナイによって書かれたとされる）において、「概して今やソッツィーニ派論争は存在しないと言えるであろう。教会とユニテリアン派双方にみられた互いの意見の相違は撤廃されている」[59]と述べて、論争の終結を選択する。この教理論争でユニテリアンが異議を唱えたのは、教会統治の問題ではなく、純粋に神学問題であった。彼らは初めから英国国教会に帰属している人々であり、ナイは教区牧師でもあった。むしろ、彼らは国教会への包含を希望していたようである。

② ユニテリアンの秘義批判

三位一体をめぐる教理論争の主戦場、すなわちユニテリアン派に反論する唯名三一論者と実在三一論者（実在三一論者は二派に分類され、実在三一論者の大部分を占める三位を同等とする一派と、エピスコピウス、カドワースなどのように子と聖霊を神より劣るとする、アリオス主義的とみなされ反感を買うような解釈をとる一派に分かれる）による論戦の簡略な経緯は以上のようなものであった。しかし、トーランドの秘義批判に直接関係するのは、実在三一論者でありながら論戦を拒み、三位一体を理解しえない「秘義」であると主張してこの論争に臨んだ第三派、「秘義的三位一体」論者である。トーランドの関心はいわば教理論争の枠組みから逸脱したこの論争に集中した。ウスター主教エドワード・スティリングフリート（一六三五―一六九九）、大主教ジョン・ティロットソン（一六三〇―一六九四）などは正統的な実在三一論者であったが、三位一体に関する教理的解釈に応じようとはしなかった。スティリングフリートの『キリスト教信仰の秘義の主張と弁護』（一六九一年）について、ナイは彼の主張を「秘義的三位一体」と評して次のように要約している。

「あわれな一般大衆は原型が損なわれた聖書と間違った翻訳によって、三位一体は聖書の教理であると、……最初信じさせられる。しかしこれ〔解説者注：三位一体〕は（一見して）理性と良識《コモンセンス》に反するように思えるので、次はこの教理は、私たちが理解することができなくても神が言われたことであるのだから信じる必要がある秘義と考えるべきである、と告げられる。このように教える者たちの言い分は、自然の仕組みには、三位一体と同様、私たちが理解していないことがなんと数多くあることか、それでも私たちはそれらが存在すると信じている、どのようにしてそうなるのかを考えるさいのむずかしさなどまるでないかのように確実に信じているのだ、というものである。[60]」

スティリングフリートは理解しえない「自然の仕組み」として、頭を下にして歩く地球の反対側に住むとされた対蹠人、霊体は物体から抵抗を受けずに物体を動かせる、など一〇頁にわたってその例を羅列していった。彼の論法は、「三位一体は理解しえない説明不能な秘義」であるが、自然のうちには理解できなくてもその存在は確信できるものが多数あるのだから、存在の仕方が理解できない三位一体も確実に存在すると信じるべきであるというものである。「草一本」の本性も理解できないうちは、三位一体について議論するのは「不遜な不信仰」であると結論する。一方、ティロットソンはファーミンとの友好が一因でソッツィーニ主義者と非難されたために、一六九三年に『我らが神聖なる救世主の神性と受肉についての説教』を出版して三一論者として身の証を立てねばならなかった。彼は、神の存在そのものが宗教における最大の秘義であり、それを十分に理解できないからという理由で神を否定する者はいないのだから、理解しえない三位一体を否定すべき理由はない(61)と、三一論を弁護した。受肉の弁護論もこれとまったく同様の論法である。自然において魂と肉体の結合が存在するのだから、キリストにおける神性と人性の結合も不可能なことではない(62)とティロットソンは主張した。

理性と聖書によって

ナイは三位一体を秘義とする論法は、弁証の道を断たれた者が「最強の砦かつ最後の手段」として「逃げ込む聖域」であると指摘し、以下のように反論する。三位一体は神によって啓示された真理としての「秘義ではなく、不条理かつ矛盾」である。「要するに、私たちが三位一体と受肉の教理を否認するのは、それらが秘義であるからではなく、理性と良識《コモンセンス》に対する明白な矛盾であり、したがって虚偽であるからである(63)。」また、ナイは翌年『三位一体の教理の解釈についての考察。カンタベリー大主教ティロットソン博士、ウスター主教スティリングフリート博士、ソールズベリー主教バーネット博士の説教、ある学識者とある高名な非国教会派牧師の論考、シャーロック批判に答えた本などを契機に』(一六九四年)において同様の主張を繰り返す。「それらの教理を否認する理由は、それらは秘義ではなく、矛盾、不可能、単なる無意味であると明晰判明な知覚を持つからである。[64]」ナイは「無意味」を「神の深遠な事柄」、「矛盾」を「信仰の秘義」と呼ぶべきではなく、「秘義」と「矛盾」は区別すべきであると力説する。さらにユニテリアン派のひとりによって書かれた『聖書における秘義という言葉についての公正な説明』(一六九一年)からの引用を用いて反論する。

「宗教には秘義や理解できない秘密がいくつかあるが、自然の光と理性の光に反したり、私たちが持っている自然的観念を破壊し否定したりする教理に秘義という崇高な名称を与えるべきではない。聖書はそのようなものを秘義と名づけていない。それとは反対に、聖書における秘義の普通の意味はそれ自体の本性において不明瞭で曖昧なものではなく、それ自体の本性においては理解できる、理性に一致する神の意志に関する教理または顕示である。だが、それは過去の時代には隠されたままであり(すなわち秘義や秘密とされ)、福音時代になって主キリストと使徒によって明らかにされたのである。[65]」

この匿名著者は『聖書における秘義という言葉についての公正な説明』(一六九一年)において、啓示によって明らかにされるまでの神の意志が秘義と呼ばれているにすぎず、特定の時間と場所のもとでのみ暫定的に秘義として人間に表れたのであると主張する。

「新約聖書の秘義という言葉は、神意のうちにあってまだ私たちには隠されていたり、あるいは預言者の預言、たとえ話、象徴、予型、謎めいた比喩のヴェールでおおわれたままであったりする教理や出来事を意味するのであり、後にそれらの事柄はより明白な啓示や成就によって明らかにされるものである。(66)」

この匿名著者はこれを立証するため、聖書での秘義という言葉の使用例を三つに分類し、第一は比喩や象徴的用語で隠されている教理や出来事、第二は使徒たちに示された新たな契約、第三は人間の救済に関する神の一般的摂理すなわちキリスト教の福音、と分けてその例を次々に列挙していく。トーランドも本書、第三部、第三章「『新約聖書』と古代キリスト教徒の著作における秘義という言葉の意味」において、ユニテリアンの議論と同じ主張と手順によって秘義批判を展開している。分類に関して、第一と第三が入れ替わっているだけである。(67)

「**28** これらの章句だけからも、この第三部の第**6**段落と第**7**段落に含まれる主張は十分証明される。すなわち、第一に、福音の秘義はそれ自体の本性上は十分理解しうる確実な事柄であったが、以前はおおいによって隠されていたために**秘義**と呼ばれたことである。第二に、福音のもとで、このおおいは完全に取り除かれることである。以上から保証される結論として、第三に、今やそのような教理は本来**秘義**という名称に値しえないことである。

29 教父の熱烈な信奉者には、自分の役に立つと思うときだけその権威を引き合いに出し、自分の言い分に有利にならないときは軽視したり隠したりする人が見受けられる。私も同じようなやり方で聖書を役立てているなどと、悪意のこもった非難をされないように、『新約聖書』の中から秘義という言葉がある章句をすべてここに書きだしてみよう。それらに目を通しながら、私の主張を納得して読んでもらえるように。その全体は次の項目にまとめるのが便利だろう。第一は、秘義が、異邦人には完全に隠されユダヤ人にはきわめて不完全にしか知られなかった、将来明かされる神からの賜り物たる福音またはキリスト教一般と読める場合である。第二は、使徒たちによって時折明かされるいくつかの個別の教理が、明らかにされた秘義、すなわち打ち明けられた秘密と言われる場合である。第三に、秘義という言葉が、たとえ話や謎めいた表現によって隠された事柄を指す場合である。これらすべてについて、順を追って挙げていこう。」（本書、七四―七五頁）

理性と聖書を論拠にしたトーランドの秘義批判は明らかにユニテリアンの批判をそのまま踏襲したものであることがわかる。

ユニテリアン派の主導的論客であるナイはこの論争について、以下のように総括している。(68) 唯名三一論者（ロバート・サウス、ジョン・ウォリスなど）はユニテリアンの主張の趣旨を正統派の用語で説明しているのであって、教会からの脅威や利害関係がすべて取り除かれればユニテリアンのように信仰告白をするであろう一派である。実在三一論者（ウィリアム・シャーロック、グロースター主教エドワード・ファウラー、ハウ氏、レイフ・カドワースなど）は三位を同等にしたり、子と聖霊を父より下位に置いたり、多様な解釈に分かれているが、彼らは三位一体を「可能にし、意味を成すような説明」によって、「知性を放棄せずに、つまり人間の本性を放棄せずに、理性をもって信じる」人々である。最後の一派（カンタベリー大主教ティロットソン、ウスター主教スティリングフリート、ソールズベリー主教ギルバート・バーネットなど）は実在三一論者であるが、「この不可解な聖職者たちが語ることは説明と呼ぶことはできない。彼らは説明をすべて拒否するのである」。彼らは前二者と異なり、「自分に理解しえないものを崇拝している」とナイは批判する。ユニテリアンは、三位一体を秘義として擁護する人々には「何の期待も持てない。彼らはどんな反論をされようと、その答えは三位一体は秘義である、の一点張りであるからだ」。スティリングフリートやティロットソンの三一論弁護はユニテリアン派の反対論に対し解釈をもって答えるのではなく、むしろ問題を類比によってすり替えた上で、理解しえない秘義を容認すべきであると強弁したものと言える。たしかに、彼らは、カトリックの実体変化説に対して理性と感覚の明証性を武器としてプロテスタントとしての論陣を張ってきた。聖餅はパンではなくキリストの肉であるとするこの説に対し、スティリングフリートは知覚に反した「無意味かつ矛盾」[69]であると言明し、ティロットソンは「諸感覚の明らかな明証性」[70]に反する、誤った教理であると言明していた。彼らはローマ・カトリック教会に対しては理性の明証性を掲げ、合理主義神学の旗手であったにもかかわらず、ユニテリアン派から三位一体と受肉の教理の非合理性を問いつめられたときに、「理性を超えた秘義」というローマ・カトリック教会の常套手段に訴えてこの論争に臨んだ。対カトリック論争における理性の強調と対ユニテリアン論争における秘義の擁護という彼らの二面性は「超自然的合理主義」[71]、あるいは国教会の「中道」[72]の立場と位置づけられてきた。だが、このような二面性は教義論争における戦術的な論法に起因するものであったことも忘れてはならない（詳しくは、本書、二五八頁を参照していただきたい）。

ロックの「観念」によって

ユニテリアン派の秘義批判における第一の方法が理性と聖書を論拠にしたものであるとすれば、彼らの第二の方法は神学論争にロックの哲学的概念を導入しこの三一論論争の終結をはかろうとしたものである。この方法は、ナイのような主導的立場の者からではなく、彼らとは一定の距離をおく匿名著者による『三位一体の教理の非合理性』（一六九二年）に見られる。彼はこれまでのユニテリアン派による論争方法の無益さを次のように指摘する。

「私は神に三位は存在しないことを聖書を根拠にして証明するつもりはない。というのは、私はそんなことはまったく不必要であると考えているからだ。ユニテリアンが聖書では神の聖なる三位を説いていないことを証明するために、論拠をどっさりと積み上げるのを見て私はたびたび疑問に思ってきた。思うに、彼ら〔解説者注：ユニテリアン〕による敵の論駁の仕方は、自分たちが敵の用語を理解していることを前提としている。あるいは、少なくとも神に三位が存在するという命題について自分たちが抱いている概念が十分に明白であると思っている。……私はあえて言うが、一方は三位一体を主張し、他方はその反対を主張しているが、両派とも無駄な論争をしている。その理由は、どちらの派も神の位格という言葉に何の観念も付与していないからである。……このことを考えれば、まったく理解できない教理を論駁するのに、聖書ばかりか理性にすら援助を求める必要がないことは明らかだ。すなわちその教理とは、生まれつきの盲人の心に色の名称が何の観念も呼び起こさないのと同様に、その教理を説明する用語〔神の位格〕が聞き手の心に何の観念も呼び起こさない教理であるからだ。[73]」

「神の位格」という用語は「何の観念も生みださない空虚な音声」にすぎないという主張は、二年前に

『人間知性論』の中でロックが慎重に使い始めた「観念」という用語を神学論争に適用した一例とみなされよう。さらに著者は言語の社会性という観点から、何の観念も生みださない言葉は使うべきではないこと、また新しい言葉を作る者はその言葉の意味を明確に定義して社会に知らせるべきであると主張する。

「観念」という用語を軸とした秘義批判は、さらに二年後に匿名出版されたマシュー・ティンダル（一六五七―一七三三）（晩年に理神論を弁護した）の『三位一体とアタナシオス信条について両大学の聖職者に宛てた書簡』（一六九四年）にも見いだせる。そこでは信仰の領域が認識論的観点から明らかにされている。

「人の信仰内容は、ある事柄に関して人が心の中に抱くそれについての観念である。人が抱くその観念が事柄そのものと一致したり、事柄そのものを表していると思われる場合、人はその事柄が真であると信じる。信仰を働かすべき観念が存在しない場合、私たちは信仰を持ちえないし、また観念が数少なかったり不完全であったりするような場合、私たちの信仰は数少なかったり不完全であったりするその観念以上には到達しえない。

観念が存在しない場合は信じることができないように、観念が矛盾する場合はその観念を真であると信じることはできない。なぜならその観念は同一の事柄について肯定と否定を含むからである。……秘義においては、私たちは何の観念も持たない。……ユニテリアン派は秘義のうちの最大の秘義である三位一体について、それに関して何の観念も持たない、あるいは矛盾した観念しか持たないのだから、信仰することはできないと主張するのである。(74)」

ここでは秘義という神学概念は、「観念」という語を用いて「何の観念も持たない、あるいは矛盾した観念しか持たない」と置き換えられ、その認識論的確実性が否定される。

「私たちが信じるよう神が計画した事柄は、いかなるものであろうとそれらについての明晰判明な観念を私たちが持つことができるよう神はとりはからったのである。……神は私たちの信仰に知覚と同じ限界を設けたのだ。そして信仰を私たちが持ちうるのは私たちが理性的被造物であるからである。理性が理解できない事柄は、私たちも信仰することができない。理性の限界を超えれば、私たちは獣と同レベルに陥って、彼らと同様もはや信仰は不可能である。(75)」

信仰の限界を「知覚」の範囲内に限定することで、信仰の主題は「明晰判明な観念」を持ちうるものだけに限定される。したがって理性を超えるものと理性に反するものの信仰は明確に否定される。このように信仰を「観念」との関係でとらえようとする試みは明らかにロックからの影響と考えられる。以上のごとくユニテリアンの秘義論駁の第二の方法は、信仰の確実性を知識の確実性と直結したところに生まれたものであり、その媒介はロックの経験論であった。「現代のあるすぐれた哲学者」(本書、六五頁)とトーランドが呼ぶロックに鋭敏に反応した一部のユニテリアン(76)による経験論の導入は、まだこの段階では明確な戦術を欠いた萌芽的なものと言える。

③　トーランドの秘義批判

ユニテリアンが種々の三一論論駁に精力を傾けたのに反し、トーランドの主要な関心はむしろその論争で三位一体についての合理的解釈を拒んで、秘義をもって答える「秘義的三位一体」論であった。トーランドはロックの経験論を有力な哲学的援護として最大限に活用して秘義擁護論を論駁し、さらに秘義の成立過程をキリスト教の創成期にさかのぼって歴史的に検証している。

「I　ジョン・トーランドの前半生と作品」（本書、二一三頁）で述べたように、そもそもトーランドはオクスフォード滞在時、反三位一体論争最中の一六九四年にすでに秘義批判を主題にした著作の出版を意図していた。トーランドは本書の「問題の提起」冒頭で次のように述べる。

「1　人がみな一番わからないと表明している事柄ほど、とりわけ昨今、人心を騒がせているものはない。これはキリスト教の秘義のことを言っていると容易に察してもらえるだろう。それを他人に説明することを固有の職分としている神学者が、ほとんど異口同音に自分たちの無知を表明している。理解しえないことを崇めなければならないと彼らはおごそかに私たちに告げる。けれども、なかには自分の疑わしい解釈を他人に強要する連中もいて、その自信と熱意は、たとえその解釈が絶対誤りないと認められる場合でさえ、どうにも耐えがたいほどである。さらに悪いことに、そのような連中の意見がみな一致しているわけではない。あなたが一方の人々にとって正統であるならば、他方の人々にとっては異端である。ある派に賛成する者はその他の派から地獄行きを宣告され、どの派にも賛成しないと言明すれば、すべての派から同じ厳しい宣告を受ける。」（本書、一頁）

トーランドの主要な論敵は、当時の反三一論争において三位一体の教理を理解しえない秘義として崇めるべきであると主張する一派であることが示唆されていると同時に、ここには三一論者側の解釈の分裂も示されている。正統派の解釈に不一致があることは、先に述べたユニテリアンによる総括にも述べられていたことである。また、彼が論駁対象と定めた秘義弁護論が、当時の反三位一体論争に関与したものであることは、以下の「現在秘義弁護のために論陣を張るすべての人々」への言及からも間違いはないであろう。

「哲学であれ宗教であれ、どの派もそれ特有の途方もない考えを有していて、宗教における**理解しえない秘義**は哲学における**隠れた性質**にまったく相当するからである。両者とも同じ目的のために、すなわち何の論拠も提示しえない場合に、それを要求する人々の口を封じ、利害に関与する者たちに都合がいいと思えるだけの数の人々を無知にとどめておくために最初作られたのである。しかし、私は同じような非道な企みの咎を、現在秘義弁護のために論陣を張るすべての人々に負わせるようなことは断じてしないし、そのような人々の多くがきわめて善意あふれる人々であることを知っている。」
（本書、九五頁）

「序文」においてトーランドは「聖書と理性」というラティテューディナリアン的、あるいはユニテリアン的信条を強調しながらも、プロテスタント一般への盲目的信認からは距離をとる。「誤りうるプロテスタントの決定への盲目的な服従義務」（本書、序文、xiii 頁）は拒否するのである。ローマ・カトリック教会に対してだけでなくプロテスタント諸派に対しても、プロテスタントの検討原理を徹底的につらぬき、「イエス・キリストと彼の使徒たちが教えた信仰箇条」（本書、序文、xii 頁）だけを明らかにする意図を表明している。そして、彼はあらゆる宗派名を拒んで、「キリスト教徒である」（本書、序文、xx 頁）とだけ言明している。トーランドの問題提起は以下のように示される。

「理性はあらゆる確実性の唯一の基盤であり、啓示された事柄はその様態についてであれその存在についてであれ、普通の自然現象と同じように、理性による探究を免れえないと考える。それゆえ、本論考の表題に従って、同じく、福音には理性に反するものも理性を超えるものもないこと、キリスト教の教理はどれも本来秘義と呼びえないことを主張するのである。」（本書、四―五頁）

ロックの経験論と実在的本質によって

彼はこの主張を論証する前に、第一部で理性概念を明確に示すことを企てた。原典本文一七六頁中わずか一六頁にすぎないが、第一部「理性について」はロックの『人間知性論』（一六九〇年）の一部分を要約したものである。トーランドはこの第一部を秘義論駁のための有効な導入部にするという明確な戦略を立てたように思われる。

「第一部すなわち理性に関する予備的考察のいくつかの段落は、一般読者に多少わかりにくいと思われるかもしれない。それらは実際一般読者に向けたものではなかったし、また誠実に推論する人には必ずしも重要というわけでもない。それらが書き入れられたのは、論争を終わらせるよりむしろ長引かせ紛糾させることに専念する、ある種の人々からの予測される議論を封じるためであった。」（本書、序文、xiv頁）

ロックが生まれつき備わる生得観念を避け、知識の源泉として感覚と、それに触発された内省とから得られる単純観念を提唱したことは、ロックの経験論として知られるところである。しかし、この説が当時一般的にどれほど斬新でわかりにくいものであったかは上記の引用から推測できるし、また伝統的キリスト教神学にどれほど抵触するものであったかはロックとスティリングフリートの論争に端的に示されている。この論争の発端はトーランドがロックの経験論を秘義論駁の論拠に用いたことにあった。スティリングフリートは『三位一体の教理の弁護論。聖書、古さ、理性によって反論する近年のソッツィーニ派に答える。三位一体の異なる解釈と現在のソッツィーニ派論争の動向に関する序文を付して』（一六九七年）においてトーランドの『秘義なきキリスト教』に反論した。[77] トーランドはロックにならって、感覚と内省によって得られた「単純で明確な観念」は「推論の唯一の素材であり基盤」（本書、八―一〇頁、第**4**段落、第**5**段落）であり、推論機能としての理性はそれらの観念を比較したり結合したりして知識の確実性に到達すると述べる。したがって、

「私たちがある事柄についてどんな概念も観念も持たないとき、それについて推理することはまったくできないし、また、いくつか観念を持っているときでも、それらの不変的で必然的な一致や不一致を示せる中間観念が私たちに欠けているならば、私たちはけっして蓋然性を超えることはできない。」（本書、一一頁）

と述べて、「どんな概念も観念も」持つことができない事柄について理性は推論することはできず、したがって理性はその事柄について「確実性」を得ることができないと主張し、秘義が確実性を持たないことを示唆した。これに対し、「明晰判明な観念を持つことができなくても確信しうることが多数存在する」と考えるスティリングフリートは、理性は明晰判明な観念の比較によって確実性に到達すると想定するこ

の学説は、「このような明晰判明な観念を持つことができないときは、信仰や理性からいっさいの確実性を排除するものである」[78]と述べて、このような理性概念に真っ向から反対した。トーランドは第二部において、神学に用いられた「理性に反する」という言葉の意味は、「明晰判明な観念あるいは私たちの共通概念と明らかに矛盾する」（本書、一九頁）ということであり、「不可能なことと同義語である矛盾はどれもみな単なる無にすぎない」（本書、三二頁）と主張した。

「『新約聖書』のある教理が理性に反するならば、その教理についてどんな観念も私たちは持たないということである。たとえば、一つの球が白くかつ黒いと言うのは、まったく何も言わないのと同じことだ。この二つの色が同一物において両立することはできないので、実在する明確な観念や概念を持てるどんな可能性も排除されてしまうからだ。」（本書、二二頁）

「理性を超える」秘義を弁護するスティリングフリート[79]の論法は、すでに見たように（本書、二三九—二四〇頁）、「三位一体は理解しえない説明不能な秘義」であるが、自然のうちには理解できなくてもその存在は確信できるものが多数あるのだから、存在の仕方が理解できない三位一体も確実に存在すると信じるべきであるというものであった。トーランドはこの論法を「十分な観念」を持たない「自然物」（本書、六三頁）を論拠にした秘義弁護の「屁理屈の決まり文句」（本書、五八頁）、「詭弁」（本書、六六頁）と批判し、第三部、第二章「あるものに関して、その特性すべてについて十分な観念を持たない、またその本質についてまったく観念を持たないことを理由に、そのものを神秘と呼ぶべきではない」[80]において、またもや「現代のあるすぐれた哲学者」（本書、六五頁）ロックの説を援用して秘義の存在を弁護する主張に決定的な一撃を加えた。「唯名的本質」と「実在的本質」という区別によって、実在的本質は私たちには知りえないのだから、それについて無知であるのは当然であって、そのようなものを神秘とは呼びえないとして、認識という観点から自然の神秘なるものの存在を否定したのである。

「18　さて、以上から次の結果がきわめて明らかに導きだされる。すなわち、私たちがある事物の実在的本質を知らないことを理由に、その事物を神秘であるとはけっして言いえない。というのは、実在的本質が一方の事物より他方の事物においてより多く知られることなどなく、また実在的本質は私たちが事物について持つ観念や事物に与える名称において概念されることも、そこに含まれることもないからである。私がこの点を力説するのも、すぐれた論証者というよりむしろ大読書家という賛辞のほうが似合う連中が、詭弁をあくことなく繰り返すからである。彼らが、他の人々に対し、明らかな不条理と矛盾を受け入れさせ、宗教を無意味な言葉や自分たちさえ説明できないものの中に据えさせようとするとき、彼らは巧みに次のように言う。あなたたちは多くのことについて無知であり、とりわけ自分の魂の本質については無知なのだから、自分が概念できないことを必ずしも否定すべきではない、と。これだけではない。彼らは、理解しうるかつ可能な事物だけが信仰の対象であると主張する者たちを（論駁するのではなく）滑稽で傲慢な偽教師と思わせようとするとき、彼らはそのような人たちはふとどきにも神の本質を被造物の霊の本質によって限定しようとする者だと懸命に述べ立てる。勝手にでっち上げたこういう思い込みをさんざん悪く言い立てた後で、彼らはこう結論するのである。もっとも小さな石の組成さえ説明できないなら、信仰に対してあのような厳しい条件を主張すべきではなく、時には自分の理性を教師や教会の決定におとなしく従わせるべきである、と。

19　こんな推論の無力や低級さに気がつかない人がいるだろうか。」（本書、六六―六七頁）

トーランドは秘義擁護論者がユニテリアンに対して持ちだす、「秘義をいわゆる自然の神秘から論証」（異文、(23)）する「詭弁」をロックの「実在的本質」の概念を用いて封じようとしたのである。

以上が、「理解しえないことを崇めなければならない」とする秘義擁護論に対するトーランドの哲学的論駁である。ロックの「観念」と「実在的本質」を神学に用いて、「矛盾と秘義は無を言い表す二つの強調的な言い方にすぎない……。矛盾は互いに打ち消し合う一組の観念によって何も表さず、秘義は何の観念も持たない言葉によって何も表さない……」（本書、一〇五―一〇六頁）と主張して、秘義の哲学的基盤を破壊した。トーランドは「信仰とは理性を超えた事柄に対する盲目的な同意」（本書、一〇九頁）ではなく、「ある事柄を信じるまでに人が蓄えたそれについての知識と理解から生じる確信」（本書、一〇五頁）であると主張する。

「信仰あるいは確信はみな必ず知識と同意という二つの部分から成らねばならない。たしかに後者〔同意〕は信仰を形にする行為であるが、必ず前者〔知識〕の明証性を伴わねばならない。」（本書、一〇〇頁）

トーランドが示すこのような信仰規定は、秘義擁護論者が非難を浴びせる「理解しうるかつ可能な事物だけが信仰の対象であると主張する者たち」（本書、六七頁）、すなわちユニテリアン派の信仰規定と同一である。

スティリングフリートは『三位一体の教理の弁護論』において、トーランドの著書からの不正確な引用や恣意的要約を用いて反論し、トーランドを含めた反三位一体論者について「キリスト教信仰の秘義を攻撃するさいに、観念〔という用語〕や哲学の新用語を本当に理解せず生半可にかじっただけの者たちほど大胆な者はいない[81]」と非難し、「新しいカード」を手に入れた「下手な博打打ち」とこきおろした後で、ロックへの反論を開始している。その後一六九七年から一六九九年まで、両者は書簡で論戦した。スティリングフリートにとって最大の問題は、理性が啓示宗教を支えることができるか否かであった。彼はロックの「観念」と「実体」の理論に注目した。ロックによれば、神について私たちの理性が知りうることは、究極的には感覚と内省によって得られた単純観念から生じるものである。これらの単純観念を無限に拡大し、それらを結合させて、私たちは神についての複合観念を作りあげる。また、私たちの理性は神の実体または本質については何も知ることはできず、ただその属性についてのみ知りうるだけである。この前提に立つならば、啓示によって理性はそれ以上のことを知ることができるのか。ロックによれば、「神によって霊感を受けた人間も、その啓示によって、他の人々がそれまでに感覚や内省から得ることのなかった何か新しい単純観念を伝達することはできない[82]」。啓示は何かの新しい単純観念を伝達することはできない。したがって神の存在についても、神が何であるかについても、また三位一体についても、私たちがそれを知る手段は私たちがすでに得ている単純観念に依存するしかないことになる。これがロックの「観念」と「実体」の理論から導きだされる結論である。

十七世紀ラティテューディナリアニズムの終焉

ロックのこのような新しい理性概念は、理性をキリスト教の合理的弁護に用いてその基盤を強化してきたスティリングフリートにとって受け入れがたいものであった。彼を含めた十七世紀の英国国教会ラティテューディナリアンは王政復古以来、ローマ・カトリック教や狂信的信仰に対しては理性を強調し、理神論や無神論に対しては信仰を擁護して、プロテスタントの確立と国教会の安定化に努め、神学的には三位一体、原罪、キリストの神格、復活の教理などの伝統的な正統信仰を合理主義と結合してきたと言えよう。しかし、私たちが見てきたように、九〇年代の反三位一体論争で、彼らがなしえた三一論解釈は「理解しえない説明不能な秘義」というものであった。先に言及したユニテリアンの見解によれば、彼らは人間の本性である知性を放棄し、理性をもって信じない人々と分類され、三一論者の中でももっとも非合理的とみなされる、「自分に理解しえないものを崇拝している」人々である。トーランドにとっても、彼らは「理解しえないことを崇めなければならない」と主張して、「他の人々に対し、明らかな不条理と矛盾を受け入れさせ、宗教を無意味な言葉や自分たちさえ説明できないものの中に据えさせようとする」聖職者なのである。

　反三位一体論争における三一論者側のさまざまな解釈を見れば、ラティテューディナリアンが主導してきた正統信仰と合理主義の結合は空中分解の様相を呈している。実在三一論者からは異教的な三神論が飛びだしその解釈は断罪され、唯名三一論者は一神の実在のみを認めて三位を神の様態、属性、関係とすることでユニテリアンとの基本的対立が解消されるような解釈を示した。また実在三一論者の中には、実在する三位を堅持しながら子と聖霊を下位に位置づける解釈（レイフ・カドワース）や、アリオス主義的な傾向をおびる解釈（グロスター主教エドワード・ファウラー）など多様な解釈を含むことがユニテリアンによって暴露された。論戦に応じた者たちは理性と信仰の一致を原則としてさまざまな解釈に取りくんだが、結果はこのような解釈の不一致を生みだし、正統実在三一論が揺らいでしまったと言える。国教会の信仰の守護者として主導的立場にあったティロットソンとスティリングフリートの頑強な「秘義」主張は、彼らの正統信仰の表明であり、かつ正統信仰を論争から守るための戦術でもあったろう。英国国教会の立場を表明した三十九箇条の第八条[83]では「聖書のきわめて確かな根拠によって証明されうるであろう」という理由のもとに、ニカイア信条（二六二頁参照）、アタナシオス信条（三位一体を確立した信条）、使徒信条を受け入れ、それを信じることが義務づけられている。しかし、この時代の合理的精神は、このような曖昧な理由のもとで、聖職者に署名が義務づけられている信仰箇条に承服できなかった。国教会の教区牧師であるナイを筆頭にユニテリアンによるアタナシオス信条への異議申し立てを契機に、それに応じた三一論者とのあいだでほぼ十年にわたって論争が展開されたことは、この時代潮流の一つの象徴であろう。伝統的キリスト教に対して、あらゆる方面で積み重ねられてきた合理的傾向がここに表出したと言えよう。一方、スティリングフリートらラティテューディナリアンは正統信仰にまで合理主義を持ち込む必要を感じていなかった。あるいは持ち込むべきではないと考えていた。スティリングフリートはこの論争におけるソッツィーニ派の目的を以下のように述べて、三一論者に論争の停止を訴えているからである。

「彼らの目的は私たちをできる限り分裂させ、そして世間にさらすことにあるのです。それでも私たちは互いに〔解説者注：三一論者どうし〕論争し合って、このような彼らの無礼な気質に満足を与え、彼らに反論のための新たな材料をなおも提供し続けるのですか[84]。」

ラティテューディナリアンは理性と信仰の一致を唱導してきたが、理性を何に対して用いるかについては時代感覚を無視する態度で応じた。ローマ・カトリック教会の実体変化に理性を用いても、三位一体や受肉に理性を用いることは拒否した。一貫性にかけるこのような彼らの二面性は、すでに述べたように（本書、二四四頁）、研究者たちによって「超自然的合理主義」あるいは国教会の「中道」などと指摘されてもいるが、むしろ宗教論争によく見られた現実であり、自分たちの信条を擁護するための戦術的な論法に起因するものであったことを忘れてはならないだろう。当時亡命新教徒として論戦に明け暮れていたピエール・ベールは「同じ原理が或る敵と闘う時は有益にはたらき、他の敵と闘う時は有害にはたらくこと」を標題にかかげて、「理性との一致」という原理について以下のように説明している。この引用での「私たち」とはローマ・カトリック教の教理に反対する、ベールを含めたカルヴァン派プロテスタントである。

「宗教論争がわかりにくくなったのは、単に、一方が他方にする反論に必ず相手も答えているという理由だけでなく、或る場合どちらかにきわめて有効に使える原理が、別の場合には邪魔になるということからも来ている。……私たちが〔聖体におけるキリストの〕臨在に反対する際、それは理性のもっとも純粋な観念と哲学のもっとも異論の余地のない原理をもくつがえすと語るのは、たいへん役に立つことである。それに対しては、神が語る時には理性は黙さねばならない、神の力の限界はわれわれがきめるべきものではない、という答えが返ってくる。すると私たちは言い返す。神は無用の長物にするために理性をくださったのではないから、矛盾を含むものはことのいかんにかかわらずありえない、と。こうしてその時は、私たちも自然の光〔理性〕をおおいに持ち上げる。だがしばらくして、同様の原理から三位一体や予定に反対するソッツィーニ派の誰かを相手にする段になると、私たちは、神は無限で理解を絶するとか、われわれのちっぽけな理性は闇に等しいとか、知性を信仰の軛につなげと命じられているとか言いだす。こうして、ローマ・カトリック教徒とやりあう時は私たちの味方をしてくれるものが、今度は私たちにはむかってソッツィーニ派の味方をしだす。[85]」

これは「理性との一致」を主張するカルヴァン派内「理性派」の論法をベールが分析したものであるが、国教会ラティテューディナリアンの一貫性に欠ける論法についても同じ分析が適用できるであろう。ベールは宗教論争における「理性との一致」という原理の主張が無限定な一般的原則の主張などではなく、ある特定の教義論争において論戦に勝つための手法であることを冷徹に見据えていたのである。宗教論争における「理性」の唱導が実際にはこのような性格を持つものであったにしても、十七世紀九〇年代の反三位一体論争は事実として、合理的精神の新たな段階の開始を示すものであると同時に、王政復古以来三十年間ほどにわたって正統信仰を合理主義神学によって支えてきた十七世紀ラティテューディナリアニズムの終焉を示すものであるとも言える。

この新しい時代精神を教理問題としてではなく、世俗人にとっての合理的キリスト教という問題として示したのは、トーランドの著作だけでなく、ロックの『キリスト教の合理性』(一六九五年)である。ロックはキリスト教信仰の本質は何であるかを検討するさいに、諸宗派の意見や正統見解とその体系は脇において、聖書の源だけから汲み取るべきだと考えた。その結果、彼が聖書から読み取ったことは「イエスはメシアである」という簡潔な命題であった。また、アイザック・ニュートン(一六四二―一七二七)は草稿、書簡などから判断して今日ではユニテリアン主義者とみなされている。このような合理主義的動向は、世俗人ばかりでなく国教会聖職者のあいだにも表面化してきていた。先に述べたように、『ありのままの福音』によって禁書、免職の処分にあったアーサー・ビュアリは、さらにアリオス主義を正統信仰であると大胆にも弁護して、『正統ラティテューディナリアニズム』(一六九五年)を出版した。国教会聖職者であるサミュエル・クラーク（一六七五―一七二九）やウィリアム・ウィストン（一六六七―一七五二）でさえアリオス主義者であり、ウィストンは一七一〇年に三十九箇条を説教と出版物で否定したため、ケンブリッジの数学のルーカス数学講座教授職（ニュートンは前任者）を解雇され、一七四七年に英国国教会を離れた。また非国教徒のジョーゼフ・プリーストリ（一七三三―一八〇四）は『イエス・キリストに関する初期の見解の歴史』（一七八六年）など一連の著作でユニテリアン主義を表明した。彼らは十七世紀末のユニテリアン運動と連動しながらあるいは影響を受けながら、合理的宗教へ傾斜しつつある時代に自由な神学的精神を表明した人々として、今後さらに検討されるべきだろう。トーランドは一世俗人として、このような合理的キリスト教への圧制を以下のように告発している。

「一部の人々が自分たちの法令や規律に従うことを（神の法への不服従はとにかく黙認しておいて）なんと熱心に厳しく強要しているか、非理性的で聖書に基づかない儀式を遵守することを、そして自ら理解不能と断じる事柄の不可解な説明を信じることをなんと厳しく命じているか、これらのことをよくよく考えてみるなら、そういう人々は無学な者を教え諭したり罪深い者を改心させるのが目的ではなく、もっと利己的な目的を追っているのではないかと誰でも強く疑いたくなる。彼らが命じるこれらの愚劣なことは、人が望み享受しうるもっとも祝福された、純粋で、実行可能な宗教に後から付け加えられたものであり、多くの場合それに取って代わったものであるのに、それらを拒絶すれば、憎まれ、蔑まれ、苦しめられ、いやそれどころか、慈悲をもって火刑に処され、地獄に落とされることになるのである。こういうことは、人間の捏造したものより神の教えを、教父たちの抜けられない迷路より理性の平坦な道を、悪魔や反キリストの圧制より真のキリスト教的自由を好む人々にとって

は、驚愕すべき悲痛なことである。」(本書、序文、xvi–xvii頁)

④ ユニテリアンのキリスト教史とトーランドのキリスト教史

トーランドは『秘義なきキリスト教』の最終章で「秘義がキリスト教に持ち込まれたのは、いつ、なぜ、誰によってなのか」と題してキリスト教史を素描し、二世紀以後異教の秘儀の導入と異教哲学の導入によって原始キリスト教が腐敗堕落に陥った過程を記述している。彼のキリスト教史を検討する前に、ユニテリアンによるキリスト教史にふれておくことは、この反三位一体論争とトーランドの関係を検討するには必要なことであろう。

ナイは『ユニテリアン派、またはソッツィーニ派小史』(一六八七年)で反三位一体論争を開始した。その大部分は三一論の論駁と彼らの一神の教理の陳述にあてられているが、自派が主張する一神教の正当性を歴史的に立証しようとする記述も見られる。以下はその概要である。(86)

ユニテリアンのキリスト教史(一神教のナザレ派—アリオス派—アタナシオス派)

ソッツィーニ派は原初の一神論キリスト教を継承するもので、ユニテリアン派の正当な祖先は初期のユダヤ人キリスト教一派のナザレ派である。「神は一者である」とする使徒伝来のナザレ派の教理は教会の一般的教理であった。しかし、この教理に対して、殉教者ユスティノス、オリゲネスなど一部の教父たちは、後にアリオス派が唱えたように、別の教理を唱導するようになった。彼らは、父は時間、尊厳、力において子と聖霊より先んじ、子は万物に先立って創造され父に仕える者として世界を創造し、聖霊は子によって創造され子に仕えてあらゆる物を作ったと唱えた。だが、この教理は神の唯一性を否定するものではなかった。この教理は「ナザレ派の単純明快な教理よりもっと子の名誉にはふさわしいように思えたので」教会においてナザレ派の教理より流布するようになった。しかし三二五年のニカイア宗教会議でアリオス主義は断罪され、「それよりもっと大衆向きの」教理が採用された。その教理はニカイア信条と呼ばれ、「子に父と共に永遠と同質」を帰属させた。「迷信」はさらに増長し、しばらくすると「子と聖霊は父と同一の神」とする三位一体の教理（いわゆるアタナシオス信条と呼ばれるもの）が確立した。こうして現在ではナザレ派の信条だけでなく、アリオス派の信条もキリスト教国においては（トランシルヴァニア、モスクワ、ネーデルラントにおける一部の地域を除いて）公然と信奉できなくなった。ナザレ派とアリオス派の一神崇拝は「トルコと他のマホメット教徒と異教徒の領土」において残存したのみである。

　また、ナイは『三位一体と受肉の教理に関する解明の書簡』（一六九五年）において、三位一体と受肉の教理はキリスト教の腐敗の根元であると論じる。以下はその概要である。

　三位一体派の教理は「古代からの伝統ではなく、本来のキリスト教の新奇をてらうもの、腐敗、堕落」(87)である。ナザレ派はどの教父よりも古く、ナザレ派が信奉したものこそ「今ソッツィーニ主義と呼ばれる教理」である。使徒信条とナザレ派の信条がもっとも古いものである。だが、三四七年、三位一体派はコンスタンス皇帝〔解説者注：コンスタンティヌス大帝の末子、ローマ皇帝在位は三三七年から三五〇年まで〕を味方につけ「政治的術策」(88)を用いて、教会法令集を作成し、ローマ・カトリック教会の権威と教皇至上権を確立したので、それ以後三位一体論と受肉論からキリスト教のあらゆる腐敗が生みだされた。処女マリア・聖人・偶像の崇拝、実体変化説、教会伝承の権威、教皇の免罪符、キリストによる贖罪の教理などはすべて腐敗した三位一体派のキリスト論から生みだされた教理である。

　三位一体の教理の起源に関して、ナイはレイフ・カドワースが『宇宙の真の知的体系』（一六七八年）で主張したモーセ起源説に反論している。カドワースは、さまざまな国の哲学者や民族（プラトン、ピュタゴラス、オルフェウス、エジプトのヘルメス、カルデア人、ローマ人、フリギア人、サモトラキア人）によって三位一体が唱えられており、それゆえ普遍的な一致が見られるのであるから、その起源はモーセにさかのぼるのであり、したがって神にさかのぼるものである、とその「聖なる起源」[89]を主張した。これに対して、ナイは、三位一体の教説は異教のプラトン主義哲学者がキリスト教に改宗したときに持ち込んだものであり、「神の本性の諸特性を位格と混同し、意図的にわざとそれらの諸特性を位格として寓話化したのだ」[90]と反論した。三位一体と受肉の教理はキリスト教徒と、イスラム教徒およびユダヤ教徒とのあいだにある主要な妨げであるから、それらの異教的教理が根絶されない限り、彼らがキリスト教に統合されることはない。マホメットが「自らを預言者と称した意図は、当時の東方キリスト教徒のあいだで三位一体と受肉の教理のために滅びてしまった、神の唯一性の信仰を復活させることだけにあった」[91]。マホメットが自らを「メシアまたはキリストの弟子」と宣言したのは「キリスト教の真の目的」である一神教の復興をめざしていたからである。彼がアジア、アフリカ、ヨーロッパの一部において人々の改宗に成功したのは武力によるものではなく、コーランにある神の唯一性という一つの真理によるものである。

以上のユニテリアンのキリスト教史によれば、原初キリスト教はナザレ派が信奉していた一神教であったが、子＝キリストを神と同質化しようとする「迷信」の増長によって、ついに「父と子と聖霊」の完全な同質化としての「三位一体」を正統信仰とするアタナシオス信条が確立されるに至った。そして、三位一体と受肉の教理によってキリスト教のさまざまな腐敗（教理的には実体変化説、キリストの贖罪論）が引き起こされた。三位一体の教理の起源については、異教のプラトン主義哲学者がキリスト教に改宗したときに持ち込んだものである。このように教理史においては、「三位一体」は一神崇拝の原初キリスト教の腐敗、堕落の根源として描かれている。また三位一体派による教会権力と教皇至上権の掌握は、彼らの「政治的術策」の産物である、と指摘されている。マホメットについては、彼は三位一体派による原初キリスト教の腐敗を正して、神の唯一性を復活させるためにやって来たのであり、彼の成功はコーランの一神崇拝という真理によるものと主張している。このような主張をトーランドのキリスト教史における主張と比較してみれば、トーランドの主張との類似性や相違が明らかになるだろう。

トーランドのキリスト教史

ユニテリアンのキリスト教史が、異教哲学に起源を持つ三位一体の教理がもたらした一神教の腐敗の歴史であるとすれば、トーランドのそれは異教化あるいは秘義化（秘儀化）による原初キリスト教の腐敗の歴史と言える。そこにはユニテリアンのキリスト教史には見られなかった、聖職者という一つの社会階層の成立とその権威の確立の過程が素描されている。

トーランドは、聖書には秘義的な教えはいっさい含まれていないと確言する。キリストは「もっとも純粋な徳を十全かつ明晰に」説き、「あのような理性的な崇拝」と「天国と天上の事柄についてあのような正しい考え」（本書、一一九頁）を教えたのであり、使徒たちはユダヤ教や異教の奴隷となっている者たちに、「無知を追い払い、迷信を根絶し、真理と習俗の改善」（本書、四四頁）を広めることを目的とした。キリストの教えは使徒たちによってほぼ一世紀間維持されたが、二世紀頃から秘儀の導入によって汚染され始めた（本書、一二七頁）。ここから原初キリスト教の汚染の歴史が展開される。聖職者は異教徒を改宗させるための「打算的かつ妥協的」（本書、一二一頁）手段として、異教の秘儀を導入し、簡潔な洗礼と聖餐に種々雑多な秘教的祭式を付け加えた。異教徒は「驚くほど平易な福音の教理」（本書、一二〇頁）に躓いてしまったからである。さらに、偶像、祭壇、音楽、教会などが加わり、キリスト教の異教化が進んだ。異教徒の秘儀と「新たに偽造されたキリスト教徒の秘儀」（本書、一二三頁）には多くの共通点が見いだせる。また、改宗したかつての異教哲学者たちはキリスト教弁護と称して異教哲学とキリスト教を「一緒に混ぜ合わせてしまったので、以前は誰にでもわかったことが、学者にしかわからないものとなり、さらに学者たちの係争好きな論争や空虚な細かい区別立てのために、さらにいっそう不分明なものとなった」（本書、一二二頁）。こうしてキリスト教は「聖職者と哲学者の術策と野心のために……単なる異教にまで堕落した」（本書、一二六―一二七頁）。キリスト教の秘義の起源と発展過程はこのような異教的秘儀の導入によって確立された。異教の秘義と同様に、キリスト教においても秘儀において明かされる教理が秘義であるとされたからである（本書、一二〇頁、および五六頁、第4段落）。初期の聖職者たちが秘儀を復活させた動機は「彼ら自身の利益にあったので……たちまち自分たちを独立した政治団体へと組織化していった」（本書、一二八頁）。ついには、聖職者は「本当に神と人間とのあいだに立つ仲介者」（本書、一二八頁）であると無知な人々に信じ込ませた。彼らは秘儀を、他の人々に対する「横領行為」への手段となし、「聖書解釈の独占的な権利」を奪い取って、「おのれの団体の無謬性」（本書、一二八頁）を主張するようになった。だが、キリスト教徒の数がたちまち膨大となったので、秘儀を秘密裡に行って秘義を伝授すると称することが不可能になったので、秘義自体が「知性でまったくとらえられないものに意図的に変えられてしま」い（本書、一三〇頁）、キリスト教において偽造された「新たな秘義は、あらゆる感覚と理性の届かぬところ」（本書、一三〇頁）に保存されることになった。「いやむしろ、**聖職者たち**は自分たちの位階を守ることにあまりに余念がなく、仲間の誰かが不敬にもあれらの崇高な秘義を神を汚す詮索好きな**平信徒**に漏らしはしないかと恐れたので、秘義の理解は私たち一般人はもちろん、この聖なる一族自身の力も及ばぬこととするほうが得策だと考えたのである。そして、この状況は今日までほとんど変わらず存続している。」（本書、異文、(53)、一四六頁）

このようなトーランドのキリスト教史はユニテリアンの教理的キリスト教史と異なることは明らかであるが、彼が三位一体という個別的秘義ではなく、秘義一般を問題としたことは両者に共通する合理主義的観点を示すものである。また原初キリスト教の腐敗・汚染の根元は、ユニテリアン派においては異教のプラトン主義哲学であり、トーランドにおいては異教の秘儀に付随する秘義であり、また異教哲学である。原初キリスト教については、トーランドは「もっとも純粋な徳」、「理性的な崇拝」、「天国と天上の事柄（本書、二九頁）についての教え、「キリストの平易な説得力ある教え」（本書、序文、xv-xvi 頁）、「万人の能力に適合する宗教」（本書、序文、xvi 頁）、「純粋で、実行可能な宗教」（本書、序文、xvi 頁）、「無知を追い払い、迷信を根絶し、真理と習俗の改善」（本書、四四頁）を説く宗教と述べるだけで、キリストへの言及はほとんどないと言っていい。この点はアイルランドの宗教委員会でも「キリストへのしかるべき尊敬が見られない」[92]と非難されているが、それへの彼の弁明が語るように、キリストの位格やその他の福音の個々の教理に関しての見解は、第二論考と第三論考で扱うと約束してあったので、第一論考たる『秘義なきキリスト教』では必然的に取り扱う機会がなかったのだ、と説明している。たしかに、本書、序文（xviii 頁）には、「第二の論考は……福音の秘義とみなされている事柄について、個別に合理的な説明を行う」とされ、「第三論考では、無神論者や啓示宗教へのあらゆる敵に対して、神の啓示が真実であることを証明する」と言明されている。このような執筆予定が公表されているにもかかわらず、第一論考である『秘義なきキリスト教』で彼が証明しようとした「真の宗教は必ず理性的で理解しうるものでなければならない」（本書、序文、xix 頁）という一般命題をキリスト教に適用したことが、これ単独で理神論的と解されたのである。彼はこの点についてもう一つの弁明書『トーランド氏の自己弁護書簡』（一六九七年）においても、第二論考と第三論考を第一論考と一緒に発表しなかったことが、大きな誤解を生んだ原因であると述べて弁明に努めた。

ユニテリアンとの違いとして注目すべきは、原初キリスト教の破壊を招いた聖職者についてのとらえ方である。すでに見たように、ユニテリアンにも、教会権力と教皇至上権を確立したのは三位一体派による「政治的術策」によるものであるという指摘はあるが、それは三位一体という教理問題において三位一体派の聖職者を対象にしているにすぎない。一方、トーランドは聖職者を、利益集団として組織化された一つの社会階層としてとらえている。彼らは秘儀を導入してキリスト教の独占権を獲得し、「神と人間とのあいだに立つ仲介者」（本書、一二八頁）となり、「独立した政治団体」（本書、一二八頁）として社会に君臨する存在となったという主張である。「これらの詐欺的策略によって、その当事者が利益を得るのは別にして、福音を無益化することは卑劣きわまりないことである」（本書、一二九―一三〇頁）。このようにトーランドはプロテスタント用語でキリスト教の汚染の歴史を展開し、「聖職者の術策《プリーストクラフト》」に関しても、「宗教改革において**聖職者の術策**《プリーストクラフト》が明らかにされた」（本書、一三二頁）ことに準ずるものとして語っている。しかし、トーランドの聖職者批判には社会的・政治的視点の萌芽が見られる。この視点はコモンウェルスマンとして彼が一貫して主張した、国家における教会の神権打破に通底するものである。この階層の権威と権力を確立した最大の要因であった秘義は、本書の「結論」で述べられているように現在も保持され、今なお彼らは特権を主張して宗教的・政治的権力を行使する階層として存続することが明らかにされている。トーランドにとって秘義批判は宗教改革の延長線上にあると同時に、政治的・社会的観点からも批判されていると考えられる。「結論」にあるように、「もっとも完全な宗教」であるキリスト教には「**秘義**は存在しない」。したがって、「矛盾することや概念しえないことは――たとえ信仰箇条にされようとも――含まれるはずがない」とトーランドは言明した。そして、ユニテリアンと同様に、原初キリスト教には存在していなかった「宗教に不当に負わされた矛盾と秘義」こそが理神論者や無神論者を生みだす原因であると告発している（本書、一三二頁）。このようなトーランドの主張に対し、スティリングフリートやロバート・サウス[93]のような国教会の聖職者や神学者は、「秘義否定」と「聖職者の術策」を掲げてキリスト教と聖職者に敵対する言説として非難した。

この反三位一体論争がトーランドにもたらした影響として、キリスト教史の見直しが挙げられる。非正統信仰の烙印を押されたユニテリアン派による一神教のキリスト教史は、従来のキリスト教史にはありえなかったキリスト教とイスラム教とを関連づける方向性を生みだした。トーランドは晩年に出版した『ナザレ派、またはユダヤ人・異邦人・マホメット教徒のキリスト教』（一七一八年）において、原初キリスト教がユダヤ教の一支流とみなされていたのと同様、イスラム教はキリスト教の一宗派とみなすことができると主張して、これら三大宗教の同一化を主張することになる。

⑤　反三位一体論争と理神論論争

最後に、反三位一体論争によって明らかにされた時代思潮の変化にふれておきたい。この論争におけるユニテリアンの議論とスティリングフリートの批判とを対照することで、この十七世紀末の十年にわたって戦われた反三一論争が正統キリスト教にとってどのような意味を持ったのか、そしてユニテリアンの主張が理神論の醸成とどのように関係するのかを考えてみたい。

スティリングフリートのユニテリアン批判

スティリングフリートはこの論争が正統派の分裂をもたらすと同時に、理神論を増長させるものとなることを指摘している。彼は「近年のソッツィーニ派の小冊子には理神論への心理的偏りがきわめて強い」[94]と述べて、「彼らが議論を進めるやり方はまるで理神論者の役に立ちたいという意向があるかのようである」と非難し、この論争におけるソッツィーニ派の議論は啓示宗教の敵である理神論者にとって格好の武器となる、と警告する。なぜなら啓示宗教に反対して自然宗教を擁立することほど理神論者に有利なことはないからである、と指摘する。彼はユニテリアンの主張が理神論を助長する点として四点挙げる。

第一は、ユニテリアンの主張が聖書の権威の低下を招いて、人心を惑わし懐疑論や不信心を生みだすことである。この指摘はこの論争の核心をなす聖書の文献批判と聖書解釈にかかわるものであった。実在三一論者が三一論弁護の論拠として持ちだす聖書の章句について、ユニテリアンはそれらの章句は「聖書そのものとして通用しているものではない。そのような章句の数は少ししかなく、またそれらの章句の権威は非常に疑わしく、それらが聖書の正真正銘の原文であるのか、あるいは聖書に付け加えられたものかを疑われているのである。それらの章句は明白であるどころかきわめて曖昧であるので、一部の者たちだけでなく大半の三一論の弁護論者でさえ、それらのほとんどの章句を私たちと同じように解釈している」[95]と反論しているからである。また、ユニテリアンは、「正真正銘の聖書、すなわちローマ・カトリック教徒の熱狂者たちが彼らの考えに合うように改竄することのなかった聖書の原文」[96]に依拠すれば、「神という名称が主キリストに授けられている」ことを実在三一論者は証明できないであろう、と述べているからである。

このようにユニテリアンは実在三一論者が典拠とする聖書原文の信憑性に関して疑念を表明し、さらにキリストの神性に関して争点となる箇所の聖書解釈を問題にする。たとえば、ヨハネ福音書第一章一節から三節の「初めに言《ことば》があった。言《ことば》は神と共にあった。言《ことば》は神であった。この言《ことば》は初めに神と共にあった。すべてのものは、これによってできた」について、実在三一論者は「言《ことば》」＝キリストと解して、力や属性において神とまったく同等であり、神と共に永遠に共存すると解釈する。これに対し、ユニテリアンは、「言《ことば》」が神と呼ばれているのはキリストに特有なことではなく、モーセやソロモンが神と呼ばれているのと同じ使われ方であって、キリストの神格を証拠立てるものではないと主張する。また「すべてのものは、これによってできた」とは文字どおりの創造ではなく、「新たな創造」つまり偶像崇拝や異教からの世界の解放と福音への導きを意味すると主張する。ユニテリアンのこのような解釈に対して、ティロットソンは伝統的解釈の正統性を掲げ、「ヨハネの福音書の最初の章句についてのソッツィーニ派の解釈は、すべての教父ばかりでなく過去千五百年間にわたる全キリスト教徒の一般的同意によって認められてきた解釈と一致しない(97)」と述べて、彼らが「聖書を聖書によって、そして理性と機知によって解釈し、教父や古代の教会史家に従って解釈しているのではない(98)」と反論する。このような伝統的解釈に依存する実在三一論者に対してユニテリアンは「理性と事物の本性」に一致する解釈を主張した。

「しかし（実在三一論者によって解釈されているような）あれらの章句は、明晰な理性と事物の本性とに明らかに矛盾するとわかった以上、このような不一致が起こった場合は、〈私たちは聖書を理性と事物の本性とに一致するように解釈すべきである。なぜなら、事物より言葉のほうが少々曲げられてもそれに耐えられるからだ〉ということに、なぜこれらの人々は気がつかないのだろうか。事物の本性と理性の命令は永遠不変であり、伸ばしたり引っ張ったりの暴力に少しでも甘んじたり耐えたりはしない。しかし言葉はたいへん散漫で変わりやすい意味を持つものである。……このことは、あらゆる書物やどのような書き物にも当てはまる事実であるから、聖書についても、既知の事物の本性や、明晰な理性や、聖書それ自体と矛盾するように解釈する必然性はまったくありえない[99]。」

ユニテリアンは「理性とは神が不明瞭な問題や疑わしい問題における導き手かつ審判者として人間の本性のうちに吹き込んだものである」から、「啓示と理性とが本当に対立すると考えることは不条理な仮定である[100]」と主張する。しかし、啓示と理性とが「対立していると思える」場合は、すなわち「啓示を理性に一致するよう解釈することによって、両者を調和させる方法がある場合は、（三位一体論者がやっているように）これら二つの光を互いに対立させることは不条理であると考える[101]」。このような場合には解釈という手段を用いるべきであると主張する。彼らの趣旨は「明白な理性と一致する、聖書の定めたところに従って信仰を改革すること」にあり、キリスト教を「きわめて合理的で矛盾のない体系にすることによって」、無神論者や不信心者からの侮辱や異議が不当であると立証することにある、と表明している。聖書に対するこのような態度が聖書の神聖性を掘り崩し、その権威の低下を招く原因であるとスティリングフリートは考える。

第二に、ユニテリアンによる聖職者批判をスティリングフリートはとりあげる。ユニテリアンは「聖職者の術策《プリーストクラフト》[102]」という言い方をして、聖職者を「利益と悪巧み」を企む者であり、「羊飼いは羊毛を手に入れるために世話をしている」という疑念を抱かせて、聖職者への信頼を失わせる、とスティリングフリートは主張する。彼はユニテリアンが三一論者に対して使う「欲得ずくの人々」、「臆病者」、「野心家」、「年金受給者」、「先入観と利害にとらわれた人々」などの表現を執拗に挙げて彼らを非難している。

しかし、この論争の開始時にユニテリアンが訴えたプロテスタント精神への回帰を思い起こせば、彼らの聖職者批判の真意がどこにあったかは明らかである。彼らが論争開始からの小論文を編纂した第一論文集、『唯一神の信仰』（一六九一年）の巻頭を飾る四頁ほどの短い匿名パンフレット「宗教教理を自由公平に探究することへの推奨の辞」の主旨は次のようなものである。

宗教に信念を抱く者はそれが「神の栄光と魂の救済[103]」とにかかわるゆえに、正しい信仰を持つことは重要であると考える。だが、長期間にわたって受容されてきた信念や教理は大部分の人の信望や権威を得ているのであり、それらの根拠を再び問題にして検討することは不敬虔であり、目新しいものへの愛好であるとみなされることも心得ている。それゆえ、人々は信仰についての検討を遠ざけ、嫌うようになる。しかし、私たちが十分に判断できないうちに教え込まれた宗教について「自由で誠実な探究」をすることは、「人として、キリスト教徒として、プロテスタントとして」の義務であり道理である。

私たちが期待と関心を寄せる永生に関する問題、すなわち信仰と宗教に関する問題に理性を用いることは間違いなく重要なことである。私たちが「理性的」で「自由」な被造物でなければ、神は私たちの信仰や行いを顧慮しないであろう。しかし、私たちが理性的で自由であるゆえに、神の報いは「私たちが理性と自由を行使したその程度に応じて」厳密に下される。理性を行使せず、単に偶然の教育や時代や法律によって定められた宗教に身を任せる者は、主人から託された金をナプキンに隠して利用しなかった怠惰で役に立たない召使いである、と審判を下されるであろう。

しかしながら、謙虚で遠慮がちな人は信仰や教理に関して、「あらゆる賛成論や反対論を判断する能力が完全に備わっているわけではない[104]」と考えて検討を放棄してしまう。しかし、無謬性と絶対的確実性は神のみに属すことであるのだから、人間はいかに資質と能力がわずかであろうと神はそれを用いることを求めている。自分の能力と資質を使って導かれた誤謬は許されるであろうが、理由を検討せずに、単に信頼に依拠して信じた誤謬は別である。教育、利害、特定の人への敬意、時代や法律などによって教え込まれ、吹き込まれた誤謬は許されないであろう。

「真理は必ずしも学者と賢者によって伝えられるわけではない。なぜなら彼らの多くがほとんど相容れない見解を抱いていることを私たちは知っているからである。真理は誠実で自由公平な探究に伴う自然の結果であり、またそのような探究に対する神の恩恵である。真理、とりわけ宗教的真理は私たちの誰からもそう遠く離れた所にあるわけではないのだから、もっとも謙虚な者が真理を探究し発見するのに自らの十分な能力を疑う必要はない。……学者または論争される教理に関してあらゆる賛成論や反対論を判断できる人々とは、法王教徒かプロテスタントのいずれかであり、カルヴァン派かレモンストラント派のいずれかであり、三一論者かユニテリアンのいずれかであるにすぎないのだ。[105]」

真理探究においてとりわけ必要とされるものは「学識」ではなく、「自由と誠実」である。真理を探究する資格があると考えられている「学者」とは、みないずれかの教派や宗派に属した宗徒であるにすぎない。さらに彼らの「学識」についての実態が明らかにされている。

「学者（あなたが聖職者や牧師や聖職禄受給者のような人々のことを指しているのであれば）は、自分が弁明しなければならない高位聖職者への畏怖や、異端を宣告された場合の聖職剝奪の恐怖や、（自分たちが判断できないうちに）それぞれの教会の信仰箇条を受諾したことなどによって、自分たちの考え方に偏りを持ってしまっているので、彼らの学識は彼らの見解を何ら権威づけるものではないし、彼らの見解は明らかに（その国の法律によって定められた）昇進のための地位と条件が要求するものなのである。[106]」

イタリアとスペインの学者は熱狂的なローマ・カトリック教徒であり、フランスの学者も国王の独立自治権を認めながらもローマ・カトリック教徒である。ドイツでは学者の半数がローマ・カトリック教徒であり、他の半数が新教徒である。デンマークとスウェーデンの学者はルター派であり、アルプス地方の学者はカルヴァン派である。したがって、教義を判断する資格となりうるのはこのような聖職者たちが保持する「学識」ではなく、彼らに欠けている「誠実さと偏見にとらわれない自由な心」である。なぜならキリスト教の真理はもっとも理解力の乏しい者に合わせて語られているからである。

「いかなる人も盲目的な黙従信によって自分の教師に従うべきではない。福音は信仰と行いに関する必要な点は明白でわかりやすいのだから、各自が自分自身の自由な判断を用いるべきである。誠実に判断し間違いなく選び取るのに必要なのはすぐれた能力や学識ではなく、誠実さと偏見にとらわれない自由な心だけである。これはすべてのプロテスタントに共通する原理であり、まさに宗教改革の基礎または基盤である。これを取り去れば、再びローマへと必ずもどらねばならないのである。[107]」

この巻頭パンフレットにおいて、ユニテリアンは信仰に関して各自が「自由で誠実な探究」を行うべきであることを主張し、それをためらう人々に対して、聖職者、または学者の実体は単に一宗派に属す人々にすぎず、その学識は利害と偏見にとらわれたものにすぎないことを説いて、自らの判断を用いて信仰を実践すべきことを訴えている。このような聖職者批判はここで言明されているように、宗教改革の基本原理に則ったものであることは明らかであろう。

第三に、スティリングフリートがとりあげるのは、ユニテリアンによる理神論者への好意的評価である。ユニテリアンは「理神論者を誠実ですぐれた理解力を持った者」(108)と誇大評価しているとスティリングフリートは糾弾する。たしかに、ユニテリアンは、理神論者を「彼らの自然宗教と誠実さと良心とに鼓舞されて善を行う、正直で誠実な人である」(109)と肯定的に評価し、またこのような「キリスト教にもっとも近い性向の人〔解説者注：理神論者〕を恐れおののかせ」宗教から遠ざけてしまう原因は、宗教における「不条理な秘義や、自分の党派に都合のよい意味を付与した歪曲された聖書の章句」(110)である、と彼らを弁護するような意見を述べている。それにひきかえ宗教に引き寄せられるのは、「いつでも喜んで途方もない秘義に自分の信仰を従わせ」、「良識と理性と信仰を犠牲にする」俗物である。こうして宗教は俗物の好むところとなり、「きわめて邪悪な人が自らすすんでキリスト教徒になり、数人の誠実な人は冒瀆的な、宗教に無関心な人とみなされるのである」(111)。理神論者はキリスト教徒に比べて、誠実であり、良識、理性、神への信仰に従う、すぐれた人として評価されているだけでなく、彼らを啓示宗教から離反させた責任は、不条理な秘義を抱え込んだ宗教とそれを信奉する聖職者にあることが告発されている。また理神論者は無神論者と比べても、その優位性は保証されている。「無神論者は、一般に主要な信仰箇条として流布している説明不能な不条理な事柄のために、どんな宗教もすべて拒否する。もっと思慮分別のある理神論者が拒否するのは、実定宗教または啓示宗教のみであり、彼らは自然宗教には、すなわち世界の機構と摂理とに明瞭に見いだせる力と知恵の持ち主である神への信仰には、そして理性の命令と徳または善悪に関する生まれつき備わった自然的概念には賛同している。[112]」この匿名書簡においても、「分別のない、空想的な人々から」真の宗教が被った不条理な堕落のせいで、理神論と無神論が生じていることが告発されている。[113]

一方、スティリングフリートは理神論者について皮肉な言辞を連ねて批判を浴びせる。彼らは「聖職者の術策《プリーストクラフト》と呼ばれるあの恐るべきことに反対して人間の正当な自由を主張し、スコラ哲学者たちから引き継がれ大学で教えられている、誤った解釈と不条理な概念から宗教を解放しよう[114]」とする者である。スティリングフリートによれば、「より洗練された知性と明晰判明な知覚」を持つ理神論者は、とりわけ「信仰における秘義の最大の敵」であり、「彼らは信仰における秘義を、自分たちのような高尚な人間に対する許しがたい侵害とみなしている。秘義は民衆のためだけにあり、彼らのようなすぐれた能力を持つ者のためにあるのではないからだ[115]」と理神論者を分析してみせる。自然宗教の原理を信奉する理神論者がなぜキリスト教から離反するのか、理神論者がなぜ出現するのか、スティリングフリートには理解できない。「というのは、自然宗教の原理は私にキリスト教を勧めるからである。それらの原理がなければ、信仰の秘義は今以上にさらに説明しがたいものになるであろうし、それらの原理を仮定しても、信仰の秘義に何の不都合もないからである[116]」と彼は説明している。ユニテリアンが理神論者と無神論者の出現を三位一体と受肉の教理に帰すことに、彼は納得できない。スティリングフリートはユニテリアンが理神論者を好意的に評価するのは、理神論者は自然宗教であろうと、とにかく自派と同じく一神を信じていることが最大の要因であると分析している。

第四に、ユニテリアンが自然宗教の一般原理である神の唯一性を強調することで、あらゆる宗教の無差別化をもたらすと、スティリングフリートは批判する。彼によれば、ユニテリアンは、「あらゆる宗教は自然宗教の一般原理について、とりわけ神の唯一性について同意しており、それ以外のことはすべて人間がさまざまに考案したものであり、発案者の技能、人間の気質や性向によるものにすぎないのであるから、あらゆる宗教に区別はないかのように説明している(117)」。あらゆる宗教が自然宗教の一般原理について同意していることはスティリングフリートも認めるところであろうが、その一般原理の一つである神の唯一性のみを強調して、宗教を構成する他のさまざまな要素が単に人為的に作りだされたものでしかないと説明されれば、宗教が軽視されるばかりか、各宗教の相違が空洞化し、異教徒さえ彼らにとって賞賛の対象となることになる、と彼は考えている。ユニテリアンが「マホメット教徒、ユダヤ教徒、タタール人についてさえも好意的に語るのは、彼らが一神という点で自分たちと一致しているからなのである(118)」と彼は指摘する。彼ら異教徒たちは、ユニテリアンにとって一神崇拝の「盾と剣(119)」であり、一方、三位一体を信奉するキリスト教会は「不可能、矛盾、まったくの無意味」を信じるために告発される有様だ、とスティリングフリートは憤りを隠さない。

ユニテリアンと理神論

「啓示宗教を覆し、私たちのあいだに理神論を前進させるユニテリアンのやり方」として、スティリングフリートは彼らによる「自然宗教の鼓吹(120)」を非難する。ナイは『自然宗教と啓示宗教について、両者の真実性と確実性を証明する(121)』(一六九六年)において、この著作がいずれかの宗派を相手にした論争書ではなく、ボイル・レクチャーの趣旨に沿うものであり、「無神論者と懐疑論者に対して自然宗教の正当性を立証し、理神論者に対して啓示宗教を擁護する(122)」ことを目的とするものであると言明して、「献呈の辞」の末尾に実名を記し、英国国教会の教区牧師として自らの見解を展開していく。「自然宗教の諸事項は神の存在、神の摂理、道徳的善悪の区別、祈り、意志と行動の自由、悔い改め、来世での賞罰である。(123)」これらの事項は啓示宗教によって確言されている事柄であるが、神からの啓示がなくても「自然の光と理性によって知ることができる」のであるから、正確には啓示宗教の一部ではない。啓示宗教の諸事項は、「それらが神の本性に属すものであるとか、神の意志あるいは神が望まれるような敬虔の一部であるとかいうことを、理性が（ひとりでに、または独力で）知りえない事柄のみで成り立っている」。たとえば、犠牲、サクラメント、礼拝と懺悔についての定まった日時、結婚と離婚についての特定の規則などである。啓示宗教のこれらの事項についての確実性の根拠は、それらについて記録や言い伝えを残した人々の誠実さと思慮分別にすべて依存している。しかし、「私たちはこれら過去に存在した人々の誠実さや思慮分別の明証性については、私たちが感覚的事物について持つような明証性を、すなわち感覚的事物から理性が行う明白な演繹というような疑う余地のない明証性を持つことができない。したがって、私たちにとって、自然宗教のほうが啓示宗教よりもより多くの確実性を持っている」[124]。このように、ナイは自然宗教と啓示宗教に関する基本的見解を述べている。

ナイの説明によれば、理神論者は、自然宗教のこれら（神の存在、神の摂理、道徳的善悪の区別、祈り、意志と行動の自由、悔い改め、来世での賞罰）すべては理性によってのみ教えられるものであるから、「この宗教体系〔解説者注：自然宗教〕には、余分な不適切なものか、無駄な馬鹿げたものか、（最終的には）偽りの真でない虚偽のようなものしか付け加えることができないように思える」[125]と考えて、自然宗教に留まることを選択する。啓示宗教については、彼ら理神論者は「それは不必要な勧告であり、したがって神から発したものではなく、人間によって、しかも良からぬ目的を持った人間やまったく分別を持ち合わせていない人間によって考えだされたものであると考える」。ナイは、故国ポルトガルを去ってアムステルダムでユダヤ教に改宗したウリエル・ダ・コスタ（またはウリエル・ダコスタ、一五八三または一五八四―一六四〇)[126]を「理神論者の父であり開祖」であるとして、彼の例をとりあげる。ダ・コスタの自伝と言える『ある人生の例』から、彼の主張を以下のように引用している。

「モーセ、またはその他どんな宗教上の立法者による律法にも、価値あるものはけっして含まれておらず、価値あるものは自然宗教のうちに含まれる。そして人が自然宗教からどれほどわずかであろうと逸脱すれば、それはいつもひどい分裂と抗争のきっかけとなる。しかし自然宗教への付加物によって、人が自然宗教からはなはだしく遠ざかるようなことになれば、それがもたらす惨禍を誰が予測できようか、あるいはその付加物によってすぐに生じる不合理で奇怪なもろもろの見解を誰が十分に憎むことができようか。[127]」

この引用によって、ナイはダ・コスタが主張する自然宗教弁護論に対し一定程度賛意を表明しているのであろう。彼が批判対象とする理神論者ダ・コスタへの反駁とは言いえまい。彼自身が啓示宗教より自然宗教により多くの確実性を見いだしていることや、次のようなダ・コスタの主張を繰り返したかのような見解からこれは明らかである。

「自然宗教は必要なすべてのことを、いやそれのみならず理性にかなうすべてのこと含んでいる。だから、よくわからないところへ踏み迷うことなく、ここに留まるのが最善である。ここを越え出て行けば、私たちが遭遇するのは種々の相違と矛盾ばかりである。[128]」

ダ・コスタはローマ・カトリック教会の戒律に同意できず、ユダヤ教に改宗し、さらにユダヤ教徒の習俗と戒律がモーセの律法と合わないと異を唱えて破門された人物であるが、啓示宗教に対し自然宗教を試金石として用いておのれの宗教を徹底的に追求していった彼の良心の遍歴には、プロテスタント精神の貫徹を見て取ることもできよう。ナイのような自然宗教弁護は、英国国教会の理性主義を唱導したラティテューディナリアンの論客ティロットソンの自然宗教弁護にも見て取れる。ティロットソンは自然宗教の原理を啓示宗教の基盤であると論じて、ローマ・カトリック教会に対抗した。彼は実体変化説をたたくための説教において「一、理性は啓示を識別すべき機能である。二、あらゆる超自然的啓示は自然宗教の原理の真理を前提とする。三、神の啓示についてのあらゆる推論は必ず自然宗教の原理によって、すなわち神の完全性に関して人間が本性的に持っている概念によって支配されねばならない。四、自然宗教の原理と明らかに矛盾したり、その確実性を破壊したりするものは啓示として受け入れるべきではない。五、神からの教理または啓示であるという十分な明証がなければ、そのようなものとして何も受け入れるべきではない。六、ある教理や啓示が神からのものであると認めるためには、難点や反論を打ち負かす、いっそう明晰で強力な論証が出されなければ十分ではない」[129]という六項目を主要な命題として立てて、実体変化の論駁を展開していた。しかし、理性の明証性に依拠する自然宗教をもって何を論駁するかは、それを主張する者の信条によって異なってくる。ティロットソンの論駁対象はローマ・カトリック教会の実体変化説であり、ナイの場合は正統キリスト教会の三位一体論であり、ダ・コスタの場合は啓示宗教であった。ダ・コスタは、自然宗教への虚偽の付加物として啓示宗教に付け加えられたものとして、たとえば、モーセが律法に定めた犠牲と罪の償い（死者やその他そのようなたぐいのものに触るなど）を挙げている。彼は、罪の償いとして必要なことは悔い改めと改心であることは明白であるから、モーセが律法に定めたことは

「余分な益のない迷信的なものである」[130]と判断した。また、イエス・キリストによる新たな戒律、たとえば汝の敵を愛せよ、姦通の場合を除く離婚の禁止、また同じような「不合理で（ほとんどの場合）実行不可能な戒律」などは、「虚偽であるか不可能であるか」であるとして斥けた。したがって、ダ・コスタと理神論者は以下のように結論する、とナイは彼らの結論を再説する。

「神は一つの共通の光または声、すなわち理性によって、全人類に語ったのであるから、後で一部の人々または民族に、数多くの（不可能で誤っている、余分な）勧告も指令も教理も助言も語る必要はなかったのである。神がそのようなことをしたということもまったく信用できないし、むしろ空想や野心に駆られた人間が彼ら自身の思いつきを、神の啓示または啓示された宗教というもっともらしい口実のもとに述べたのである。[131]」

このようにナイはダ・コスタの理神論の主張を再説しそれに対して、「たしかに自然宗教は、一般にあらゆる時代と状況に必要不可欠であるような、宗教におけるすべての要素を示し含んでいることは間違いないと私も認めるが、しかし、だから神は理性による以外のやり方で人間に宗教を示さなかった、または神は自然宗教のほかには何も私たちに与えなかった、という結論を私は否定する[132]」と述べて、啓示の必要性を否定しない。ナイは啓示の必要性について次のように述べる[133]。神が口頭によってその意志や法を付け加えた理由は、第一に、多くの人々は理性によって自分の義務を十分に考察して、信ずべき事柄や行うべき事柄を見つけだす余裕や機会を持てないし、人々の中にはその技能や能力を持てない者もいるし、そのような性向をあまり持たない者もいるからである。第二に、聖職者を任命して私たちの義務を怠らないように、神の法に従わずにその罰を身に招くことのないように忠告することもたいへん有益なことであったからである。第三に、神がモーセやキリストを遣わし自らの啓示を伝えたのは、偶像崇拝や多神教によって自然宗教が堕落し始めたときであり、それを本来の純粋なものに復元するためであった。

ナイはキリスト教の構成を四つの部分に分けて、[134] 理神論者を念頭において自然宗教との対比を示している。その一は典礼（洗礼と聖餐）、その二は司法的なもの（神の崇拝に関する規定と家族統治に関する規定）、その三は教理（信仰すべき事柄と遵守すべき徳性）、その四はキリストと使徒についての歴史的記述である。第一の典礼については、キリスト教が数多くの煩わしい祭儀で身動きのとれないようなものになっていないことはおおいに賞賛に値し、洗礼によって入信し、聖餐によってキリスト教の創始者である主イエス・キリストを褒め称えるという、たった二つの祭式が神によって定められているだけである。第二における神の崇拝に関する規定は、崇拝の方法（すなわち神への賞賛、告白、祈り、説教）、および崇拝の時期（週の第一日目）から成る。家族統治の規定は離婚と複婚の禁止である。第三の教理については、キリスト教徒に必要とされる信仰は、創造者かつ万物の審判者である神を信じること、および神から遣わされた救世主として主キリストを信じることである。神への信仰については自然宗教の教えと異なるものはまったく含まれていない。キリスト教においても神は唯一で永遠不易であり、全知全能であり、神性と義と慈悲における至高者であり、万物の審判者、来世における幸福を授ける者である。社会的交際に関する義務としての徳性規定は、自然宗教における徳性と同じものであり、付加や変更はいっさいない。それは平静、同胞愛、正義、その他の倫理的徳性などから成る。このように歴史的記述を除いたキリスト教における三つの構成要素を述べた後で、ナイはそれについて考察を加えている。

「祭式と司法的なものについては、（私が判断するに）理神論者は争うに値しないと考えるであろう。教義あるいは教理に関しては、神から遣わされた者としてキリストを信じるということだけを除けば、徳性に関しても信仰に関しても自然宗教に何も付け加えてはいない。……かりに主キリストが自らを神から遣わされたキリストであると偽ることで、彼が私たちに伝えたあの素晴らしい宗教上の戒律体系にさらに絶大でもっと確実な権威を与えようとしたにすぎないと仮定してみても、そんなことは真のキリスト教にほんのわずかでも影響を及ぼすことはないだろう。真のキリスト教は、私が述べたようなもの〔解説者注：キリスト教の三つの構成要素についての説明を指す〕……であるからである。実際キリスト教の（本質的で必須の）諸部分は自然宗教の再生にほかならない。または（神と彼の業を考察するさいに用いられる）理性が命じるもの、あるいは（少なくとも）是認するものの再生にほかならない。キリスト教はそのようなものであるのだから、かりに私たちが聖書に書かれた記述の確実性や真実性を、慎重で口やかましい懐疑的な才子に向けてあまり満足のいくように明示することができないとしても、それでも私たちは真のキリスト教を信じ、実践する義務があることがわかる。なぜなら、真のキリスト教は信仰と徳性については自然宗教にほかならないからであり、祭式と司法的なものについてはより一般的な共通の幸福のためにもっとも勧められるばかりでなく、必要ですらあるからである[135]。」

これがユニテリアンのキリスト教弁護である。いや、正確に言えば、先に述べたようにナイはこの著作を反三位一体に関する匿名の論争文書としてではなく、実名を記して英国国教会の教区牧師として出版したのである。ナイはキリスト教徒に必要とされる信仰は、一神を信じること、および神から遣わされた者としてキリストを信じることであると、一年前にロックが『キリスト教の合理性』で主張したのと同じ主張を表明している。しかし、ロックがキリスト教信仰の核心として抽出した「イエスは神から遣わされた救世主キリストである」という命題は、ナイにとって二次的な位置しか占めていないことがこの文脈からわかるであろう。「かりに主キリストが自らを神から遣わされたキリストであると偽ることで、彼が私たちに伝えたあの素晴らしい宗教上の戒律体系にさらに絶大でもっと確実な権威を与えようとしたにすぎないと仮定してみても」、また「かりに私たちが聖書に書かれた記述の確実性や真実性を、慎重で口やかましい懐疑的な才子に向けてあまり満足のいくように明示することができないとしても」、「真のキリスト教」は不動であり、それを信じ実践する義務がある。なぜなら、「キリスト教の（本質的で必須の）諸部分は自然宗教の再生にほかならない」からであり、「真のキリスト教は信仰と徳性については自然宗教にほかならない」からである。これは無神論者、懐疑論者、理神論者への説得を第一義的な課題としていることを考慮しても、キリスト教の心臓部であるキリストと聖書を括弧に入れるような仮定を持ちだしてのキリスト教弁護論であろう。見方を変えれば、ユニテリアンの「真のキリスト教」はこれほどに正統キリスト教から乖離《かいり》し、自然宗教に接近したものであることを示している。彼らは正統キリスト教に対して理性による検討を掲げてさらなる宗教改革の続行を主張すると同時に、一方では彼らのように理性を掲げキリスト教から逸脱したり否定したりする理神論者や無神論者に対して啓示の有効性を弁護するという二面性を抱え込み、理性と信仰あるいは自然宗教と啓示宗教のあいだで抜き差しならない立場に置かれていた。このような理性と信仰の軋轢は、ラティテューディナリアンにおいても顕在化しており、彼らは反三位一体論争において理性に一致する解明を斥けて伝統的信仰を擁護するという選択をしたことは先に見たとおりである。

十七世紀末から十八世紀初頭にかけてのイングランドで、理性と信仰の従来の均衡が不安定になり、信仰に占める理性の比重が徐々に大きくなっていったことは、ユニテリアンからの反三位一体論争開始に表れているばかりでなく、正統キリスト教側からの理神論・無神論論駁を目的としたボイル・レクチャーの創設にも象徴的に示されている。「キリスト教の（本質的で必須の）諸部分は自然宗教の再生にほかならない」というナイの主張は、「理神論者の聖書」とみなされたマシュー・ティンダルの『天地創造と同じ古さのキリスト教、または福音は自然宗教の再公布』（一七三〇年）を想起させるものであろう。ティンダルは十七世紀末の反三位一体論争において、『三位一体とアタナシオス信条について両大学の聖職者に宛てた書簡』（一六九四年）と『三位一体の教理に関する二十八命題についての考察』（一六九五年）を執筆し、ユニテリアン陣営に与してナイとともに論戦していた。その彼がおよそ三十数年後に、「自然宗教は絶対的に完全な宗教であり、外的啓示がその完全性に何かを付加したり削除したりすることはできない。真の宗教は、内的啓示〔解説者注：理性〕によろうと外的啓示によろうと、同一でなければならない[136]」と主張して、啓示宗教と自然宗教の完全な同一性を宣言した。今まで検討してきたナイの『自然宗教と啓示宗教について、両者の真実性と確実性を証明する』（一六九六年）に見られた脆弱な啓示宗教弁護はもはやティンダルの著作には見られない。ティンダルは、神の摂理も来世の賞罰も認めている理神論者は、内的啓示に従って自分の宗教を選び取ったのだから、外的啓示によって選ぶことは不可能である[137]、そして自然宗教と啓示宗教がもし異なるとすれば、永遠普遍で不変の宗教を、そうでない宗教と比較して非難するのは大罪にちがいない[138]と主張して、自然宗教しか認めない理神論者を公然と弁護した。ティンダルが体現したユニテリアンとしての主張から理神論擁護へのこのような思想推移を見れば、スティリングフリートが「啓示宗教を覆し、私たちのあいだに理神論を前進させるユニテリアンのやり方」として、理性に立脚する

「自然宗教の鼓吹」を非難し、彼らを「理神論への心理的偏りがきわめて強い」と批判したことは、護教論者ゆえの慧眼と言うべきであろう。

このような伝統的信仰への理性の侵食について、オランダで亡命新教徒として生きたピエール・ベールは、『歴史批評辞典』（一六九六年）においてダ・コスタ（『歴史批評辞典』ではアコスタ）を「宗教問題について哲学」した人、すなわち理性による検討の結果、自然宗教しか認めなくなった人として紹介した。アコスタの項目の註（G）「この方法〔解説者注：宗教問題について哲学すること〕が徐々に無神論ないし理神論へ導く」(139)において、ベールは以下のように述べている。

「（G）〈この方法が徐々に無神論ないし理神論へ導く〉アコスタがその例に使われる。彼はカトリック教会の決定が自分の理性に合致しないと思ったので、それに同意したがらず、ユダヤ教のほうが理性の光に合致すると思ったので、そちらのほうを信奉した。次に、ユダヤ教の無数の伝承は聖書に記されていないと判断したので、それを投げ捨て、神の律法はそれを語っていないという口実で、魂の不滅すら投げ捨てた。そして最後に、自然宗教はあの立法者の戒命に合致しないと判断したので、モーセの書の神性を否定してしまった。もう六、七年生きていたら、たぶん自然宗教も否定したろう。彼の貧弱な理性は、永遠で必然的な存在の摂理と自由意志という仮説のうちにいろんな困難をみつけたろうから。いずれにしろ、理性を用いるにあたって、神の援助を必要としない者はいない。その援助がないと、理性という案内人は道に迷ってしまうからだ。哲学というものは、非常に腐蝕力が強いため傷口のただれた肉を腐らせた上でさらに生きた肉をもむしばみ、骨をも腐らせ、髄にまで孔をあける粉薬にもたとえられる。哲学ははじめ誤謬に反駁するが、そこまででやめさせないと今度は真理を攻撃しだす。好き勝手にやらせておくと先へ先へ行ってしまい、自分がどこにいて、どこに腰を据えたらいいかもわからなくなってしまう。罪は人間精神の弱さか、あるいは、それが自分の力なるものを悪用することにあるとせねばならない。さいわいにも、と言うよりは摂理の賢明なる配剤によって、そういう弊害に陥る力のある者はごくわずかしかいないが。」

このように「理性」の強力な腐蝕力に警告を発するベールは、ダ・コスタの批判的理性は摂理と自由意志に関する解きがたい困難から自然宗教をも否定して、ついに彼は無神論者となるであろうと推測している。ベールは理性が誤謬を反駁するだけにとどまらず、真理（自然宗教）をも攻撃しだして無神論へと導くことを洞察している。彼がここで警告する「理性」の無差別的な破壊力は、前段で述べたように、イングランドではスティリングフリートが危惧していたものである。スティリングフリートは「理性との一致」をかかげるユニテリアンが自然宗教を鼓吹することで理神論がもたらされることを警告していた。理性は批判においてはこのような強力な破壊力を発揮して、啓示宗教の純化をめざす宗教改革の推進力としてその役割を果たしてきたと言えるが、その反面、理神論や無神論からの攻撃から啓示宗教を守る段になるとほとんど役に立たない。このことは、「理性との一致」によって三一論を批判・攻撃してきたユニテリアンのナイによるキリスト教弁護論がいかに脆弱であるかを思い出してみればわかるであろう。そこで展開された啓示宗教弁護は、自然宗教との一致を最重要視するものであり、啓示には二次的重要性しか与えられない弁護論であった。

これまで私たちが検討してきたのは、宗教問題に理性を用いることを主張し、自然宗教を啓示宗教の試金石とみなしてキリスト教の改革を推進してきた国教会ラティテューディナリアン、異端派ユニテリアンなどの主張である。彼らは宗教上の迷信・虚偽・欺瞞を暴く「理性」の力を信頼し、彼らの論敵を攻撃し、自分たちの信条を擁護してきた。彼らは理性をキリスト教という共通の枠内での教義論争において、ある意味で身内どうしの戦いにおいて活用してきたのである。だが、彼らの論戦における理性による自然宗教の顕揚は、キリスト教の枠を超えて、啓示宗教を攻撃する武器へと転用される事態にまで進展した。キリスト教内で共通の論争手段として認知されてきた理性は、理性の暴走とも言える理神論や無神論を論敵としなければならない状況を生みだしたのである。

⑥ ロックの『キリスト教の合理性』

ロックは『キリスト教の合理性』（一六九五年）の課題の一つに理神論論駁を含めていた。ロックはその冒頭で、カルヴァン派と理神論者の対立に言及して、アダムは原罪によって何を喪失したのかを自らの課題として設定している。この課題のきっかけとなった二つの極論[140]について、一方のカルヴァン派はアダムの原罪によってその子孫は永遠の罪に定められていると主張することで「あらゆる宗教の基盤を揺るがし」、また他方そのような説を神の正義と善性に矛盾すると考える理神論者は、神の属性を傷つけるそのような仮説に基づいてキリストによる贖罪を認めるよりは、むしろ贖罪は存在しないと考え、「キリストを純粋な自然宗教の復興者かつ唱道者にすぎないとして」、「キリスト教をほとんど無に等しいものにしてしまった」とロックは語っている。ロックは『キリスト教の合理性』の最後の部分でキリスト教の利点を主張して、理神論の論駁を試みている。ロックによれば、キリストがもたらした利点は、第一は万物の創造者たる「一神の存在とその崇拝」を伝えたことである。多神教と偶像崇拝の暗黒に支配された世界に、啓示の証である奇蹟によって唯一神の信仰という教理を広めたことである。たしかに、異教徒の中にも、理性的な人間もいて一神崇拝を実行していた人もいたが、彼らはそれを胸のうちに隠し込んで、あえて一般に公開することはなかった。「ここから私たちにわかることは、理性は賢明で有徳な人たちにはいつもきわめて明晰に語るものではあるが、存在するのは唯一の神であり、その神のみを認めて崇拝すべきであることを、大衆に納得させ、社会の人々に説得するに足る権威を持ったことはいまだかつてなかったということである(141)」と、理性は大衆に対して力を持ちえないことを明確にしている。第二に、「人間の義務についての明晰な知識」が欠けていた中で、人々に道徳律を教えたことである。異教における公認宗教は儀式と典礼に支配され、徳とは分離されたものであった。一方、自然的理性の力だけでは自然宗教をその全領域にわたって解明し道徳律を与えることはできなかった。道徳という理性にふさわしい重大な仕事において、理性は人間の役に立たなかったのであり、「神の援助を受けていない人間理性が、疑う余地のない原理から、明晰な推論によって〈自然法〉の全体系を解明したことは一度もなかった(142)」ことは、異教の哲学者の企てが不成功に終わったことから明らかである。「自然法が存在することは確かである。だが、誰が自然法のすべてを一つの法として私たちに与えたか、もしくは与えようとしたか。……誰がその諸部分すべてを解明し、それらを総合し、世の人々に彼らの義務として示したか(143)。」そのような道徳法はイエス・キリストによって初めて人間に与えられたのであり、それは啓示によるものである。人間理性の一般的観念と原理から道徳法を推論することは、普通の人々にとってはその余裕も教育も習慣もないので不可能であるが、神から遣わされた証拠である奇蹟によって啓示を示し、イエス・キリストが道徳と服従とを与え、その義務を行わせることは適切なことであった。第三に、神の礼拝に関する外的形式の改革を行ったことである。荘厳な建物、豪奢な装飾物、奇妙で異様な装束、もったいぶった奇異で煩わしい雑然とした儀式を簡素で精神的な礼拝に変える必要があった。神が求める崇拝は、謙虚に捧げられた称賛と祈りであったからである。キリストがもたらした第四の利点は、有徳で敬虔な生活をすることへの大きな励ましである。現世においては徳を行っても繁栄が伴わないことはよく知られたことであり、そのため人々が道徳に背を向けてきた。徳は人間の本性の完成であり、それ自体が一つの酬いであると主張する古代哲学者の空虚な勧めとは別に、人々を徳へ導く「もう一つの興味と効力」をキリストは与えたのである。「徳は今や明らかに人に最大の富をもたらす買い物であり、もっとも有利な取引である。[144]」「現世において有徳な生を送れば、来世で幸福になる」と人々に説得することによって、キリストは人々に道徳を促したのである。「天国と地獄の光景は現世でのつかの間の快楽や苦痛を軽んじるようにさせ、徳への魅力と励ましを与えることになろう[145]」からである。このような基盤の上でこそ、道徳を現世における実質的な善となしえたのである。第五は、キリストによる援助の約束である。私たちができることを行えば、彼は聖霊を与えて何をどのようになすべきかについて私たちを助けてくれることである。

このようにロックはキリスト教以前の異教の宗教および自然宗教と比較しながら、キリストによって明らかにされた啓示宗教の利点を五項目にまとめている。その中の唯一神の信仰、道徳律の開示、精神的な礼拝、来世での幸福という功利主義的動機づけによる道徳実践の促進などは、どれも自然宗教では果たしえなかったこととして挙げられている。一神崇拝、道徳律の確立、道徳の実践は一部の異教哲学者によって部分的に実行されることはあっても、理性に頼るだけでは、社会全般がそれらを発見したり実行したりすることは不可能であった。このように自然宗教の欠点と劣等性を強調することで、ロックはキリスト教を理神論と無神論から、ひいてはユニテリアンによる自然宗教の強調から防衛しようとしたのである。スティリングフリートはユニテリアンによる自然宗教の顕揚が啓示宗教の存立基盤を掘り崩すことに危機感を抱いていたが、それはロックも同じであったろう。先に見たように、ナイはキリスト教弁護論として

「教義あるいは教理に関しては、神から遣わされた者としてキリストを信じるということだけを除けば、徳性に関しても信仰に関しても自然宗教に何も付け加えてはいない」と断言して、啓示に立脚するキリスト教の合理性を理性に立脚する自然宗教との一致にあると想定した上で、「真のキリスト教は信仰と徳性については自然宗教にほかならない」と述べて、両者の一致点を強調している。このようなキリスト教弁護論と比較すれば、ロックはキリスト教の核心である「イエスは神から遣わされた救い主キリストである」という単純明快な命題のうちに、キリストがもたらした先の五項目にわたる利点を「キリスト教の合理性」として提示し、啓示宗教の卓越性を主張しているのである。ロックのキリスト教弁護論がターゲットの一つに据えたのは台頭しつつある理神論であり、そこにはユニテリアンによる自然宗教の強調がもたらす啓示宗教の弱体化を阻むねらいもあったであろう。

　しかし、ロックの目的は啓示宗教と自然宗教の優劣を決めることにあったわけではない。ロックが抽出したキリスト教の利点はどれも社会において徳がいかにして実践されうるかにかかわっている。宗教が現実に人々の生活において有効に機能することに注意が向けられている。それはロックが終生敬愛していたティロットソンが徳の実践が現実に及ぼす効果を重視したことに通じる。ティロットソンは「宗教は目に見えない、単なる信仰、高度な思索、緻密な見解、深遠な秘義のうちにあるものではない。それは人の目から隔てられたもののうちにではなく、現実の目に見える効果のうちに据えられている。聖書では宗教は人の行為のうちに明白に認められ感じられさえするような結果を生みだすもので、抽象的な概念ではなく、実在する徳のうちに、そして人の実生活において感覚しうる力と効果のうちに、敬虔と徳、神聖で卓越した行為すべての事例のうちに据えられている」[146]と説いて宗教が生みだす現実的効果を強調した。また、ロックは徳をいかに実践するかという現実問題に真摯に取りくむがゆえに、功利主義的な観点を取り込んでいる。現世での徳の収支決算として、天国と地獄の賞罰が定められているのであるから、「徳は今や明らかに人に最大の富をもたらす買い物であり、もっとも有利な取引である」[147]。これはティロットソンにも当てはまることである。彼は無神論者・懐疑論者に対して、宗教は神の存在、魂の不滅、来世の賞罰を原理とするので、幸福の要因には現世だけでなく来世の時間も考慮されねばならないことを説いた。「要するに、私たちの主な関心はできる限りの幸福をできる限り長く維持することである。もし私たちが部分的にしばらくのあいだ不幸になるか、それとも全体的につねに不幸になるかのどちらかの状況に置かれているならば、最善の知恵は幸福を最大で最長にすること、すなわち不幸を最小で最短にすることを選択することである」[148]と述べて、来世の賞罰を含めて最大の幸福を選び取るように勧告している。

このようにロックはキリスト教が現実に及ぼす実利面に焦点をあてた啓示宗教弁護論を展開した。一方、ユニテリアンのナイは、自然宗教は宗教におけるすべての要素を含んでいると言明して自然宗教の十分性を公言しながらも、神による口頭の意思表明である啓示は、理性の推論による解明が困難である多くの人間への便宜をはかって与えられたのだ、と主張して啓示宗教の必要性を弁護している。別の匿名ユニテリアンも同様に自然宗教と啓示宗教の関係について、『聖書における秘義という言葉についての公正な説明』で以下のように述べている。「自然または普遍的伝統が私たちの心に植え付けた、徳と宗教に関する自然的原理を人々のあいだに呼び起こし留めておくために、啓示は与えられたのである。[149]」心に植え付けられた、徳と宗教の自然的原理を推論によって明らかにし実践すれば、人は幸福に至ることができる。しかし、自然と推論によって正義、善、正しい人に報いる神の力などを知ることは長く厳密な推論が必要であり、一般の人々には困難である。「啓示はそのような努力と探究を省くために与えられた」のであるから、幸福への知識または救済の真理は哲学者にとっても愚かな者にとっても同じように、万人に「明白なはっきりとした」ものとなったのである。このようにユニテリアンにとって「自然または普遍的伝統が私たちの心に植え付けた、徳と宗教に関する自然的原理」が第一義的な位置を占め、啓示はそれを「人々のあいだに呼び起こし留めておくために」与えられたものである。彼らは自然宗教の自然的原理は理性によって知ることができるとその原理的可能性を繰り返し言明しているが、理性によって得られた道徳律あるいは自然法がこれまでどのような形で歴史上存在してきたのか、ロックの言うように総体としてか部分的にか、またそれが現実の社会において十分な効果を発揮しえたのか、という現実的視点は欠落している。彼らも宗教に関する自然的原理を理性が解明することは一般に困難であることを認めて、啓示が万人に明らかにされたことの有効性を確認している。しかしながら、ロックが提示したような啓示に対する積極的評価、言い換えれば自然宗教に対する啓示宗教の卓越性の確信は希薄であると言えよう。それは、既成キリスト教の腐敗・堕落の改革を使命とするユニテリアンにとって、彼らの「真のキリスト教」は自然宗教との一致にあるからであり、理性に基づく自然宗教という原理を武器にして戦わざるをえないことが考えられよう。

諸神学体系に一貫性も満足も見いだせなかったロックが、キリスト教を理解するために聖書だけを読んで得た成果が『キリスト教の合理性』であることは周知のことである。彼が導きだしたキリスト教の核心は、一神崇拝、道徳律の確立、精神的礼拝、来世の賞罰にあった。これらを軸として社会に道徳を実現することがキリストによる啓示の中心部分であると示したのである。このようなキリスト教理解を公表することで、理性の能力は徳の実現にはほとんど無力であったという歴史的事実を突きつけ、自然宗教の非現実性を明らかにすると同時に、啓示宗教がもつ徳を促す実践的効力を前面に押し出して『キリスト教の合理性』を主張したと言えよう。

2　名誉革命後の共和主義

トーランドは『秘義なきキリスト教』において、アルミニアニズム、ラティテューディナリアニズム、ソッツィーニアニズム（ユニテリアニズム）の知的環境からその合理的精神を吸収し、神の啓示であるキリスト教に理性に理解しえない秘義は存在しえないという帰結を導いた。また、彼はキリスト教史において、秘義の導入者として初期のキリスト教聖職者を告発し、彼らを「独立した政治団体」を成す一つの社会階層としてとらえ、その階層の成立と確立の歴史に焦点をあてた。このような宗教に対する社会的・政治的観点は、『秘義なきキリスト教』出版以後の「コモンウェルスマン」としての彼の活動とどのように関連するのかを見てみよう。

①　コモンウェルスマン

先の「I　ジョン・トーランドの前半生と作品」（本書、二一三頁）で述べたように、トーランドはライデンからもどってオクスフォードに滞在している一六九四年五月、すでにコーヒーハウスやクラブでジャコバイトの連中からこの「コモンウェルスマン」という蔑称で中傷されていた。当時においてもまた後世においても誤解されがちなこの語の起源について、トーランドは、「コモンウェルスマン」という語は、王政復古後チャールズ二世とジェイムズ二世の治世に、彼らによる政体侵害に異議を唱える人々に対して宮廷の追従者たちがつけたあだ名であり、そうすることで王政への反対者であり民主政の支持者であると思い込ませようとしたのだ[150]、と説明している。「コモンウェルスマン」として活動した小集団の求心力となったロバート・モールズワース（一六五六—一七二五）は、「真のホイッグはコモンウェルスマンという名称を恐れない。それが何を意味するのかわからない多くの愚かな人々は中傷しているにすぎないからだ」[151]と述べて自らの立場を表明していた。コモンウェルスという言葉が空位時代の共和政にまつわる無政府状態、無秩序、平等化、扇動というイメージと直結する時代に、モールズワースは「真のホイッグ」が共和政時代の共和主義者たちと思想的関連を持つことを表明しようとしたのである。「コモンウェルスマン」は、名誉革命後に権利章典や寛容法によって成立した改革をさらに押し進める運動を展開した人たちである。その運動は、専制政治に転落したデンマークの現状を目撃したモールズワースがその原因を考察した『デンマーク実情報告』（一六九四年）を契機に、より明確な一集団を形成したと言える。その本は出版された年に英語版で三版を重ね、仏訳版も出版され、デンマーク大使は出版社への厳罰と本の焼却を要請するほどであった。[152]多くの人がその本は聖職者を踏みつけにし、国王を冒瀆する反君主政の意図を持って書かれたと解した。モールズワースは、デンマークの自由の衰退と対照的に、イングランドはウィリアム三世によって法に基づく自由な国家に復興したことを強調し、またウィリアム三世を、神権政治を唱えて人々を危険な隷属状態に陥れてきた聖職者に対抗して、自由を再建した国王として描いている。

彼ら「コモンウェルスマン」は自らを「真のホイッグ」、または「旧ホイッグ」と呼んで、「ジャントー」と呼ばれたホイッグ内の中堅指導者層（メンバーは一定していないが、中核はサマーズ男爵、ウォートン男爵、モンタギュ（後のハリファクス伯）など）と一線を画していた。彼ら「ジャントー」は国債制度（一六九三年）、国債の引き受けを主な目的とするイングランド銀行の設立（一六九四年）、貨幣改鋳法（一六九五年）などの金融政策でアウグスブルク同盟戦争時の財政処理に力量を発揮し、行政府寄りの党派という性格を持つようになった。彼らもプロテスタントの王位継承を基本理念とするホイッグであることに変わりはなかったが、以前からの「地方」主義的な政府批判をつらぬこうとする旧ホイッグと亀裂が生じ始めていた。トーランドは最晩年に編集・出版した『故シャフツベリ伯からロバート・モールズワース宛書簡』(一七二一年)で、名誉革命の「最善の大義」がウィリアム三世とアン女王の治世に破壊され腐敗していった原因がトーリにではなく、「背信的ホイッグ」にあったと述懐し、「ジャント」のひとりであったハリファクス伯を名指しで挙げている。[153] ホイッグ内少数派にすぎなかった旧ホイッグはそれでも多くの思想を共有し、同じような活動に取りくんだ。そのほとんどは支配階級に属し、モールズワースを中心にしていた。第三代シャフツベリ伯(一六七一―一七一三)は自らその弟子であると公言し、聖職者にはサットンのウィリアム・スティーヴンズ、ベンジャミン・ホードリー(一六七六―一七六一)が挙げられる。そのほかに、モールズワースの経済的庇護を受けた友人としてジョン・トーランド、ウィリアム・モリヌークス(一六五六―一六九八)、知人・同僚としては、後に理神論者として知られるマシュー・ティンダル(一六五七―一七三三)、『ローマ統治機構論』を出版したウォールター・モイル(一六七二―一七二一)、ジョン・トレンチャード(一六六八または一六六九―一七二三)、アンドルー・フレッチャー(一六五三―一七一六)などが集った。彼らは議会権限の保護強化、国王＝行政府権力の縮小、寛容の拡張などのために、さまざまな情勢に対応して政治的パンフレットや時事論文を出版した。九〇年代からトーランドが執筆または関与した政治的論文・パンフレットのごく一部を挙げてみれば、ベルナルド・ダヴァンザーティの『鋳貨論』の英訳(一六九六年)、『出版規制はプロテスタント宗教に矛盾する旨を伝える下院議員宛書簡』(一六九八年)、常備軍(国王軍)解散を支援する『民兵改革案』(一六九八年)、彼とシャフツベリ伯の合作とされる『雇われ議会の危険』(一六九八年)、『党派による権謀術数』(一七〇一年)、王位継承法を擁護する『自由イングランド』(一七〇一年)、『一、ハノーヴァー選帝侯妃と選帝侯皇太子のイングランドへの招聘を国王陛下に進言する理由。二、皇太子僭称者の権利剥奪と正式拒絶の理由』(一七〇二年)、『プロイセンとハノーヴァーの宮廷について』（一七〇五年）、国務大臣ロバート・ハーリの命を受けて書かれた『イングランド国政覚書』（一七〇五年）、『高教会派の正体、サシェヴァラル博士の事件の全貌』（一七一一年）、ハノーヴァー朝ジョージ一世の治世にはホイッグ政策の要点をまとめた『大ブリテンの国家解剖』（一七一七年）などがある。(154) これらの時事的著作のタイトルを見るだけでも、トーランドが「コモンウェルスマン」の政治活動に密接にかかわったことがわかる。

②「ジョン・ミルトン評伝」——国王の神授権打破

トーランドは『秘義なきキリスト教』を出版後、このような時事的な政治パンフレット・著作を執筆すると同時に、共和主義者たち（エドモンド・ラドロー（一六一六または一六一七—一六九二）、ジョン・ミルトン（一六〇八—一六七四）、ジェイムズ・ハリントン（一六一一—一六七七）、アルジャノン・シドニー（一六二二または一六二三—一六八三）など）の著作の編集と出版に勢力を注いだ。彼は一六九八年「ジョン・ミルトン評伝」を付して『ジョン・ミルトンの歴史書・政治書・雑録から成る全集』を刊行し、一七〇〇年「ジェイムズ・ハリントン評伝」を付して『ジェイムズ・ハリントンのオシアーナおよびその他の諸著作』を刊行して、共和主義者たちの著作を名誉革命後の時代に復活させた。「コモンウェルスマン」が共和主義者たちの思想のどの部分に焦点をあてて自分たちの時代へのメッセージとして抽出したのか。それを知る手がかりとしてそれぞれの諸著作に付した「評伝」は役に立つであろう。ここでは「ジョン・ミルトン評伝」を見てみよう。

ミルトンは共和政府の有能な弁護者であった。一六六〇年六月には逮捕状が出され、一六八三年のオクスフォード法令によってミルトンの「国王殺し」に関する著作は焼かれた。王政復古から一六九〇年代にかけてのミルトンの一般的評価は次の言葉に示されている。一六八七年、ウィリアム・ウィンスタンリは『著名英国詩人伝』でミルトンの詩人としての才能を賞賛したのち次のように続ける。「しかし、彼の名声は消えゆく蠟燭の炎のごとく絶え果てた。彼の思い出はいつまでも悪臭を放ち続けることだろう。彼が悪名高い反逆者でなければ、そしてあの聖なる殉教者、チャールズ一世王を不敬かつ極悪非道にも裏切ることがなかったならば、彼の思い出は栄誉ある世評を受け続けたであろうに。」[155] 一六九一年、ミルトンの伝記を最初に刊行したオクスフォードのアンソニー・ウッドもミルトンを弑逆者ととらえている。ウッドにとって共和主義は「もっとも腐敗した反君主制原理」であり、それを擁護したミルトンは「極悪な一級の扇動者」[156]であった。だが一方で、理神論者チャールズ・ブラント(一六五四—一六九三)はミルトンの著作を根拠に検閲法を攻撃した。しかし、ミルトンの『偶像破壊者』(一六四九年)それ自体が一六九〇年アムステルダムで再刊されたことは、もっと直接的で衝撃的な政治的挑発であったと言えよう。この著作でミルトンは、チャールズ一世の作とされた『王の像』は王自身によって書かれたものではないと主張していた(「I　ジョン・トーランドの前半生と作品」で簡単にふれたが、これについては後にさらに詳しくふれる)。ミルトンのこの著作の再刊に続いて、「ラッドロー」のペンネームで書かれた一連のパンフレットが一六九〇年から一六九三年にかけて四種出版され[157]、それらはミルトンによるチャールズ一世の告発と国王処刑の正当性を弁護していた。

トーランドは「ジョン・ミルトン評伝」の冒頭で、ミルトンは「自国と海外において、広い学識、その賢明さ、信頼できる思慮分別のために著名であり、神々しく比類のない詩歌は言うまでもなく、とりわけ市民的、宗教的、国家的自由のために書いたあれらの素晴らしい著作のためによく知られている」[158]と述べて、編者として、彼の政治的、宗教的著作の重要性を強調している。トーランドの評伝記述の方法は、

「誠実な歴史家の規則」[159]に従って、ミルトンの作品からの引用をもって作品自体に語らせ、それに対して彼自身の注釈と見解を述べるというものである。「誠実な歴史家」と自称するトーランドが語るミルトン解釈は、コモンウェルスマンとして彼が名誉革命以後の時代に復活させようと意図したものと考えてよいだろう。「評伝」を検討することで、コモンウェルスマンが彼らの時代において展望した「市民的、宗教的、国家的自由」の姿とその課題を探ることができるだろう。

「国王殺し」に関するトーランドの記述は簡潔で、処刑についての言及はない。チャールズ一世は「議会によって敵と判断され」、「勝利した議会軍によって捕らえられ」[160]、「裁判によって審理されて有罪の判決を受け、そして統治形態は民主政体または自由国家へと移行した」。それに続けて、「国王の不倶戴天の敵」であった長老派の牧師たちは国王側に転じて、説教壇から「王の処遇はとてもむずかしく、王の身体は神聖不可侵であり、戦場において（ましてや死刑執行人の手によって）加えられる暴力は改革された教会の教理に反するものである」[161]と糾弾したことにトーランドは言及し、彼らの王政弁護論の核心が王権神授説にあったことを明らかにしている。実際、ミルトンは長老派の牧師たちに対し『国王と為政者の在任権』（一六四九年）で反論を展開した。トーランドはその主旨を述べて、

「この著作でミルトンが証明しようと苦心したことは、権力を獲得した者が暴君を召喚して、その悪政について説明を行わせ、そして正当な有罪判決の後に、その罪の性質に応じて彼を退位させたり処刑したりすることは、それ自体としてきわめて公正であるばかりでなく、あらゆる時代の自由で思慮深い人々によって公正とみなされてきたということである。そしてさらに、いかなる国家であろうと、通常の為政者が国民を正当に取り扱うことを拒否するならば、そのときは自己防衛義務と全体の善

（これは至上の法である）に基づいて、国民にはもっとも安全かつ有効な方法による、隷属からの解放を行う権限が与えられるということを彼は教えている。(162)」

トーランドはミルトンの「暴君」からの解放原理を「通常の為政者」へ敷衍して、「いかなる国家であろうと」為政者の不当な統治から国民は自らを解放する権利があると転換した。「通常の為政者」としてトーランドの念頭にあるのはジェイムズ二世である。ローマ・カトリック化政策という不当な統治によって国民を危機に陥れた為政者からの解放は、国民の「自己防衛義務と全体の善」に基づく権利であると主張して、この一般論を名誉革命弁護論へと適用してみせた。世襲ではなく議会制定法によるウィリアムとメアリの王位継承に対して、世俗トーリと国教会トーリは、王権神授説を唱えて今なおホイッグに敵対していたからである。また、ミルトンはサルマシウスの『王政弁護論』（一六四九年）に対し、『イングランド国民のための第一弁護論』（一六五一年）を書いて、イングランド国民がとった行動の正当性を国内外の人々に訴えた。自分の仕事は「国王ではなく暴君に対する憎しみのために、国王の不当な支配に対して国民の共通の権利を擁護すること(163)」にあったのであり、国民の行動は、「現世における二大害悪であり、徳を阻む最大の有害物である、暴政と迷信(164)」からの解放であったと主張した。J・G・A・ポーコックは、チャールズ一世は国王たりえなかったために処刑されたのであり、処刑した人々は国王としての正当な職務の存在そのものは信じていた人々であったと指摘しているが(165)、ミルトンのこの弁護論はその説を裏付けるものと言えよう。トーランドはサルマシウスの『王政弁護論』が国王側の政治的策謀の産物であったことに言及している。ライデン大学教授のサルマシウスはチャールズ一世の長子（後のチャールズ二世）から金貨百ジャコブスの報酬で弁護論を依頼され、依頼主の思惑は、「誰かに亡き父王の死をどす黒い色彩で描いてもらえば、その死をもたらした張本人たちが憎まれ、自分の〔解説者補足：王位〕復帰がよりうまくいくであろうし、またそうならない場合でも、自分の復位を果たせるように外国の有力者の同情をかうことができる」[166]ことにあったと指摘している。

トーランドの王権神授説へのもう一つの反撃は、当時においてより重要な意味を持つものであった。チャールズ一世処刑後に国王の著作として現れた『王の像』に対して、ミルトンは「相手が王といえども、自由と共和国のために敢然とこの挑戦に応じる」[167]決意のもと『偶像破壊者』（一六四九年）で応戦した。トーランドは『王の像』が持つ政治的意味を次のように記述している。『王の像』は国民から告発された専制政治の諸項目に対して国王が身の潔白を立証する内容であるから、「敵に対しては、著者が生きていたときよりもっと恐るべき効果を発揮するはずだから、『王の像』が生みだすそのような悪影響を反論によって封じるようにミルトンは命じられた」[168]と説明している。このように、この著作を後世にまで強力な影響を及ぼす王権神授説に立脚した王権弁護の象徴ととらえるトーランドが第一に問題としたのは、著者の真偽性である。この著作が本当に国王によって書かれたものであるか否か、偽書であるか否かである。ミルトンはチャールズが書いたとされる「囚われの身での祈り」と題した祈りが、フィリップ・シドニーの『アーケイディア』のパメラの祈りからの剽窃であることを発見し、また、この本の構成、文体、時期などから判断して、敗走する軍の先頭で指揮を執ったり、囚われの身となって絶えず牢獄から牢獄へと移動させられていた苦悩にあえぐ国王の作というよりは、どこかの暇な聖職者の作であると推測した。トーランドはミルトンが「王による剽窃あるいは（より寛大に言えば）王付き牧師による聖職者の術策《プリーストクラフト》」[169]であることを見抜いた点を評価している。さらに、トーランドはミルトンの死後に発見された資料をもとに、『王の像』がエクセター主教のゴードン博士による偽作であると委細を尽くして立証しようとしている。

アングルシ卿の蔵書が競売にかけられたさいに、『王の像』もその中の一冊であったが、その本から「アングルシ卿の覚書」[170]が発見された。その覚書には、著者はチャールズ一世ではなくエクセター主教ゴードン博士であること、またこの言明は一六七五年の議会開会中にチャールズ二世とヨーク公（後のジェイムズ二世）からアングルシ卿になされたことが記されていた。さらにゴードン夫人のもとに残されていた『王の像』に関する一包みの手紙の束の検討によって、この著作がゴードンによる偽作であることをトーランドは立証している。トーランドはこのような徹底的な暴露によって、『王の像』の著者は国王自身ではないことを明らかにし、王自身による王政弁護論とみなされていたものの正体は偽造されたペテン、「偶像」にすぎないことを示したのである。さらに、「アングルシ卿の覚書」から、このペテンに王政復古期の国教会ばかりでなく後の二人の国王も共謀してかかわったことを世に公表したのである。トーランドはこの主張に対してなされた反論を封じるため、翌年『アミュントール、またはミルトン評伝弁護』（一六九九年）にこれらの資料を掲載した。[171]

トーランドが執拗に追究した真偽問題の背景には、この著作が王権神授のイデオロギーを支える実在する偶像として機能していた現実があった。一六六〇年から一七〇〇年に至る数十年間のあいだに、チャールズ一世によって書かれたとみなされていた『王の像』はイングランド、アイルランド、海外を含めて多数の版が出版され、世襲君主政擁護の生々しいテキストとして文化的生命力を維持し続けていた。その口絵には、キリストのイメージとしての王が祭壇の前に跪き、祭壇には棘の王冠と聖書が開かれ、王の顔には天からの光が射している。[172]殉教者としてのチャールズ（Carolus）とキリスト（Christos）の対比のイメージはこの著作の目論見を十分に物語っている。王政復古以後、このイメージは処刑日の一月三〇日をチャールズの非業の死の記念日とすることで社会的に具現化され、さらにその日に行われる説教によってそのイデオロギーの定着がはかられていった。この過程で『王の像』は国教会トーリが拠り所とする神聖な政治的文献という性格を獲得していったことを考えれば、トーランドがこの著作の真偽問題に傾けた精力は、彼が「コモンウェルスマン」として弁護に努めた議会制定による王位継承法の正当性擁護と表裏一体を成すものであることがわかる。

③『自由イングランド』——教会の神権打破

ミルトンは著作の至るところで教父、宗教会議、教会収益、高位聖職者の堕落、非寛容に痛烈な批判を浴びせるだけでなく、良心に基づかない平信徒の「盲目的信仰」にも厳しい批判を向けている。彼は『イングランド宗教改革論』(一六四一年)で、完全な宗教改革を妨げる二つの原因として、儀式の温存と高位聖職者による聖職叙任権の独占を指摘している。ミルトンは「私たちの儀式はそれ自体無意味であり、法王教〔解説者注:ローマ・カトリック教〕への後戻りを助長するか、あるいは……監督制度の虚飾を際立たせる以外には何の役にも立っていない(173)」と指摘する。ミルトンは監督制度による教会統治がつねに自由に敵対するものであり、「とりわけイングランドでは、一般に言われているように、高位聖職者による監督制度が君主制にふさわしい唯一の教会規律の形式であるどころではなく、統治における致命的な疾病と異変は絶えず高位聖職者の術策から生じるか、あるいは彼らの高慢によって引き起こされるかであった(174)」と述べている。ミルトンがこのように告発する高位聖職者による監督制度が及ぼす統治への害悪は、トーランドがキリスト教史の素描において聖職者の階層を「政治的団体」(本書、一二八頁)として告発したことと重なるものであろう。

「教会と国家の自由」を掲げたミルトンはあらゆる自由を擁護し、あらゆる隷属に反対することに腐心した。ミルトンは議会と聖職者会議に『離婚の教理と規律』（一六四三年）を献呈し出版した。ミルトンは結婚に関する聖別は「一部の古代教父の迷信および聖職者の利益と権威を促進させる意図[175]」に起因する不正であると訴えた。トーランドはミルトンの意図はモーセが禁じた不義による離婚以外にも、正当な離婚理由は存在することを示すことにあると述べてから、たしかに契約の意図を超えて人を拘束するのは完全な暴虐である、とミルトンの訴えに同意を表明している。ミルトンの最後の離婚論『コラステリオン』の評注において、トーランドは離婚論について、家庭内の不快が誘発したものであるからあまり価値がないと考えるべきではなく、制度的圧制からの解放を訴えたものと考えるべきであると主張する。迫害者のもとで書かれた「キリスト教弁護論」や暴君あるいは王位簒奪者のもとで書かれた「市民統治に関する高潔な論文」はみなそのような不法性を問題としているのであり、この点では離婚論も同じである[176]、と主張して離婚論を宗教的圧制への告発ととらえその社会的重要性を強調した。またミルトンは『アレオパジティカ』（一六四四年）では、出版検閲の不当性を議会に訴えた。言論の抑圧の歴史をギリシアやイタリアの共和国から始めたミルトンは、キリスト教の時代に入ると聖職者の権力を告発する。

「時代が下って聖職者が為政者以上の権力を握った時代には、彼らは自分たちの権力と迷信に不利益となるものはすべて焼却・破壊し、書くことはもちろん読むことにも制限を設けた。聖書自体も例外ではなかった。こうして、非道なこの慣習は異端審問所による削除索引と出版認可状という奸計によって完成された[177]。」

一方、トーランドは、出版検閲とは国民が知るべきこと、話すべきこと、理解すべきことを特定の「宗派あるいは為政者」が規定することであるとして、「そのような権力を君主が握ることは（検閲官は必ずその隷属下にあるので）、臣民の自由にとっては常備軍より危険であり、また宗教の点では異端審問所に劣らないとはっきり断言する」[178]と述べ、為政者が、とりわけローマ・カトリック教の君主がその権力を握ることを警戒している。

トーランドはミルトンを「自由な統治」と「良心の公正な自由」[179]の擁護者として十七世紀後半の読者に改めて紹介した。ミルトンの宗教的立場について、初期にはピューリタンに好意的であり、中期には「他の宗派より多くの自由を認め、彼の見解によれば原初の礼拝にもっとも近いため」独立派と再洗礼派にもっとも好感を抱いていたが、「後半生はキリスト教徒のいずれの宗派にも属さず、キリスト教徒のどの集まりにも行かず、自宅においても特定の宗派の諸儀式を行うこともなかった」とトーランドは述べて、以下のような考察を加えている。「このことはミルトンがキリスト教徒たちの愛徳のない果てしない論争や、彼によればあらゆる教会が断ち切れずにいる法王教の残滓である支配欲と迫害傾向を嫌ったためなのか、あるいは、どんな宗派の信仰定式書に署名しなくても人は善人でありうる、またどの宗派もみないくつかの事柄においてイエス・キリストの規則を損なってきたと考えたためなのか、私はあえて決定するつもりはない[180]」と述べて、「キリスト教徒のいずれの宗派にも」属さなかった理由を決めかねているポーズをとる。だが、どちらの理由にせよ、前者はミルトンをキリスト教会に絶望した人として、後者は堕落したキリスト教会から脱して徳を実践する人として思い描いていることがうかがえる。

これまでミルトンの宗教批判に関するトーランドの評注を見てきたが、ここではトーランド自身が表明している宗教形態のヴィジョン（ただし一七〇二年の『自由の擁護、またはトーランド氏の自己弁護』に至るまでの期間という限定のもとで）を考えてみたい。「ジョン・ミルトン評伝」（一六九八年）を書いた時点では、当時進行中の非国教徒の包含計画に関する彼の見解は否定的である。他の非国教徒が切り捨てられる可能性があるにもかかわらず、包含を支持する一部の長老派に対しては、トーランドは彼らの「支配」欲を疑い、また一方の聖職階級制度と祈禱書を固守して譲らない国教会に対しては、かつての古き友人である非国教徒に寛容な母たることを要請している[181]。このような現状認識からトーランドは次のように結論する。

「世界中のどこであろうと、包含とはいくつかの党派が結合して自己強化をはかり、その一体化した権力の行使によって、また高位昇任や他の権益からその他の党派を完全に排除することによって、その他すべての人々を弾圧することにほかならない[182]。」

包含の基本構造は権力強化であり、その結果は排除された者たちへの弾圧にあると述べて、およそ賛意とはほど遠い言辞である。「善良な人々の願い」として彼が描く宗教形態では、「国家教会（national church）は礼拝と俸給を保障されるのであるから、他の人々をおのれの宗徒になるよう強制することは許されず、また国家教会と意見が異なるすべての人々は良心の自由を保障されるのであるから、国家教会の財力や権力に干渉することは許されない[183]」と主張している。したがって、彼は国家教会による包含ではなく、国家教会に属さぬ人々がその信仰を維持できる自由を保障される寛容を支持し、また国家教会とそれに属さぬ教会の権力と経済基盤は互いに独立したものであるべきだと考えていることがわかる。

このヴィジョンは『自由イングランド、またはイングランド王位の限定と継承の説明と宣言』（一七〇一年）でより具体的に述べられている。イングランドに関しては、「国家教会は実に最善の制度である[184]」

として既存の英国国教会体制を肯定しているかのごとく語っている。しかし、彼が想定する「国家宗教」は、「世俗の為政者の認可、基金、監査のもとに[185]」置かれ、その国家教会の規律において重視されるのは「市民統治に適合する」ことにある。現在、自分自身が国家教会の一員であることをトーランドは認めるが、国家教会による他宗派の迫害には断固として反対し、国家教会は非国教徒の身柄や職業を弾圧したり、イングランド生まれであることや帰化によって生じ要求しうる権利を剥奪すべきではないと言明している[186]。その論拠としてプロテスタントの原理である「検討・解釈の自由」を掲げて、「良心の自由のないところには、市民的自由はありえない」ことを強調している。一方、国家教会によって「寛容された宗派[187]」は、「国家宗教からの分離は自由意志によるのであるから」、自分たちの教導者を扶養すべきであり、礼拝の場所や維持費の支給、および国家教会が持つその他の権利や俸給を要求してはならない。トーランドは「検討・解釈の自由」、「良心の自由」は守るべき原理であり、この原理に基づいて非国教徒に対する宗派差別を撤廃しようとしている。だが、非国教徒の教会運営に関しては、「寛容された宗派」は国家教会から自らの意志で分離したのであるから、国家教会の権利や俸給を要求してはならず、これに違反すれば「改革を志しているのではなく支配権を握ろうとしている偽善者とみなされて、自由を剥奪され、その身柄は政府の保護圏外に置かれる制裁を受ける」と主張している。トーランドは「寛容された宗派」の宗教的自由は擁護するが、国家教会と競合するような支配権力をもつことは容認しない立場を表明しているとみなせよう。ローマ・カトリック教徒はこのような寛容から除外される。彼らは「自国の元首」ではなくローマ法王という「国外の首長」の権威に従う臣民であり、「彼らは特別免除の教理によって、誓約やその他の契約にまったく拘束されない[188]」からである。トーランドはローマ・カトリック教会を宗教というよりむしろ、その国の法とは別の法を持つ一種の国家形態であり、「最高度の完成に達した聖職者の術策」による支配形態であることを強調する。ローマ・カトリック教会が「自国の元首」＝為政者に従わずローマ法王に従うのとは対照的に、彼の「国家教会」のヴィジョンは、神から授けられたとする神権を剝奪され、「世俗の為政者」の管轄下に置かれ「市民統治に適合する」ものとなる。そして「世俗の為政者」は以下に述べるように、王権神授権を剝奪され、専制政体における支配者ではなく、「社会福利」を追求する「自由な政体」の構成要素として組み込まれることになる。国家における宗教のこのような位置づけは、ウォールター・モイルの『ローマ統治機構論』（一六九〇年代後半に書かれ草稿の形で回覧されていたが、死後一七二六年に出版された）にも共通するものであり、ハリントンの『オシアーナ』からの影響が指摘されている。

ウィリアム三世死去の前年、一七〇一年に成立した王位継承法を支持して活動したコモンウェルスマンたちは、プロテスタント国家の確立を第一義の目的とし、それによって市民的自由と宗教的自由を保障することをめざしていた。このような信念を抱く彼らが、チャールズ一世処刑後の共和国（コモンウェルス）にどのような意義を認めていたのか。トーランドは『自由の擁護、またはトーランド氏の自己弁護』（一七〇二年）で、議会下院に対し、『秘義なきキリスト教』および、ホイッグとコモンウェルスマンへの非難に対し弁明を書いている。この著書で彼はこれまで一貫して主張してきた「コモンウェルスマン」としての弁明を、すでに出版されている自著からの引用を交えて展開している。彼は自分の確信する信条をこう述べている。

「あらゆる種類の為政者は人民のために人民によって作られるのであって、人民が為政者のために為政者によって作られるのではない。あらゆる統治者の権力は元来社会によって与えられ、社会の安全と富と栄光のために行使するよう制限されているので、統治者は社会の信頼に対し責任を負っている。したがって、あらゆる種類の圧政者（一人であろうとそれ以上の人数であろうと）に対して、抵抗しかつ罰することは法に適合する。(189)」

トーランドは、自著『自由イングランド』（一七〇一年）からの引用によって、自分が用いる「コモンウェルス」という用語は「純粋な民主政体とか何らかの特定の政体を意味するのではなく、政体がどのようであれ、すべての人々の社会福利（commonweal）または幸福が公平に構想され実施される自治共同体を意味する(190)」と言明している。さらに自著『党派による権謀術数』（一七〇一年）からの引用によって、「コモンウェルス」は専制政体の対立物であることを明らかにしている。

「絶対君主政体のもとではすべてが王の栄光と威厳に役立つのみであり、したがって王は武力によって国民を支配し、国民は王の都合のよいように使われたり始末されたりするような家畜の群れや所有物としてしか考えられていない。そのような専制政体と反対に、全体の社会福利（common good）が公平に構想され実施される政体はコモンウェルスと呼ばれてきている。(191)」

したがって、専制政体を避けようとする目的は同じでも、その方法は異なるので、民主政体、貴族政体、および下院、上院、最高元首（呼び名は王、大公、皇帝など種々あるが）から成る混合政体の三種の政体が存在するのであり、したがって混合政体をとるイングランドは明らかに「コモンウェルス」である、と主張している。(192) さらに、『ジェイムズ・ハリントンのオシアーナおよびその他の諸著作』（一七〇〇年）にトーランドが付した「序文」からは、「コモンウェルスはあらゆる人々の社会福利のために制定された法による政体であり、必ず彼ら自身の同意と承認を伴い、彼らが完全に排除されることのない政体であるとすれば（絶対君主政体はおのれ自身の私的利害のために他の人々を強制的に支配する者たちの政体であるが）、イングランド政体はすでに、世界中でもっとも自由でもっともよく構成されたコモンウェルスであることは疑いようもなく明らかである」[193]という自説を引用している。これらの引用から、「コモンウェルス」はつねに専制君主政体あるいは絶対君主政体と対立する政体であり、「政体がどのようであれ、すべての人々の社会福利（commonweal）または幸福」が追求され、すべての人々による「同意と承認」を伴う「法」の遵守に基づく政体であることを強調していることがわかる。トーランドは「コモンウェルスマン」であることとホイッグであることを同義として宣言し[194]、このような見解に立つ人々が「イングランドの共和主義者」と名づけられることは不適切ではないと、キケロの説を根拠にしながら結論している[195]。

　このようにトーランドは十七世紀後半に「コモンウェルスマン」として、憎悪と恐怖をもって語られた内乱にまつわる「無政府状態、混乱、平等化、扇動、その他多数の恐ろしい事柄」[196]と共和主義思想を切り離し、内乱時に共和主義者が描いた圧政から脱却した「自由な政体」のメッセージを抽出し、それをプロテスタント国家の確立に向けて名誉革命と王位継承法を擁護する理論的支柱として活用したと言える。この「自明の自由の原理」を確信し、「隷属と専制的権力の公然たる敵」であると自負するトーランドは、さまざまな著作や編集活動によってこの信念を後世に伝えようとしたのであろう。

解説注

（1）ジョン・トーランドの生涯についてはいまだにピエール・デ・メゾー（一六七三―一七四五）による伝

記が基本的なものである。デ・メゾーは適切な資料がなかったため半ばこの仕事をあきらめかけていたが、偶然にもトーランドを詳しく知る人物とめぐり合う機会を得られたことで、トーランドの死後三カ月も経たないうちに彼の生涯と作品に関する小論「ジョン・トーランド氏の生涯と著作についての覚書」を一七二二年五月二六日に脱稿し、彼の未刊行の自筆原稿と書簡を編集した『ジョン・トーランド小論集』全二巻(一七二六年)の巻頭に付して刊行した。彼の生涯については、トーランド自身が慎重に隠蔽したこともあって現代でもさほどの研究の進展は見られない。R・E・サリヴァンの研究(R. E. Sullivan, *John Toland and the Deist Controversy*, Harvard University Press, 1982)を挙げうる程度であろう。トーランドの諸作品についての書誌はG・カラベッリによる詳しい研究(Giancarlo Carabelli, *Tolandiana, materiali bibliografici per lo studio dell'opera e della fortuna di John Toland (1670–1722)*, Firenze, 1975; *Tolandiana ... Errata, addenda e indici*, Universita de Ferrara, 1978)がある。解説の記述は上記の著作ならびにトーランド自身の作品を参照した。

(2) プラハのあるアイルランド人フランシスコ修道会員が、一七〇八年にトーランドに与えた認定証を、ピエール・デ・メゾーは『ジョン・トーランド小論集』、一七二六年、第一巻、「ジョン・トーランド氏の生涯と著作についての覚書」、v-vi頁に記載している。

(3) トーランド、『トーランド氏の弁明、宗教委員会によって自著の焚書が決議された前日に、アイルランドの下院議員宛に書かれた書簡。前書きに同書簡を書くに至った経緯を添える』、一六九七年、一六頁。

(4) 同上書、一八頁。強調は原著者による。

(5) R. E. Sullivan, *op. cit.*, p. 2.

(6) ピエール・デ・メゾー編、前掲書、第一巻、「ジョン・トーランド氏の生涯と著作についての覚書」、ix頁。

(7) 「福音の真理の提示と立証。クリスプ博士の見解を考察し、それと反対の真理をはっきり提示し立証する。ダニエル・ウィリアムズ著、第二版、一六九二年」、ジャン・ル・クレール『古今東西文庫 *Bibliothè-*

que universelle et historique』、第二三巻、一六九二年、五〇四—五二四頁。

（8）　トーランドが添えた手紙の概要は以下のようなものである。この論争の発端は宗教改革にまでさかのぼる。この頃、予定説の教義を乱用して、神の選びの絶対的意志は取り消すことができないという口実のもと、何はばかることなく好き勝手なことをする連中がいた。この教理は内戦のあいだも公然と説かれ（五〇五頁）、国内は放縦〔解説者注：原語は libertinage である。当時、反律法主義者のことを libertines と呼ぶこともあった〕の大洪水に浸ったかの様相を呈した。この教理はクエイカー派、ランター派にとどまらず、長老派や独立派も採用した。長老派と独立派（会衆派）は二年前に（一六九一年）再統合され、彼らの「同盟条項」が発表され、宗派名は「提携した同胞 United Brethren」と命名された（五〇六頁）。ロンドンにはこの再統合に不満をもつ反律法主義者なる一派がいた。彼らはこの「提携した同胞」を激しく弾劾し、人間の裁きを高めて律法を復活させたと非難し、初期の宗教改革者たちの道を逸脱して、彼らが教えた宗教とは異なる宗教を説いて、「新たな律法」を吹き込んでいると中傷した。こうして、反律法主義者は無知な人々や軽信者の多くを惹きつけた。一六九〇年三月、リチャード・デイヴィス〔独立派の牧師〕なる無学の人物がロンドンからノーザンプトンシャーのロスウェルへ説教をしに行ったばかりか（五〇七頁）、数人の靴職人や左官その他の職人を聖職につけ、福音主義運動を広げていった。彼らの活動の様子はロンドンで出版された『ロスウェルのペスト』と題した本に描かれている。しかし、「提携した同胞」の分裂に多大な影響を及ぼしたのは、十七世紀初頭の反律法主義者トバイアス・クリスプの諸著作が一六九〇年に再刊されたことだった。彼の説教集『キリストのみ高く掲げられる』（一六四三年）の再刊に対し、長老派のリチャード・バクスターはすぐに反律法主義をたたくため『聖書の福音を放縦者から守る』（一六九〇年）を出版して、それが及ぼす悪影響から私たちを守るために、かつての『平和的神学』や『論争の墓』での主張を繰り返して反駁に努めた（五〇八頁）。そのため彼は反律法主義者の憎しみと中傷の的となった。この道徳を弛緩させる神学の伸展は、あらゆる宗派の学識ある穏健な精神の人々に警告を発した。とりわけ、再統合を推進してきたウィリアムズ氏は反律法主義者を説得しようと彼らに説教を行い、できる限りのことをした。しかし、誘惑に陥るおそれのある人々のすべてがロンドンにいるわけではなく、またロンドンにいたとしても彼の説教を聴けるわけではないので、彼は先の著作を出版した。そして四九人の牧師の予約があった後再刊した。以上の事情を考慮して、あなたの雑誌でこの本の要約を掲載してもらえれば幸いである（五〇九頁）。

トーランドの記述の概要は以上である。少し補足しておくと（Michael R. Watts, *The Dissenters: From the Reformation to the French Revolution*, Clarendon Press, 1978, pp. 289-297による）、一六九一年の「提携した同胞」は、王政復古以前にまでさかのぼる非国教徒の長老派と独立派のあいだにおける、長年にわたる協調の試みの野心的な成果と言えるものであった。一六八九年の包含法案の不成立によって、長老派が念願していた国教会への包含の道が閉ざされると、両派の協調はより現実的な形をめざすようになった。一六九〇年、ロンドンでは非国教徒の牧師の経済的困窮を解決するため共同基金が設立され、一六九一年には両派の同盟条項への合意によって「提携した同胞」が成立した。しかし、両派のあいだで合意に達することができず、同盟条項には盛り込めない諸問題は未解決のまま残された。長老派は、牧師によって統轄される教区教会、ゆるやかな信者資格、恩寵を伝える教育の重視、牧師に課される厳しい資格などを特徴としたが、一方独立派（会衆派）は、キリストのもとに集まる信者による教会、恩寵の働きを説明できる信者資格、聖霊の直接的働きかけの重視、牧師の霊的才能の重視などを特徴とした。このような相違を抱えた「提携した同胞」内では、早くも同盟成立の数カ月後にこれらの点に関する論争が始まった。また独立派（会衆派）牧師のリチャード・デイヴィスによる伝道活動によって、「同盟条項」が曖昧にしたまま放置した緒問題が露呈し、両派間に、さらに独立派内にも議論が巻き起こった。彼の伝道活動の開始と反律法主義者クリスプの説教集の再刊が一六九〇年に重なったことから、両派のあいだで世紀半ばに闘われた神学論争が再燃し、これによって九〇年代の両派による「提携した同胞」に決定的な楔が打ち込まれ、崩壊を招いた。

(9) John Lock, *The Reasonableness of Christianity as delivered in the Scriptures*, with a new Introduction by Victor Nuovo, Thoemmes Press, 1997, pp. 186-187.

(10) リンボルクはこの著作を大主教ティロットソンに献呈するため、仲介者としてロックを指名していた。R. E. Sullivan, *op. cit.*, p. 51.

(11) ピエール・デ・メゾー編、前掲書、第二巻、二九五頁。

(12) 解説後段の「2 名誉革命後の共和主義 ① コモンウェルスマン」(本書、二九四頁以下)を参照せよ。

(13) ピエール・デ・メゾー編、前掲書、第二巻、三〇七頁。キリストを「崇高なる被造物神」として「神的崇拝が可能である」とするソッツィーニ派の見解に対するトーランドの批判は本書、二〇頁にある。

(14) 同上書、第二巻、三一二頁。強調は原著者による。

(15) 同上書、第二巻、二八—四七頁。

(16) 同上書、第一巻、「ジョン・トーランド氏の生涯と著作についての覚書」、xii 頁。

(17) 同上書、第二巻、四六頁。

(18) 同上書、第一巻、「ジョン・トーランド氏の生涯と著作についての覚書」、xvi 頁。

(19) トーランド、『トーランド氏の弁明』、一六九七年、七頁。

(20) ピエール・デ・メゾー編、前掲書、第一巻、「ジョン・トーランド氏の生涯と著作についての覚書」、xvii 頁。

(21) 同上書、xviii 頁。

(22) トーランド、『トーランド氏の弁明』、一六九七年、六頁。

(23) ピエール・デ・メゾー編、前掲書、第一巻、「ジョン・トーランド氏の生涯と著作についての覚書」、

xxii頁。
(24) トーランド、『トーランド氏の弁明』、一六九七年、九頁。
(25) 同上書、一一頁。
(26) 同上書、九頁。
(27) 同上書、一〇頁。
(28) 同上書、一三頁。
(29) 同上書、一四頁。
(30) ピエール・デ・メゾー編、前掲書、第一巻、「ジョン・トーランド氏の生涯と著作についての覚書」、xx頁。
(31) トーランド、『トーランド氏の弁明』、一六九七年、三一頁。強調は原著者による。
(32) 同上書、二九頁。
(33) 同上書、二三頁。
(34) 同上書、二四頁。
(35) 同上書、二六頁。
(36) R. E. Sullivan, *op. cit.*, pp. 8-9.
(37) 同上書、九頁。
(38) ピエール・デ・メゾー編、前掲書、第一巻、「ジョン・トーランド氏の生涯と著作についての覚書」、xxv頁。
(39) マホメット教徒のキリスト教徒（Mahometan Christian）とはキリスト教のように神を三位一体としてではなく、イスラム教徒のように神を単一神として信奉するキリスト教徒の意。暗に反三位一体を唱えるソッツィーニ派（ユニテリアン派）や理神論者を指す蔑称である。

(40) ピエール・デ・メゾー編、前掲書、第一巻、「ジョン・トーランド氏の生涯と著作についての覚書」、xxvi頁。強調は原著者による。

(41) 解説後段の「2 名誉革命後の共和主義 ② 「ジョン・ミルトン評伝」——国王の神授権打破」（本書、二九七頁以下）を参照せよ。

(42) トーランドによるミルトンの著作編集の出版は二回行われ、『著作集』（一六九七年）と『全集』（一六九八年）がある。「ジョン・ミルトン評伝」はまた単独で『ジョン・ミルトン評伝』として一六九九年に出版された。

(43) John Toland, "The life of John Milton", in Helen Darbishire, ed., *The Early Lives of Milton*, London, 1932, p. 150.

(44) トーランド、『アミュントール、またはミルトン評伝弁護』、一六九九年、一五頁。

(45) 同上書、二〇—四一頁。このカタログを一七一八年以後に改訂増補したものが同名の表題のもとに、ピエール・デ・メゾー編、前掲書、第一巻、三五〇—四〇三頁に掲載されている。

(46) トーランド、『アミュントール、またはミルトン評伝弁護』、一六九九年、四四頁。

(47) ピエール・デ・メゾー編、前掲書、第一巻、「教父および他の古代作家が事実どおりに、あるいは誤って、キリストや、使徒や、他の偉大な人々の作として伝えた書のカタログ」、三五五頁。

(48) トーランド、『アミュントール、またはミルトン評伝弁護』、一六九九年、六七頁。

(49) ピエール・デ・メゾー編、前掲書、第一巻、「ジョン・トーランド氏の生涯と著作についての覚書」、xliv頁。

(50) 同上書、xlvi頁。

(51) Paul Hazard, *La Crise de la Conscience européenne (1680-1715)*, 1935. ポール・アザール、『ヨーロッパ精神の危機（一六八〇—一七一五年）』、法政大学出版局、野沢協訳。

(52) Hugh Trevor-Roper, *Religion, the Reformation, and Social Change and other Essays*, London, Secker & Warburg, 1984,

pp. 193-236.

(53) 該当箇所は三カ所あり、「三位一体条項に関する他宗派の馬鹿げた考え」（本書、二〇頁）と「このような姑息なごまかしで秘義を弁護する連中」（本書、六三頁）と「現在秘義弁護のために論陣を張るすべての人々」（本書、九五頁）である。

(54) 「ソッツィーニ派」という名称は十七世紀のイギリスでは非難を含む蔑称として使われたため、この派に属すスティーヴン・ナイは「ユニテリアン」という名称を好んだが、当時一般に両方の呼び名は互換的に使われた。

(55) J. A. I. Champion, *The Pillars of Priestcraft Shaken: The Church of England and its Enemies*, Cambridge University Press, 1992, p. 118.

(56) ジョン・ビドル、『三位一体に関する信仰告白』、一六四八年、序文、『唯一神の信仰』（一六九一年）に収録。

(57) H. John McLachlan, *Socinianism in Seventeenth-Century England*, Oxford University Press, 1951, p. 312.

(58) 〔スティーヴン・ナイ〕、『唯名三位一体論者と実在三位一体論者について』、一六九五年、三九頁。

(59) H. John McLachlan, *op. cit.*, p. 332.

(60) 〔スティーヴン・ナイ〕、『三位一体の教理の解釈についての考察。ウォリス博士、シャーロック博士、サ…ス博士、カドワース博士、フッカー氏、および三位一体は理解しえない説明不能な秘義と言う者たちの解釈について』一六九三年、二九頁。強調は原著者による。以下の引用についても同様である。

(61) Louis G. Locke, *Tillotson: A Study in Seventeenth-Century Literature*, Anglistica 4, Copenhagen, 1954, p. 109.

(62) 〔スティーヴン・ナイ〕、『三位一体の教理の解釈についての考察。カンタベリー大主教ティロットソン博士、ウスター主教スティリングフリート博士、ソールズベリー主教バーネット博士の説教、ある学識者とある高名な非国教会派牧師の論考、シャーロック批判に答えた本などを契機に』、一六九四年、六〇頁。

(63) 〔スティーヴン・ナイ〕、『三位一体の教理の解釈についての考察。ウォリス博士、シャーロック博士、サ…ス博士、カドワース博士、フッカー氏、および三位一体は理解しえない説明不能な秘義と言う者たちの解釈について』一六九三年、三〇頁。

(64) 〔スティーヴン・ナイ〕、『三位一体の教理の解釈についての考察。カンタベリー大主教ティロットソン博士、ウスター主教スティリングフリート博士、ソールズベリー主教バーネット博士の説教、ある学識者とある高名な非国教会派牧師の論考、シャーロック批判に答えた本などを契機に』、一六九四年、四頁。

(65) 同上書、同頁。

(66) 『聖書における秘義という言葉についての公正な説明』、一六九一年、三頁。

(67) Gerard Reedy, S. J., "Socinians, John Toland, and the Anglican Rationalists", *Harvard Theological Review* 70, 1977, p. 294.

(68) 〔スティーヴン・ナイ〕、『三位一体の教理の解釈についての考察。ウォリス博士、シャーロック博士、サ…ス博士、カドワース博士、フッカー氏、および三位一体は理解しえない説明不能な秘義と言う者たちの解釈について』一六九三年、三二頁。〔ナイ〕、『三位一体の教理の解釈についての考察。カンタベリー大主教ティロットソン博士、ウスター主教スティリングフリート博士、ソールズベリー主教バーネット博士の説教、ある学識者とある高名な非国教会派牧師の論考、シャーロック批判に答えた本などを契機に』、一六九四年、六七―六八頁。

(69) Edward Stillingfleet, *The Works*, VI, 1710, p. 613, in Robert T. Carroll, *The Common-Sense Philosophy of Bishop Edward Stillingfleet, 1635-1699*, Nijhoff, 1975, p. 84.

(70) John Tillotson, *The Works*, II, pp. 448-449, in Louis G. Locke, *op. cit.*, p. 83.

(71) Louis G. Locke, *op. cit.*, pp. 108-110.

(72) Robert T. Carroll, *op. cit.*, pp. 84-85.

(73) 『三位一体の教理の非合理性』、一六九二年、四頁。

(74) 〔マシュー・ティンダル〕、『三位一体とアタナシオス信条について両大学の聖職者に宛てた書簡』、一六九四年、三二頁。

(75) 同上書、三三頁。

(76) ユニテリアン文書の一つ〔マシュー・ティンダル〕、『三位一体の教理に関する二十八命題についての考察』(一六九五年)には、ロックの『人間知性論』からの内容であることを明記して、観念の源は「感覚的事物から得られた観念とそれについての心の働き」のみであること(同書、一七頁)が述べられ、また『人間知性論』第一七章「無限について」からの引用(同書、二五頁)と第二七章「同一性と差異性について」からの引用(同書、二三頁)が記されている。この例は、ロックの『人間知性論』が明らかにユニテリアンに活用されたことを示すものである。

(77) スティリングフリートによる理性に関する反論は、訳注、第一部、〔一〕と〔一二〕を参照せよ。

(78) 訳注、第一部、〔一二〕を参照せよ。

(79) 本書、五八頁、第6段落および訳注、第三部、〔一九〕を参照せよ。

(80) スティリングフリートによるトーランドへの反論は、本書、五九頁、第8段落と訳注、第三部、〔二三〕、および本書、六三頁、第13段落と訳注、第三部、〔二五〕、および本書、六六―六七頁、第18段落と訳注、第三部、〔三〇〕を参照せよ。

(81) 訳注、第三部、〔三〇〕を参照せよ。強調は原著者による。

(82) ロック、『人間知性論』、第四巻、第一八章、第三節。

(83) 英国国教会三十九箇条、第八条「ニカイア信条、アタナシオス信条、そして一般に《使徒信条》と呼ばれている三つの信条は、完全に受け入れ信じるべきである。というのも、それらは聖書のきわめて確かな根拠によって証明されうるであろうからだ。」Mark A. Noll, ed., *Confessions and Catechisms of the Reformation*,

Michigan, Baker Book House, 1991, p. 216.
(84) スティリングフリート、『三位一体の教理の弁護論』、一六九七年、序文、xlvii頁。
(85) ピエール・ベール、『〈強いて入らしめよ〉というイエス・キリストの言葉に関する哲学的註解・補遺』、一六八八年、『ピエール・ベール著作集』、第二巻、法政大学出版局、野沢協訳、四六五頁。
(86) 〔スティーヴン・ナイ〕、『ユニテリアン派、またはソッツィーニ派小史』、一六八七年、一〇―一一頁。強調は原著者による。
(87) 〔スティーヴン・ナイ〕、『三位一体と受肉の教理に関する解明の書簡』、一六九五年、一一頁。
(88) 同上書、一二頁。
(89) 同上書、一五頁。
(90) 同上書、一七頁。
(91) 同上書、一八頁。
(92) トーランド、『トーランド氏の弁明』、一六九七年、三五頁。
(93) サウスのトーランド非難は、本書、二二二―二二三頁。スティリングフリートのトーランド非難は、本書、訳注、第三部、〔一九〕、一七五頁。
(94) スティリングフリート、『三位一体の教理の弁護論』、一六九七年、序文、xlvii頁。
(95) 〔スティーヴン・ナイ〕、『唯名三位一体論者と実在三位一体論者について』、一六九五年、三五頁。
(96) 同上書、三六頁。
(97) 〔スティーヴン・ナイ〕、『三位一体の教理の解釈についての考察、カンタベリー大主教ティロットソン博士、ウスター主教スティリングフリート博士、ソールズベリー主教バーネット博士の説教、ある学識者とある高名な非国教会派牧師の論考、シャーロック批判に答えた本などを契機に』、一六九四年、五二頁。
(98) 同上書、四九頁。

(99)〔スティーヴン・ナイ〕、『唯名三位一体論者と実在三位一体論者について』、一六九五年、三四頁。強調は原著者による。
(100)『三位一体論者の全能なる神に関する宗教体系。それについてユニテリアン派の注釈を添える』、一六九二年、二七頁。強調は原著者による。
(101)同上書、二七頁。強調は原著者による。
(102)スティリングフリート、『三位一体の教理の弁護論』、一六九七年、序文、xlix頁。
(103)「宗教教理を自由公平に探究することへの推奨の辞」、『唯一神の信仰』の巻頭論文、一六九一年、一頁。
(104)同上書、二頁。強調は原著者による。
(105)同上書、同頁。強調は原著者による。
(106)同上書、三頁。
(107)同上書、四頁。強調は原著者による。
(108)スティリングフリート、『三位一体の教理の弁護論』、一六九七年、序文、xlix頁。
(109)〔スティーヴン・ナイ〕、『シャーロック博士の三位一体の教理の弁護について』、一六九一年、二一頁。
(110)同上書、同頁。
(111)同上書、同頁。
(112)『三位一体と受肉の教理に関する解明の書簡』(出版年なし)、一八頁、『第二論文集』(出版年なし)に収録。
(113)同上書、同頁。
(114)スティリングフリート、『三位一体の教理の弁護論』、一六九七年、序文、xlix頁。
(115)同上書、序文、xlix–l頁。
(116)同上書、序文、lvii頁。

(117) 同上書、序文、I頁。
(118) 同上書、序文、lix 頁。
(119) 同上書、序文、lxii 頁。
(120) 同上書、序文、xlviii 頁。
(121) 十七世紀の自然哲学者または科学者であるロバート・ボイル（一六二七―一六九一）は死の数カ月前の一六九一年七月にボイル・レクチャーの制度を創設した。彼はこのレクチャーの目的は非キリスト教徒すなわち無神論者、啓示否定論者、異教徒、ユダヤ教徒、マホメット教徒に反対し、キリスト教徒内部の論争に陥ることなく、キリスト教の正しさを証明することにあるとしていた。この制度は彼の四人の後見人によって運営され、一六九二年から一七一四年までロンドン地区から選ばれた国教会聖職者によってキリスト教擁護のための一連の説教が行われた。説教者には、リチャード・ベントリー、サミュエル・クラーク、ウィリアム・デラム、ウィリアム・ウィストン、ベンジャミン・イボットなどがいた。
(122) スティーヴン・ナイ、『自然宗教と啓示宗教について、両者の真実性と確実性を証明する』、一六九六年、「献呈の辞」。
(123) 同上書、二頁。
(124) 同上書、二―三頁。強調は原著者による。
(125) 同上書、九六頁。
(126) H. P. Salomon and I. S. D. Sassoon, translated with notes and introduction, *Uriel Da Costa: Examination of Pharisaic Traditions, supplemented by Semuel Da Silva's Treatise on the Immortality of the Soul*, E. J. Brill, 1993.
(127) スティーヴン・ナイ、『自然宗教と啓示宗教について、両者の真実性と確実性を証明する』、一六九六年、九六頁。強調は原著者による。
(128) 同上書、一〇四頁。

(129) John Tillotson, "Of the Tryall of the Spirits", 1679, in Irène Simon, *Three Restoration Divines: Barrow, South, Tillotson: Selected Sermons*, Paris, Société d'Editions <Les Belles Lettres>, 1976, II, ii, pp. 434-435.

(130) スティーヴン・ナイ、『自然宗教と啓示宗教について、両者の真実性と確実性を証明する』、一六九六年、九七頁。

(131) 同上書、同頁。

(132) 同上書、同頁。強調は原著者による。

(133) 同上書、九八頁。

(134) 同上書、一〇七―一〇八頁。

(135) 同上書、一二六―一二七頁。強調は原著者による。

(136) マシュー・ティンダル、『天地創造と同じ古さのキリスト教、または福音は自然宗教の再公布』、一七三〇年、五八頁。

(137) 同上書、三六八―三六九頁。

(138) 同上書、三七七頁。

(139) ピエール・ベール、『歴史批評辞典』、一六九六年、『ピエール・ベール著作集』、第三巻、法政大学出版局、野沢協訳、一六六頁。

(140) John Lock, *op. cit.*, pp. 4-5.

(141) 同上書、一三五―一三六頁。

(142) 同上書、一四〇頁。

(143) 同上書、一四二頁。

(144) 同上書、一五〇頁。

(145) 同上書、同頁。

(146) John Tillotson, "The Fruits of the Spirit, The Same with Moral Virtues" preached on Whitsunday, 1690, in Irène Simon, *op. cit.*, p. 575.

(147) John Lock, *op. cit.*, p. 150.

(148) John Tillotson, "The Wisdom of Being Religious", 1663/4, in Irène Simon, *op. cit.*, p. 372.

(149) 『聖書における秘義という言葉についての公正な説明』、一六九一年、二三頁。

(150) トーランド、『自由の擁護、またはトーランド氏の自己弁護』、一七〇二年、一二七頁。

(151) Caroline Robbins, *The Eighteenth-Century Commonwealthman*, Harvard University Press, 1961, p. 3.

(152) Justin Champion, *Republican Learning: John Toland and the crisis of Christian culture, 1696-1722*, Manchester University Press, 2003, p. 154.

(153) Robert Rees Evans, *Pantheisticon: The Career of John Toland*, New York, Peter Lang, 1991, p. 42.

(154) Justin Champion, *op. cit.*, pp. 257-259.

(155) Helen Darbishire, ed., *The Early Lives of Milton*, London, 1932, Introduction, p. x.

(156) 同上書、序文、xxii頁。

(157) A. B. Worden, ed., *Edmund Ludlow: A Voyce from the Watchtower*, Camden Society, 1978, pp. 34-37.

(158) John Toland, "The life of John Milton", in Helen Darbishire, ed., *op. cit.*, p. 83.

(159) 同上書、八三頁。

(160) 同上書、一三五頁。

(161) 同上書、一三六頁。

(162) 同上書、同頁。

(163) 同上書、一五六頁。

(164) 同上書、一五七頁。

(165) J. G. A. Pocock, ed., *James Harrington: The Commonwealth of Oceana and A System of Politics*, Cambridge University Press, 1992, Introduction, pp. xi–xii.
(166) John Toland, "The life of John Milton", in Helen Darbishire, ed., *op. cit.*, p. 153.
(167) 同上書、一四三頁。
(168) 同上書、一四二頁。
(169) 同上書、一四四頁。
(170) 同上書、一四五頁。
(171) トーランド、『アミュントール、またはミルトン評伝弁護』、一六九九年、八二―一七二頁。
(172) Justin Champion, ed., *John Toland: Nazarenus*, Oxford, Voltaire Foundation, 1999, Introduction, p. 18.
(173) John Toland, "The life of John Milton", in Helen Darbishire, ed., *op. cit.*, p. 99.
(174) 同上書、一〇〇頁。
(175) 同上書、一二一頁。
(176) 同上書、一二六頁。
(177) 同上書、一二八頁。
(178) 同上書、一三三頁。
(179) 同上書、一六六頁。
(180) 同上書、一九五頁。
(181) 同上書、一四〇頁。
(182) 同上書、同頁。
(183) 同上書、同頁。
(184) トーランド、『自由イングランド、またはイングランド王位の限定と継承の説明と宣言』、一七〇一年、九七頁。
(185) 同上書、九五―九六頁。
(186) 同上書、一〇〇―一〇一頁。
(187) 同上書、一〇一頁。
(188) 同上書、一〇二頁。
(189) トーランド、『自由の擁護、またはトーランド氏の自己弁護』、一七〇二年、一二六頁。
(190) 同上書、一二八頁。強調は原著者による。
(191) 同上書、一二九―一三〇頁。強調は原著者による。
(192) 同上書、一三一頁。
(193) 同上書、一三二―一三三頁。強調は原著者による。
(194) 同上書、一三三頁。
(195) 同上書、一四二―一四三頁。強調は原著者による。
(196) 同上書、一四五頁。強調は原著者による。

補遺　ジョン・トーランドの主要出版書

一六九二年　ダニエル・ウィリアムズの『福音の真理の提示と立証』についてジャン・ル・クレールに宛てたトーランドの手紙。ジャン・ル・クレール、『古今東西文庫 *Bibliothèque universelle et historique*』、第二三巻、一六九二年、五〇四―五〇九頁、匿名。

一六九五年　『エッセイ二論。オクスフォードからロンドンの貴人に宛てた書簡。第一は天地創造、大洪水、人間の居住に関するいくつかの誤りについて。第二は伝説と作り話の起源、伸展、滅亡について』、ロンドン、偽名（文学修士、L・P）。

一六九六年　『秘義なきキリスト教』、ロンドン、匿名。第二版、実名。

ベルナルド・ダヴァンザーティ『鋳貨論』の英訳、ロンドン。

一六九七年　『トーランド氏の弁明、宗教委員会によって自著の焚書が決議された前日に、アイルランドの下院議員宛に書かれた書簡。前書きに同書簡を書くに至った経緯を添える』、ロンドン。

『トーランド氏の自己弁護書簡』、ロンドン。

一六九八年　「ジョン・ミルトン評伝」（トーランドによる編纂書『ジョン・ミルトンの歴史書・政治書・雑録から成る全集』全三巻、アムステルダム、一六九八年の巻頭に付されている）、匿名。

『民兵改革案、または海外列強を妨げ抑止し、かつ国民の自由を危険にさらすことなく国内の永続的平穏を維持できる、常設の陸上部隊をイングランドに配備する容易な計画』、ロンドン、匿名。
『雇われ議会の危険』、匿名。第二版、ロンドン、一七二二年。(彼と第三代シャフツベリ伯の合作とされる)

一六九九年　『出版規制はプロテスタント宗教に矛盾する旨を伝える下院議員宛書簡』、ロンドン、匿名。

一七〇〇年　『アミュントール、またはミルトン評伝弁護』、ロンドン、匿名。
「ジェイムズ・ハリントン評伝」(トーランドによる編纂書『ジェイムズ・ハリントンのオシアーナおよびその他の諸著作』、ロンドン、一七〇〇年の巻頭に付されている)
『クリトー、雄弁の力についての詩』、ロンドン、匿名。

一七〇一年　『党派による権謀術数、とりわけ宗教、政治、議会、裁判、内閣において、党派が人々全般に、とりわけ国王に、あらゆる外交に、また平時や戦時のわが国の信用と貿易に及ぼす悪影響について』、ロンドン、匿名。
『自由イングランド、またはイングランド王位の限定と継承の説明と宣言。国王陛下の勅語、議会の審議、国民の願望、我々の宗教の安全、我々の国体の本質、ヨーロッパの均衡、人間の権利に基づく』、ロンドン。

一七〇二年　『自由の擁護、またはトーランド氏の自己弁護』、ロンドン。
『一、ハノーヴァー選帝侯妃と選帝侯皇太子のイングランドへの招聘を国王陛下に進言する理由。二、皇太子僭称者の権利剝奪と正式拒絶の理由』、ロンドン、匿名。

一七〇四年　『セリーナへの手紙』、ロンドン。

一七〇五年　『プロイセンとハノーヴァーの宮廷について』、ロンドン。

一七〇九年　『イングランド国政覚書。女王、教会、統治を擁護する』、ロンドン、匿名。
一七一一年　『「アデイシダエモン（迷信なき人）」と「ユダヤ教の起源」』（ラテン語）、ハーグ。
一七一七年　『高教会派の正体、サシェヴァラル博士の事件の全貌』、ロンドン、匿名。
一七一八年　『大ブリテンの国家解剖』、ロンドン、匿名。
『ナザレ派、またはユダヤ人・異邦人・マホメット教徒のキリスト教。古代のバルナバ福音書とバルナバ作とされる現代のマホメット教徒の福音書について……キリスト教の原初の計画……四福音書のアイルランド語写本と古代アイルランドのキリスト教の概要を含む』、ロンドン。
一七二〇年　『パンテイスティコン』（ラテン語）、匿名。（英訳、一七五一年、ロンドン）
『テトラダイマス（四論集）』、第一論文「ホウデガス、または荒野のイスラエル人たちを導いた雲と火の柱は奇蹟ではない。出エジプト記に事実どおり語られているように他民族も同様に習慣的に行っていたことであり、あのような地域では役に立つだけでなく必要でもあった」、第二論文「クリドフォラス、または公開哲学と秘教哲学について。すなわち、古代人の対外的教理と内部教理、一方は大衆の偏見と既成宗教に合わせた公開の一般向け教理、他方は有能な思慮深い少数者に教えられる偽装ぬきの真の真理を秘めた内密の秘伝の教理について」、第三論文「ヒュパティア、または麗しき、有徳なる、学識高き、立派な淑女の物語。一般に聖人キュリロスと呼ばれるが、その名に値しない総主教キュリロスの高慢、対抗心、残忍性を満たすため、彼女はアレクサンドリアの僧侶たちによって八つ裂きにされた」、第四論文「マンゴニューテス、または『ナザレ派』の弁護」』、ロンドン。

一七二一年　『故シャフツベリ伯からロバート・モールズワース宛書簡』、トーランド編、ロンドン。
一七二六年　『ジョン・トーランド小論集』全二巻、ピエール・デ・メゾー編、ロンドン。

索　引

この索引は，本文，原注，異文に関するものである．ただし，重要と思われるものに限って，訳注からとったものが少数ある．訳注に係わるものは（　）を付ける．数字は頁を表し，数字の後の f. は「次頁をも見よ」を，太文字は重要なものを示す．→は索引内の参照を示す．

ア　行

カ　行

93, **113f.**, 115-118, 144
キュリロス，エルサレムの　144
共通概念 common notion　**19**, **23f.**, **63**, 92, 100
共通感覚 common sense　9
教父 father　xvii, 2f., 19, 75, 87f., 90, 93f., 123, 125
キリスト　**xii**, **xv**, xix, 3, 26f., **37**, 38, **39**, 43, **48**, 59, 71, 73-77, **78**, 79-81, **82**, 89f., 94, 97, 100, 102, 107, 110, **111**, 112-114, **119**, 121f., **127**, 129, 141
キリスト教 Christianity, Christian religion　**xix**, 1, 5, 37, 55, 58, **69**, **75**, 76, 94, 107, **111**, 119-122, 125, **126**, **129**, **131**, 136, 141
キリスト教徒 Christian　ix, x, xvi, xviii-xx, 20, 39, 58, 69, 89, 91, 97, 104, 107, 119-127, 130
偶像崇拝 idolatry　**x**, 116
クリュソストモス　124f.
クレメンス、アレクサンドリアの　88f.
経験 experience　**12f.**, 87f., **104**, 113
啓示 revelation　**ix**, **xviii**, 13, 19, **24**, 30, **33f.**, **36**, 37, 52, **63**, **70**, 71, 74f., 77-79, **84**, **96**, 98f., **100**, 106, **110f.**, 113, 116　→告示
軽信 credulity　**xi**, 29, **52**, 115
軽信的 credulous　2, 116
ケベス，テバイの　72
権威 authority　**ix**, **xiii**, xviii, 2, 8, **12f.**, 15, 19, **30**, 43, 49, 75, 84, 87, 104, 115, 146
原始キリスト教会 primitive church　87
コーラン Alcoran　25, 116
告示 revelation　**13**, **33f.**, 99　→啓示

サ　行

サクラメント sacrament　126
サラ　103
三位一体 Trinity　20
自然・自然物 nature, natural thing, a piece of nature　63, **142**
実在的本質 real essence　65, **66**, **68**, 69, 109　→唯名的本質
実体変化 transubstantiation　20, 25, 117
シャム人　107
自由意志 freewill, liberty of the will　**49**, 52
宗教 religion　viii-xiii, **xvi**, **xix**, 20, 37, 39, 41, 46, 54, **63**, **66**, 83, 86f., 92, **93**, **95**, 105, 107, 109, 121f., 129, **131f.**, **136f.**, **148**
宗教改革 Reformation　132
自由思想家 libertine　132
シュネシオス　124f.
殉教者ユスティノス　89f.
神学 divinity, theology　**xv**, **xvii**, **xviii**, 24, **53**, 54, 98, 111
信仰 faith, belief　4, 26, 36, 67, 78, 82, 84f., 93, 98-103, **104f.**, 107, **109f.**, 111f., **143**
神秘 mystery　43, 50, **57**, **59**, **63f.**, **66**, 69, 73, **142**　→秘義
神秘的 mysterious　**57**, 64f., 69, 127
推理・推論 reason, reasoning, ratiocination　**9-11**, 17, **36**, **45**, 48, 52, 86, **99**, 101, **104**, **110**, 113, 139f., 147,（156f.）　→理性
推理する・推論する reason　xiv, 11, 48, 87, 103, 112, 135
（スティリングフリート）（154f., 157, 175-177, 179）

聖書 Scripture **xi**, **xvii**, **xviii**, 2-4, 24f., **26**, 27, **28f.**, 32, **40**, 50, 70, 75, 84, 87, 89, 93f., 97f., 105f., 111f., **128**, 132, 146f.
——と理性 xiii, 27, 85, 115
聖職者 clergy, priest **xv**, **21**, 115, 122, **126**, 127, **128**, **136f.**, **146**
聖職者の術策 priestcraft 132
征服王ウィリアム 99
ソッツィーニ派 20
ソモノコドム Sommonocodom 107

タ 行

第三論考 third discourse **xviii**
第二論考 second discourse **xviii**, 44, 65
魂・霊魂 soul 8, **9**, **11**, 22, 44, 52, **67f.**, 72, 138
知識 knowledge **9-13**, 30, 32, 36, 50, 59, 62, **100**, 102, **105**, **109**, **140**
ツヴィングリ 132
ディアゴラス 55
ディオニュソス 55f., 120, 142
ティブルス 124
ティロットソン v
テルトゥリアヌス 91, 146
伝承 tradition xvi, 146
統治者 magistrate xv

ナ 行

入信・入信式 initiation 55f., 123, 125, 126
入信させる・入信式を授ける initiate 55f., 123-125

ハ 行

パウロ xix, 36, 42, 54, 71, 73f., 79, 81, 115, 131
バシレイオス，カイサリアの 124f.
秘儀 mystery **55**, 56, 91, **120**, **123**, 124f., **127f.**, (152)
秘義 mystery v, xvi, xviii, 1-5, 7, 37, **53**, **56-58**, **63**, 69, **70**, 71, 73, **74f.**, 77-83, **84**, 86, 88-90, 92f., **95**, 98, **105**, 106-109, 111-113, 119, **120**, 125f., **129-132**, **136**, **142f.**, 144, **146**, 147, (152) →神秘
秘義的 mysterious 21, 53, **58**, 69, 76, 82, 111, **126**, **136**, 147
秘義的でない・秘義なき not mysterious v, 1
秘義を弁護する・秘義弁護のために論陣を張る 63, 95 →（スティリングフリート）
ピュタゴラス 76, 126
平信徒 laity, lay-man **xv**, **21**, 127, 136, **146**
フォントネル 87
復活 resurrection 71, 80, 101
プラトン 56, 94
ブリクトリ Blictri 100
プロテスタント xii, **xiii**
ペテロ 39, 107, 112
ペロー 88
法王教 popery xi
法王教徒 papist xii, 22, 25, 114f., 117 →実体変化
暴君 tyrant 136

マ 行

マホメット教徒 115
無 nothing **31**, **61**, **105**, 114, **143**
矛盾 contradiction 20, 24, 28, **31**, 76, **105**, **114**, **132**, 142

無神論者 atheist　ix, xviii, **106**, **132**, **136**
無謬・無謬説・無謬性 infallibility　xiii, 3, 25, 128
明証性 evidence　ix, **10f.**, **13-17**, 26, 29, **30**, 37, 62, **85**, 95, **100**, **110**, 141
迷信 superstition　x, xvi, 28, 35, 44, 58, 133, 145
迷信的 superstitious　2, 54, 116, 144
モーセ　xvi, 73, 89f.
基体 foundation　66

ヤ　行

唯名的本質 nominal essence　65f.
　→実在的本質
ユダヤ人・ユダヤ教徒, ユダヤ人の・ユダヤ教の Jew, Jewish　**xvi**, 37f., 41, **75**, 77, 79, 89, 95, 112f., 115, **119**, 120, 143
様相 mode　65f.
様態 manner　5, 118
予型 type　37, 89f., 119

ラ　行

理神論者 deist　132
理性 reason　v, **ix**, **x**, **xv**, **xvii**, 2-8, **9-11**, 19, 24-28, **30**, 34, 37, 39, 42, **45**, 46f., **48**, 50-53, **58**, 64, 67, 85, 93-98, 107, 110f., 115, **130**, 132, 138-140, **148**, (156f.)
　→推理・推論
　健全な――　33, **45**, **48**, 96
　宗教における――の使用　ix, 97
　――に関する予備的考察　xiv, 135
　――に反す contrary to reason, against reason　v, 4f., 7, **19**, **22**, 52f., 76, **114**, 117
　――を超え above reason　v, 4f., 7, **53**, **60f.**, **64**, 76, 107, **109**, **111**, 117
ルター　13, 132
ルター派　xx, 20

《叢書・ウニベルシタス 957》
秘義なきキリスト教

2011年6月30日　初版第1刷発行

ジョン・トーランド
三井礼子訳
発行所　財団法人　法政大学出版局
〒102-0073 東京都千代田区九段北3-2-7
電話03(5214)5540 振替00160-6-95814
組版・印刷：平文社　製本：ベル製本

Printed in Japan

ISBN 978-4-588-00957-0

著　者

ジョン・トーランド（John Toland）

1670-1722．アイルランド生まれの思想家．名誉革命の動乱期にスコットランドのグラスゴー・カレッジで学んだ．ロンドンにやってくると，非国教徒内の同盟を推進する長老派ダニエル・ウィリアムズを支援して，その著作をジャン・ル・クレールの雑誌に紹介した．これによってオランダでの勉学の機会を与えられ，ベンジャミン・ファーリ，ル・クレール，リンボルクなど大陸の自由主義的プロテスタントとの交際を得た．帰国後，反三位一体論争のさなか『秘義なきキリスト教』（1696年）を匿名出版した．多数の反駁が書かれ，イングランドではミドルセックス大陪審の告発，アイルランドでは大陪審の告発と議会下院による焚書と逮捕・起訴が決議された．逮捕を逃れてロンドンにもどると，時事的な政治的著作・パンフレットの出版や，ミルトンやハリントンなどピューリタン革命時の共和主義者たちの諸著作を編集出版し，「コモンウェルスマン」として活動した．後に『セリーナへの手紙』（1704年），『パンテイスティコン』（1720年）などで唯物論的汎神論を展開した．

訳　者

三井礼子（みつい れいこ）

1949年東京に生まれる．東京都立大学人文科学研究科英文学博士課程満期退学．東京工業大学非常勤講師．論文：「ジョン・トーランド『キリスト教は神秘ならず』の一つの背景――反三位一体論争」（日本イギリス哲学会『イギリス哲学研究』第13号），「バトラーと理神論論争」（行安茂編『近代イギリス倫理学と宗教』，晃洋書房）．訳書：カッシーラー『英国のプラトン・ルネサンス』（工作舎）．